战略架构师

——构建基于BLM的战略管理体系

蔡春华　著

SPM 南方传媒 | 广东经济出版社

·广州·

图书在版编目（CIP）数据

战略架构师：构建基于BLM的战略管理体系 / 蔡春华著. —广州：广东经济出版社，2024. 6
ISBN 978-7-5454-9154-8

Ⅰ. ①战… Ⅱ. ①蔡… Ⅲ. ①企业战略—战略管理 Ⅳ. ① F272.1

中国国家版本馆CIP数据核字（2024）第024870号

策划编辑：姚　琳
责任编辑：林跃藩
责任校对：李　恬
责任技编：陆俊帆

战略架构师：构建基于BLM的战略管理体系
ZHANLÜE JIAGOUSHI: GOUJIAN JIYU BLM DE ZHANLÜE GUANLI TIXI

出 版 人：刘卫平
出版发行：广东经济出版社（广州市水荫路11号11～12楼）
印　　刷：广州小明数码印刷有限公司
（广州市天河区高普路83号B栋C5号）
开　　本：730毫米 ×1020毫米　1/16　　印　　张：17
版　　次：2024年6月第1版　　印　　次：2024年6月第1次
书　　号：ISBN 978-7-5454-9154-8　　字　　数：347千字
定　　价：98.00元

发行电话：（020）87393830　　编辑邮箱：gdjjcbstg@163.com
广东经济出版社常年法律顾问：胡志海律师　　法务电话：（020）37603025
如发现印装质量问题，请与本社联系，本社负责调换。

推荐序 1

与蔡博士相识源于2022年德赛西威和IBM的一次战略咨询项目。当时，我们刚引入IBM的BLM（业务领导力模型），对战略管理的系统化运营有诸多不明白的地方，这影响了项目的推进和效果展现。蔡博士作为咨询顾问加入项目组，利用其深厚的战略管理研究功底，为我们解开了一个又一个疑惑，对项目顺利进行起到了重要的促进作用。

在收到邀请为《战略架构师——构建基于BLM的战略管理体系》作序时，我倍感荣幸。仔细阅读了这本书的初稿后，我受益良多，对战略规划和管理又有了更深的认识和理解，并提笔写下自己的读书感悟，以便读者参考。

这本书为战略规划和管理者提供了非常全面的理论和实践参考，从基于BLM框架的战略规划方法论出发，到对战略过程的分解、执行、监控和评估，最后以“五见”（远见、广见、高见、全见和透见）来总结战略思维方式的意义和作用。

BLM框架作为战略思维和规划的模型，对很多战略管理者来说并不陌生。BLM框架通过战略洞察、战略意图的明确，经过创新焦点和业务的组合，明确3个中长期主题，再配以组织、人才、文化，最终形成战略闭环。无论从逻辑上还是全面性上，BLM框架都给我们带来了很多的指导。通常人们比较容易误解每一个环节的顺序，从蔡博士的指导中，我得到两点体会。一方面，这些环节是相辅相成的，比如战略洞察，可以是一个开始，也可以是对战略意图的支持。另一方面，组织、人才和文化反过来也影响了战略意图的明确，同时是战略洞察中内部竞争力分析的重点。在相互牵引和作用下，我们的战略得到持续的验证和校正，最终得出统一的战略意图和认识。

关于战略过程管理的执行与监控则是另外一个较深的体会，蔡博士在书中进行了比较全面的解释。大部分企业战略规划做得不错，有明确的战略意图和目标，但在执行的时候，却因为各种原因而无法落地，变成了“空中楼阁”。在本书中，你可以了解到这些环节中需要注意的各个要点。蔡博士还在书中提供了大量的表格和工具，有助于读者在战略实践中运用。

本书以“五见”结束，从各个维度对战略思维方式进行了概括。要做到远见、广见、高见、全见和透见，需要对宏观政策、行业形势、经济动态有长远思考，也需要对市场、客户、伙伴、自身及利益相关者有全面、广阔的了解。同时，对行业的深度思考和理解，能使我们透过现象看到本质。阅读和学习本身就是一种提升，希望读者能持续与同行交流，使战略管理水平更上一层楼。

总之，无论是从蔡博士的学识为人，还是从本书的内容和底蕴看，本书都值得大家在纷繁喧嚣的世界中沉下心来，读上一回、思索一番。找到自己需要的那些答案！

惠州市德赛西威汽车电子股份有限公司副总裁兼战略负责人　林广球

2024年2月1日

推 荐 序 2

能在蔡春华博士的新作《战略架构师——构建基于BLM的战略管理体系》出版之前先睹为快，实为幸运。在当今瞬息万变的世界经济领域，企业领导者每天都面对着变革带来的挑战、机遇，面对着危机与成就的战略选择。正确的战略指引企业的方向，何为正确的战略？怎样才算战略得到落地与执行？在企业向战略目标前进的过程中，如何不断校准战略的实施路径？这些问题看似容易回答，但在实际中却不好把握。这也是困扰企业领导者的现实难题。

我曾想，若在制定战略、实施战略、最终实现战略目标的整个过程中，能始终有一套清晰的方法论，保证战略方向、战略目标、战略执行、战略落地的有效性，就可以使企业领导者更加及时和相对准确地获得有助于把控未来的决策支持，解决这些现实难题。然而，将一个理论性的概念落实为适合实践运用的工具，至少需要做到以下三点：一是有简明扼要的要素和架构，二是能被诠释为实践中的通用语言，三是经受过实践的挑战和检验。令人高兴的是，我在本书中看到了这样的管理工具，作者本人根据对战略管理的深刻参悟，构建了能为企业所用的行之有效的战略管理工具。

对于任何一家企业，管理工具和语言的混乱一定会带来企业内部的混乱，如果没有统一的语言和工具，管理者在描述自家战略落地实施的时候，往往基于一维视角。在这种情况下，企业内部的运营如同各种不同方向的激流互相冲撞，产生巨大内耗和混乱，而本书提供一种统一的工具和管理语言，即BLM框架，而且不只将其运用在规划环节，还延伸到宣导、分解、执行与监控、评估与复盘等环节，从始至终，将认知和行动归拢到统一的方向上，从而避免无序的混乱，达到所谓的“力出一孔”。

书中除了战略内容和战略过程，还提出“战略情境”的概念，总结不同产业情境、组织情境和国际情境下战略管理的差异所在，包括创业企业和成熟企业、敏态产业和稳态产业、国内企业和国际企业等，并对不同战略情境和不同阶段或者属性的企业进行组合分析，全面系统地给出了各种组合状态下战略管理要点。企业战略管理者参考本书分析框架和工具，结合自身企业特点，就能够很清晰地了解企业战略设计的要点。

本书通俗易懂，将理论、方法与工具（模板）相结合，不仅深入阐述了BLM框架背后的理论基础，同时提供了大量在实践中经过验证的工具、模板、表格等，读者稍加修改就可以应用于自己的企业，适用性极强。刚收到此书稿的时候，我快速浏览了一遍，大量的图表和模板给我留下了非常深刻的印象，从中可以看到蔡博士背后积累的大量实践经验和总结。可以说这是一本只看图表和模板就能读懂的书，各类工具模板逻辑清晰、内容丰富，可谓是战略管理工具字典。

2022年，与蔡春华博士相识于小熊电器的战略咨询项目，随后开始交流和探讨。他的每一次分享，都让我深受启发，也引发我去更深入地理解战略管理体系。现在，他用一本书更全面地梳理和呈现了战略管理之道，相信对大家会有更多的启发。

小熊电器股份有限公司财务运营总经理兼战略负责人　吴宗海

2024年2月12日

推 荐 序 3

收到蔡春华老师即将出版的作品，我由衷地为他感到欣喜。读完《战略架构师——构建基于BLM的战略管理体系》，结合我们之间交流的场景，我想本书一定是他专业知识的梳理所得、多年思考的结晶和实战经验的积累。

BLM框架得名于IBM咨询，通常被翻译为业务领导力模型，也被称为业务领先模型。我还记得蔡老师在给我们培训讲解时，提到对BLM框架的学习应当重视模型的底层逻辑。从本质上看，BLM框架是一个寻找差距、剖析问题、弥补差距、分解目标、执行监控、评估调整的战略闭环过程。在大型企业当中，能够真正把这套逻辑贯穿运用到战略研究和业务开展过程中的并不多，我想这主要是因为大家接触的名词解释太多，在具体操作过程中，我们习惯了讲解、范本、案例等。

本书很好地给读者做了指引和解答，BLM框架这套方法论为什么有用、具体怎么用，书里描述得非常清楚，我不在这“剧透”。但有些许感受可跟大家分享一下。比如书中提道：“战略的本质在于取舍，取舍的核心在于放弃。”这点其实是很多企业家很难做到的。长期来看，公司规模的扩张，要么是由于做成了龙头，要么是多元化经营的百花齐放。但在一段时间内资源是有限的，这里的资源主要是指企业的人、财、物。与其分散投资，不如集中一击。因此，做好市场洞察、放弃或选好战场就显得尤为重要。

又比如书中提到，组织是承接战略落地的关键。我们在做组织设计时，不能一味复制先进经验，因为公司所处的环境、业务所处的环境都在变化，也就是说我们的战略实质上是在不断动态调整的，与此对应的组织也并非固定的。蔡老师经常说组织架构没有最好的，只有最适合的，就是这个道理。

企业在战略管理的过程中，最难的是统一思想。毕竟从业务角度来说，每个人专业性、理解都不一样，所以需要一本像《战略架构师——构建基于BLM的战略管理体系》这样的书来解读方法论，帮助大家用统一的方法来思考，用统一的语言来描述。

此外，关于战略执行，我感受很深。很多公司战略规划做得都很好，但最后并没有成功，很多时候是战略分解上出了问题，战略宣贯不清晰、战略监控不到位。在这个问题上，蔡老师在书中给读者提供了较多的工具与表格，能帮助读者在战略实践中运用。

与蔡老师相识于2022年夏天，我们在湘江江畔畅谈战略的场景依然历历在目。我期待蔡老师在这本书的基础上，不断充实和完善他的BLM方法论。他为人谦虚、对专业孜孜以求，我相信他能够给很多企业带来巨大帮助。本书蕴含丰富的内容和经验，值得我们认真学习、细细品味，也非常值得读者向身边朋友推荐！

湖南红太阳新能源科技有限公司战略运营部总监　郑达敏

2024年2月15日

推 荐 序 4

IBM的业务领导力模型（BLM）引入国内后，经由华为等知名企业的应用并取得显著成效而声名大噪。但很多企业的应用是浅尝辄止，效果并不明显。究其根本，以企业自身的原因为主。一方面，企业将BLM误认为是抢占市场、扩大销售的工具，忽略了市场洞察、客户选择和差异化的价值主张，这实际上是对企业发展方向和战略定位的理解偏差。另一方面，企业急于见效，忽视完整的企业流程体系、组织架构和人才队伍的建设，不愿意下细致、扎实、长期的功夫，不断追逐各种“风口”和“热点”理论，寄希望于快速见效的“一招鲜”理论。当然，很多的国内咨询机构对BLM的研究大多停留在纸面上，缺乏实操层面的经验和指导，或者仅满足于对IBM和华为等知名企业的BLM应用的研究，缺乏对当今社会、行业及企业自身背景和能力约束的深刻分析，与当今的经济形势脱节，这也是BLM在实践过程中效果不佳的常见原因。

基于上述种种原因，业内也泛起过种种“战略迷思”，诸如：“战略规划无用论”“战略规划赶不上时代变化”“战略理论过时论”等，不一而足。而从根本上说，这都是对战略本身理解的普遍偏差，急功近利之下的焦虑、浮躁以及必然的短视所导致的。

蔡春华博士是国内知名的战略咨询专家，对于企业战略的研究十分透彻。他系统地梳理过近现代的各种战略理论的流变和演进，同时积累了大量为各类企业提供战略咨询服务的实践经验。他对于企业战略的把握和架构可谓“大道至简”，总能够深入浅出、化繁为简、直击核心，让人豁然开朗，而对于战略执行的策划和设计则灵活多变、绝不拘泥、因势利导，做到了与时俱进。而令蔡博士无往而不利的“屠龙宝刀”，正是BLM。

一方面，对于BLM，蔡春华博士情有独钟，虽称不上皓首穷经，但也始终坚持研究经典、弘扬经典，一直以著书立说（研究、写作）和传道授业（培训、咨询）为己任；甚至为深入研究BLM经典加入IBM的战略团队，以获取与相关的BLM专家深入交流和切磋的机会，这等学习心态，着实可圈可点！这是他专于“注”的方面。另一方面，基于对BLM多年的研究以及自身为各类企业提供战略咨询服务的实战经验，蔡春华博士以BLM为基础创造性地提出战略管理“3+1”的实践体系框架，很好地继承和发展了BLM，同时丰富和完善了BLM的应用落地工具库和各种抓手，解决了企业在应用BLM过程中的长期痛点。源于经典，忠于经典，但不拘泥于经典，并对经典不断扬弃，力臻知行合一，这是他攻于“疏”的地方。注疏结合、言功并重，实在是有利于中国企业战略理论的发展和实践！我相信，通过像蔡春华博士这样的一批理论与实践兼长的战略咨询专家的努力，BLM的理念将得到更好的传播，也将在国内更好地落地实践。我也相信并衷心期望，假以时日，蔡春华博士首创的战略管理“3+1”实践框架能够自成体系、发扬推广。

近十年来，蔡春华博士基于BLM和战略管理“3+1”的指引，做了相当多的理论研究并投身实践，为各类企业提供战略咨询服务，收获了大量的实战经验和成功案例，创作了《战略参谋：写出管用的战略报告》等一系列专著，总结了其近年在战略咨询工作过程中的理论心得和实践经验，非常值得国内的企业学习、应用和借鉴。

很期待蔡春华博士新书《战略架构师——构建基于BLM的战略管理体系》的面世，相信本书会给学术界和企业界的朋友们带来新的启发和思考。作为前同事和朋友，我也很高兴为本书作序。

国际商业机器（中国）有限公司咨询总监　冉　晖

2024年2月20日

前　　言

本书基于战略架构师应该具备的知识结构，主要围绕四个方面的内容来编写，包括战略内容、战略过程、战略情境和战略思维，具体如下：

第一，战略内容，即战略的产出物，包括公司层面战略、业务层面战略和职能层面战略，以及国际化战略、并购战略、数字战略和AI战略等（这些战略和公司、业务、职能层面战略划分维度不同）。限于篇幅，本部分仅围绕BLM框架介绍了差距分析、市场洞察、战略意图、创新焦点、业务设计、关键任务、人才、正式组织、氛围与文化、领导力、价值观等，不涉及国际化战略、并购战略、数字战略等。

第二，战略过程，即战略的产出过程，同样由于篇幅的限制，本部分内容仅就公司、业务和职能层面战略（尤其是业务层面战略），基于战略过程介绍了战略规划、战略宣导、战略分解、战略执行与监控、战略评估与复盘等不同环节。当然，它们是基于概念区分而非时间区分，即战略规划、战略宣导、战略分解、战略执行与监控、战略评估与复盘并不是简单的先后顺序；其他战略（包括国际化战略、并购战略、数字战略等）的管理过程是类似的。

第三，战略情境，即组织情境、产业情境、国际情境（组织情境是指组织不同发展阶段，产业情境是指处于不同的产业，国际情境是指国内市场和国外市场），本部分基于业务层面战略（其他战略道理相通），介绍了不同情境下战略内容和过程管理的差异。

第四，战略思维。战略思维是浮现在战略理论、方法和工具之前的，本部分内容主要研究战略思维方式，即人的思维定式和思维运行的总和（这对战略决策质量有着重要的意义），不涉及战略思维的其他组成部分，包括战略思维意识、战略思维能力、战略思维水平等。

战略管理“3+1”是一个完备的框架，战略内容、过程、情境与思维，共同构成了一名出色战略架构师应有的知识体系。值得注意的是，BLM是一个战略规划模型，难以直接指导战略管理其他环节；但是由BLM所推导的目标分解、关键任务对后续战略过程管理有着很大的牵引作用。

本书与市场同类图书相比，也有自己的“价值主张（购买本书的理由）”。笔者认为，本书具有三个特点：

1. BLM框架是战略管理“3+1”的基础工具。著名战略管理学者陈明哲教授认为战略之道在于“惟精惟一，允执厥中”。笔者认为，对于任何一家企业，工具使用的混乱将带来管理的混乱，因此本书提供一种统一的工具——BLM框架，而且不只运用在规划环节，还延伸到宣导、分解、执行与监控、评估与复盘等环节，避免工具使用混乱带来的管理混乱。

2. 除了战略内容和战略过程，还提出“战略情境”的概念，总结不同产业情境、组织情境和国际情境下战略管理的差异所在，包括创业公司和成熟公司、敏态产业和稳态产业、国内企业和国际企业等。从“情境”角度进行分类并总结出千差万别的企业在战略管理方面的共性（同时还给出不同情境之下的战略管理案例），以及不同之处。

3. 理论、方法与工具（模板）结合，不仅深入阐述BLM框架背后的理论基础、方法论，还提供大量在实践中经过国内外咨询公司和领先企业验证的工具、模板、表格以及其他参考资料（放在网盘），读者稍加修改就可以应用于自己的企业，能节约可观的咨询或培训费用。同时，本书还在第六章提供了一个完整的战略管理体系构建案例，供读者参考。

另外，本书延续了笔者的《战略参谋：写出管用的战略报告》中的三个特点：第一，不排斥理论，这是笔者的坚守和坚持；第二，对概念的溯源，读者可以从本书中找到双差分析、战略意图、业务设计等诸多概念的来龙去脉；第三，为了便于读者快速捕获重点，核心结论在本书中以黑体表示。

关于本书书名，需要作以下说明：一是“战略架构师”。什么是战略架构师？谁是公司的战略架构师？本书认为不同于首席战略官，战略架构师是一个角色，而非一个岗位；一言以蔽之，战略架构师就是构建公司战略管理体系的人，但这个人不一定是公司的战略副总裁，也可能不是战略总监、战略经理。二是“BLM”。如今关于BLM的图书已经很多了，有必要再多一本吗？笔者在线下训练营反复强调，公开课并不是学习BLM（不是学习这个框架本身），而是学习战略，只不过BLM很好地承载了战略内容。

蔡春华

2024年3月20日于武汉珞珈山

目　录

第一章　战略管理“3+1”：战略内容、过程、情境与思维

什么是战略？在实践中，运营效益和战略这两个概念常常被人混淆。战略事关企业未来的发展方向，战略定位意味着取舍。战略的本质就是取舍：“取”就是做什么，“舍”就是不做什么。战略说白了就是决定做什么和不做什么，而“不做什么”比“做什么”更重要。机会无处不在，取舍需要我们克服人性中的贪婪，在看似无限多的选择中守住自己的能力圈。

正如“从语言来思考世界的第一人”维特根斯坦所说，“语言的边界就是思想的边界”，讨论战略必须在一定的边界之内。当一个企业由小工厂，逐步成长为一个多产品、多行业的大型企业乃至企业集团时，企业会变得无比复杂。这种复杂不仅表现在组织结构、内部流程、业务范围、环境关系等方面，也体现在公司战略和描述战略的语言上。当一个公司变得越来越复杂时，其战略要用一句话概括就很难了。在这种情况下，公司的不同部门、不同业务单位往往用完全不同的语言交流，或者说的是同一个词，但含义却大相径庭。这必然增加企业管理的难度，难以做到“力出一孔”，从而使企业预定的战略目标遥不可及。另外，语言的背后其实代表的是文化与思维。战略语言不统一会带来沟通上的混乱，但更可怕的是战略思维的不一致。假如每个人都坚持自己的过往经验，那么，对企业发展来说是灾难性的。

到底什么是战略规划？正如“一千个人眼里有一千个哈姆雷特”，每本书都有自己的定义。但是，现有战略管理教材对战略规划的定义太繁杂了，笔者习惯采取下述定义（如图1-1所示，与该定义所对应的市场洞察、创新焦点、业务设计等在后面章节分别阐述）：

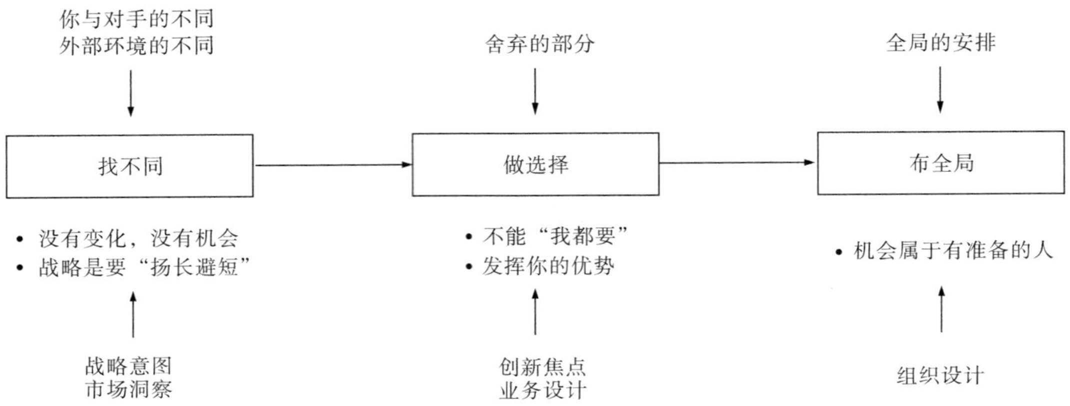

图 1-1　战略规划的定义及其说明

在厘清战略的定义之后，战略规划、战略管理之间的区别就不言而喻了。本书是基于BLM（业务领导力模型，也称为业务领先模型）框架而写的，这个框架已经越来越为国内企业所熟知和应用。

第一节　BLM渊源、现状及其应用

1997年，华为公司成立十周年。从这一年起，华为决策层开始认真考察并学习西方的先进管理经验，同时不断与西方管理咨询公司合作进行管理变革，其中最引人注目的是引入了IBM的IPD（集成产品开发）。IPD项目的成功实施对华为意义重大，其不仅极大地提升了华为的研发能力，对战略体系、营销体系、预算体系等的效率提升也有较大的促进作用，是华为从“优秀到卓越”的关键节点，是华为组织能力提升的一个标志。IPD的引入源于华为公司高层的一次美国之行。1997年末，任正非带领高管团队访问美国，IBM等领先公司高效的研发效率让他们极为震撼。于是，华为决定引入IBM先进管理体系。1998年10月底，70多位IBM顾问抵达华为深圳总部，开始部署为期三年的IPD咨询项目，从此开启了华为向西方系统学习的历程。

图1-2是历年来华为引入西方战略管理工具的历程，这一历程清楚地显示了华为包括战略管理体系在内的管理体系建设不是一蹴而就的。

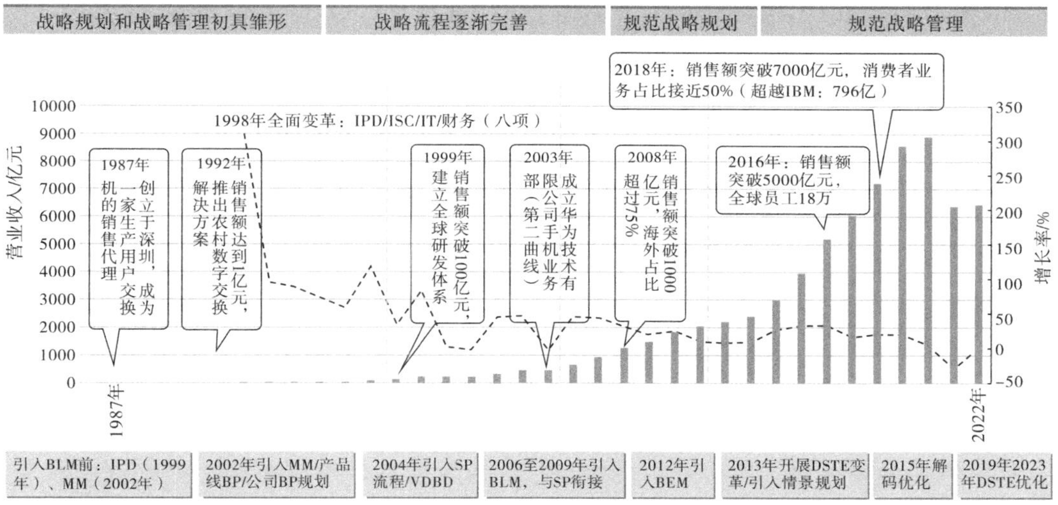

图 1-2　华为引入西方战略管理工具的主要历程

BLM框架是IBM根据自身发展要求而开发应用的，后来由华为及其他企业使用、发扬光大至今，海尔、新奥、OPPO、传音、艾比森、德赛西威、小熊电器等企业都不同程度地应用了该框架。在《IBM的动态能力：推动战略付诸行动》一文中，BLM框架的整合者之一、哈佛大学教授迈克尔·塔什曼记录了当时的情形：1999年IBM面临较大的困境，郭士纳在办公室对负责战略的副总裁哈雷尔德大发雷霆，认为他做的战略规划报告是一堆废纸。在讨论了IBM战略流程的缺陷之后，郭士纳安排哈雷尔德同迈克尔·塔什曼教授等人联手对战略规划进行重大变革，并形成了BLM。

值得一提的是，华为公司的各项组织学习与变革——BLM、ISC（集成供应链）、IFS（集成财经服务）等，都能够始终如一地坚持“理论联系实际”，这和普遍的、深入的组织认同息息相关。

鲜为人知的是，BLM并非IBM的“真正原创”，BLM框架11个模块中的“战略意图”来自哈默和普拉哈拉德的同名文章《战略意图》，“创新焦点”受到巴格海《增长炼金术——企业启动和持续增长之秘诀》的启发，而“组织设计”部分则直接来自迈克尔·塔什曼的“组织一致性模型”。因此，这里需要了解BLM框架背后的两个理论渊源。

其一，BLM框架核心要素并非IBM完全原创，而是来源于战略管理领域和组织行为学领域中的两个著名模型，第一个模型（价值转移与业务设计）与《价值转移——竞争前的战略思考》（1996年）、《发现利润区》（2000年）、《利润模式》（2002年）及《价值网——打破供应链、挖掘隐利润》（2001年）这四本书有关，前三本的主要作者是亚德里安·斯莱沃斯基，第四本的主要作者是大卫·波维特。

以上四本书的写作思路是递进的关系，但是上述思路更早来自德鲁克。德鲁克在《组织生存力》中曾经提出过五个最基本且最重要的问题：第一，我们的使命是什么？第二，我们的顾客是谁？第三，我们的顾客重视什么？第四，我们追求的成果是什么？第五，我们的计划是什么？

其二，1980年迈克尔·塔什曼在《组织行为诊断模型》一文中提出了"组织一致性模型"（图1–3）。迈克尔·塔什曼认为，在企业战略确定之后，组织就能在关键任务、正式组织、人才、氛围与文化这四大构件之间保持一致性。

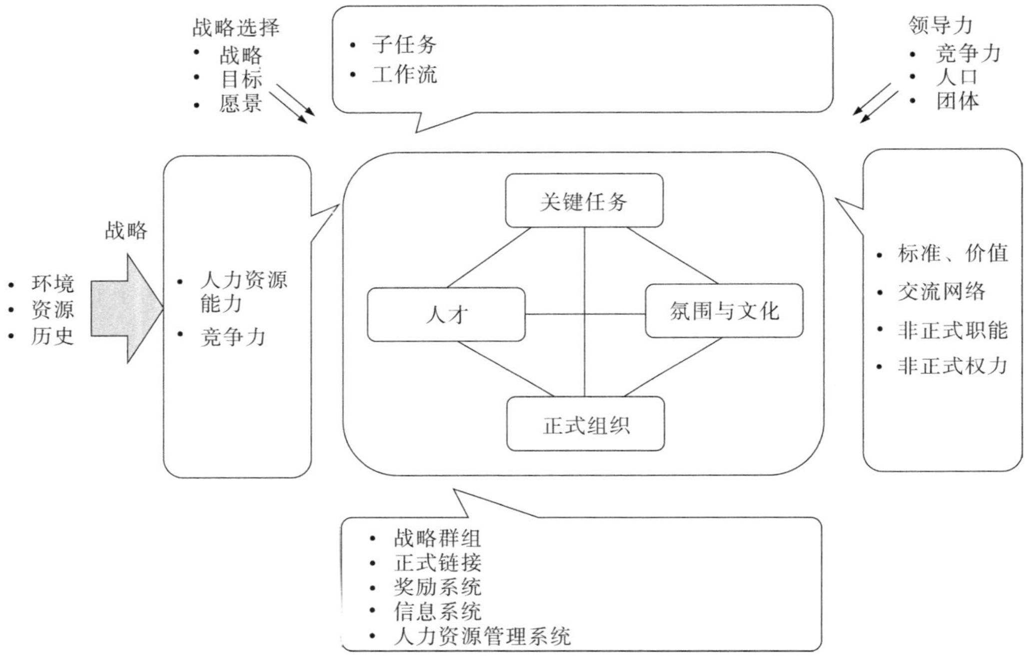

图 1–3　组织一致性模型

总的来说，BLM框架的主要概念出现在现代战略理论形成的不同时期，迈克尔·塔什曼大约在2007年集大成地将其进行了整合，形成了战略规划模型——BLM。也就是说，华为花费3000万元引入的BLM框架，背后站着安索夫、普拉哈拉德、亚德里安、卡普兰、迈克尔·塔什曼等战略大师。表1–1汇总了BLM框架主要概念来源，虽然略显枯燥，但是建议读者不妨经常回顾，能加深对BLM框架乃至对战略的理解。

表1-1　BLM框架主要概念来源

模块	子模块	相关概念	主要作者及其著作	出版时间
差距分析	差距分析	业绩差距 机会差距	奈杰尔·弗里德曼：《百夫长行动——管理飞利浦的转型》	1996年
战略设计	市场洞察	价值转移 机会窗口	亚德里安·斯莱沃斯基 ：《价值转移——竞争前的战略思考》 卡洛塔·佩雷斯：《技术追赶：进入壁垒和机会之窗》	1996年 1988年
	战略意图	战略意图	普拉哈拉德和哈默：《战略意图》	1989年
	创新焦点	三层面模型	梅尔达德·巴格海：《增长炼金术——企业启动和持续增长之秘诀》	1999年
	业务设计	价值主张	特里西与迈克尔：《市场领导者的法则》	1995年
组织设计	关键任务	任务	利维特：《工业中的应用组织变革：结构、技术和人文方法》	1965年
	人才	人才	迈克尔·塔什曼：《组织行为诊断模型》	1980年
	正式组织	正式组织	彼得 ·M.布劳：《正规组织——一种比较方法》	1978年
	氛围与文化	文化	迈克尔·塔什曼：《创新跃迁——打造决胜未来的高潜能组织》	1996年

BLM框架是基于扎实理论的，也是源于实践的；同时该框架历年来的演变历程，也值得我们关注，这对我们深刻理解这个框架有很大的帮助，以下是不同时期BLM框架的构成。“价值观”模块成为BLM框架一部分的具体时间虽然难以考证，但是与IBM历来高度重视价值观有莫大的关系。IBM在百年发展历程中每次转型的背后都有价值观的转型，并匹配相应的管理体系支撑，使价值观深入人心；2003年IBM甚至在全球举行了一次在线价值观大讨论，并最终确定“创新为要、成就客户、诚信负责”为IBM新的核心价值观。

★案例分析：GE历史上三位CEO对GE的组织设计

“组织一致性模型”的输入是战略，当危机到来必须调整战略时，“组织一致性模型”的四个构件必须和战略保持一致。接下来，我们从组织一致性原理的角度出发，一起回顾GE历史上三位重要的CEO在面对风险时的处理方式及其后果，从而进一步思考如何构建组织的危机领导力。

（1）重振雄风：杰克·韦尔奇时代（1981—2001年）

1981年，当杰克·韦尔奇就任GE第八任CEO的时候，他面临的情况并不乐观：20世纪80年代，正是日本制造业称霸全球的时期。尽管GE看起来依然强大，但是日本制造业对包括GE在内的“美国制造”的冲击已经越来越明显，GE不少业务已经不再具有核心竞争力。很多人浑然不觉GE正处于一场危机之中，但是杰克·韦尔奇的危机感知能力很强，形势洞察能力一流，他在《杰克·韦尔奇自传》中写道：“那个时候，整个公司内外没有一个人能感觉到危机的到来。当时，来自亚洲的威胁已经存在很多年了，美国的市场被一个一个地蚕食掉：收音机、照相机、电视机、钢铁、轮船，最后是汽车。”①在对市场环境进行深入洞察之后，杰克·韦尔奇提出深受德鲁克影响的“数一数二”战略，成为GE应对危机的基本思路之一。杰克·韦尔奇认为如果GE在一个行业不能保持领先，那么就要退出。值得一提的是，在强大的“日本制造”使美国人备受压力的同时，战略研究人员在研究企业竞争优势时也得到了启发，研究视角从企业外部视角转向了企业内部视角，由此诞生了战略管理史上与产业基础理论旗鼓相当的另一个重要学派——资源基础理论。

在“数一数二”战略思想的指导下，“整顿、出售或者关闭”成为GE最重要的行动计划。杰克·韦尔奇把当时GE的42个战略经营单位分成三类：核心生产、技术以及服务。凡是不属于这三类的业务，悉数出售。在该战略实施的两年里，GE出售了71项业务和生产线，其中包括矿产业务以及和美国人生活息息相关的家电业务，这些业务的出售使GE回笼5亿多美元的资金；与此同时，为了强化优势行业，GE又完成了118项投资，包括收购兼并、建立合资企业等方式。

在意识到危机并及时调整战略之后，杰克·韦尔奇没有停止改革的步伐，他继续对组织、人力、文化等方面做了大刀阔斧的整顿。在他的锐意改革下，5年时间里大约四分之一的员工离开了GE，总数达到了11.8万人，由于改革动作较大，他也被称为“中子弹杰克”。在杰克·韦尔奇的主导下，配合战略转型的组织、人力、文化改革在GE逐步推进。

在组织上，杰克·韦尔奇倡导“无边界组织”。尽管经历多次“瘦身”，GE仍然是一个多元化的集团企业，也出现了机构臃肿、层级过多、灵活性低、官僚主义等问题。因此在实施“群策群力”计划之后，杰克·韦尔奇邀请戴维·尤里奇等人来改造GE。在杰克·韦尔奇的设想中，无边界公司应该将各个职能部门之间的障碍全部消除，工程、生产、营销以及其他部门之间能够自由流通，完全透明。也就是说，一个无边界公司将把企业外部的围墙推倒，让供应商和用户成为一个单一过程的组成部分，同时推倒那些不易看见的种族和性别藩篱。

在人力上，杰克·韦尔奇提出对全球企业界有深远影响的“活力曲线”理论。杰

① 杰克韦尔奇，约翰·拜恩. 杰克·韦尔奇自传[M]. 中信出版社，2004.

克·韦尔奇的“活力曲线”把员工分为A类、B类和C类，即把GE所有的高层管理人员进行分类排序，区分出最好的20%，中间的70%以及最差的10%。在具体实施上，“活力曲线”与奖励机制（调整工资、分发股票期权以及增加更多的职务晋升机会）相关联，例如A类人员得到的奖励是B类人员的两三倍。很多企业的绩效管理实践都从“活力曲线”理论中得到启发，包括华为、阿里巴巴、海尔、联想、美的等，其绩效管理系统或多或少都受到“活力曲线”的影响。

在文化上，杰克·韦尔奇通过在GE实施“群策群力”计划来建立学习型企业文化。杰克·韦尔奇希望通过“群策群力”计划，发掘员工智慧，克服官僚主义。实际上，杰克·韦尔奇极为重视企业文化建设工作，对重塑GE文化可谓不遗余力，且《杰克·韦尔奇自传》中相当篇幅都和企业文化相干。

在杰克·韦尔奇的强势推动下，GE走出危机并从此进入新的发展阶段。在杰克·韦尔奇担任CEO期间，GE的股价上涨接近28倍，在杰克·韦尔奇即将退任的2000年，GE以5940亿美元成为美国市值最高的公司。值得一提的是杰克·韦尔奇的“产融结合”战略，杰克·韦尔奇发现了金融业务的战略机会，由此，杰克·韦尔奇任内GE涉及的金融领域由最初的消费贷款逐渐扩展到汽车租赁、房地产投资甚至是私人信用卡领域。1980年GE金融服务集团仅拥有10家企业，资产110亿美元，而到了杰克·韦尔奇退休的2001年，GE金融服务集团已经拥有24家企业和3700亿美元资产。

然而，此一时彼一时，被杰克·韦尔奇视为“新的增长发动机”的GE金融业务，日后却成为GE陷入新危机的根源。

（2）被迫转型：杰夫·伊梅尔特时代（2001—2017年）

2001年，杰克·韦尔奇亲自挑选的继任者杰夫·伊梅尔特成为GE的董事长兼CEO。然而，从2001年到2017年，GE在资本市场上的表现相当差，名列道琼斯指数全部成分股倒数第一。当然，我们不能否认金融风暴是重要的客观因素。2008年金融危机爆发，不少金融公司因此倒下，作为一家金融化程度相当高的“准金融集团”，GE也受到很大的冲击。

但是客观来说，杰夫·伊梅尔特不仅将过度金融化带来的负面影响降到了最低，还让GE强化了自身在工业领域的竞争优势，尤其是实现了GE的“数字化转型”，对于这些成绩，杰夫·伊梅尔特功不可没。那么，杰夫·伊梅尔特做对了什么，才化解了这场比当年杰克·韦尔奇经历的更大的危机?

在战略上，杰夫·伊梅尔特做了两个重大调整。首先是剥离金融业务以及其他非核心业务。杰夫·伊梅尔特剥离了数十亿美元的贷款和房地产业务，并出售了NBC环球、GE塑料、GE水处理和GE家电等非核心业务。在杰夫·伊梅尔特的强力推动下，

GE金融业务占比持续下降，最低的时候对GE的营收贡献不足9%；杰夫·伊梅尔特的“回归核心”战略取得明显效果，GE核心业务之一——航空业务营收翻了三倍，医疗、电力和交通等板块也实现了两到三倍的业绩增长。2016年，GE在工业制造领域的收入达到174亿美元，约是2000年的三倍。

其次，GE宣布重返制造业，但是，并非简单的回归，而是拥抱互联网，将着力点放在工业互联网上。这是GE战略的重大调整，相关举措也迅速出台：2012年GE提出工业互联网的概念；2013年GE投资PaaS（平台即服务）厂商，随后开发工业互联网平台Predix；2014年Predix宣布开源开放；2015年GE推出Predix 2.0，推出开发者平台Predix.io，同年GE整合软件和IT资产，成立数字部门GE Digital（GE数字）。

在战略清晰之后，杰夫·伊梅尔特和杰克·韦尔奇一样，也在组织、人力、文化上做了全面的变革。

在组织上，杰夫·伊梅尔特继续优化“无边界组织”，克服公司规模和效率的矛盾，使GE不但具有大型企业的力量，也具有小型公司的效率和灵活度；同时打击官僚主义，激发管理者和员工的热情。当然，在组织架构上，最大的变化是GE Digital的独立。2011年，GE为了自主开发与大数据分析以及人工智能相关的软件系统，在美国加州圣拉蒙建立了全球软件研发中心，这个研发中心在2015年扩建为GE Digital事业部。2016年，GE Digital在拉斯维加斯召开了软件开发者大会，向转型平台公司迈出了关键的一步。如今，Predix的合作伙伴已经达到了400家，其中包括微软、英特尔、思科等IT巨头以及印度塔塔、法国凯捷、日本NEC等IT系统集成商。

在人力上，为了配合“回归核心”的战略，GE放弃使用了30年并引以为豪的“活力曲线”以及比“活力曲线”更为严格的“九宫格”（从绩效和价值观两个方面对员工进行评价，分为九个等级），取而代之的是一套称为“PD@GE（Performance Development at GE，GE绩效发展）”的全新绩效管理系统。GE的绩效管理从以前的“打分、排名和惩罚”变成了“对话、激励和员工发展”，后来发展成OKR（目标及关键成果）绩效管理方法。GE从“活力曲线”和“九宫格”到“PD@GE”，背后是GE从上级对下级评价、分类变成上级对下级指导、启发的绩效管理哲学变化。

在文化上，杰夫·伊梅尔特力图把GE从一家“大企业”变成“创业企业”，他向硅谷明星企业学习，把精益创业方法论、设计思考、敏捷开发引入GE。因此，从2012年到2017年，GE的文化、氛围和价值观发生了巨大的变化，比如提出了“唯客户，定成败；求精益，拼速度；学以衡，善应变；敢授权，颇激励；闯未知，展佳绩”。GE从一家以“六西格玛”为导向、不允许出错的企业（当然，“不允许出错”也是由GE的业务所决定的，例如航空发动机、医疗器械不能因为品质问题而出现丝毫差错）变成一家“容许失败”的企业，这是巨大的变化。杰夫·伊梅尔特认为，要实现数字化变革，就必须改变传统的企业文化，要把失败当成可以接受的事情。

韦尔奇时代和伊梅尔特时代下GE都保持了组织一致性，可以用图1-4表示：

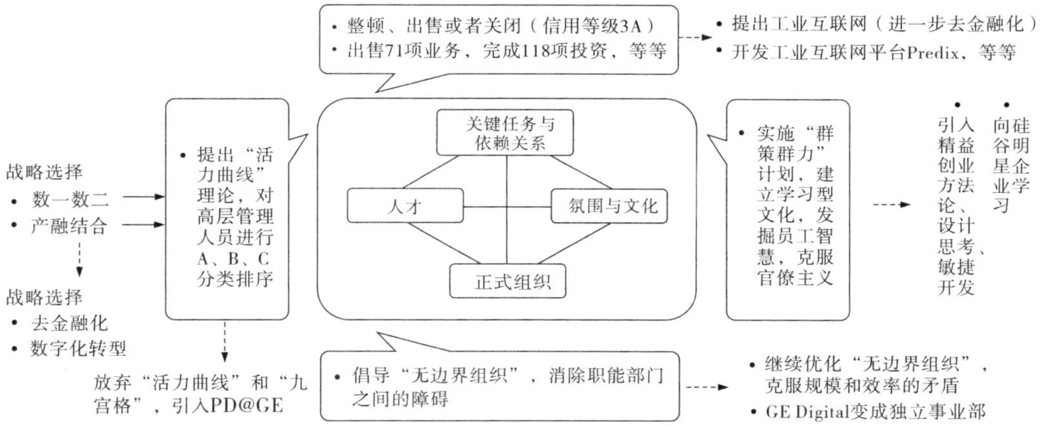

图 1-4 韦尔奇时代和伊梅尔特时代下 GE 的组织一致性

2017年6月，执掌GE16年的CEO杰夫·伊梅尔特辞职，公司股价再度大幅下跌。但是，坦率地说，如果没有杰夫·伊梅尔特的诸多变革措施，GE或许衰落得更快。

（3）力挽狂澜：约翰·弗兰纳里（2017—2018年）

2017年8月，约翰·弗兰纳里成为GE新一任的CEO（杰夫·伊梅尔特继续担任董事长）。面对糟糕的资本市场表现以及诸多棘手问题，约翰·弗兰纳里计划重置并调整公司的许多业务部门，将公司未来重心放在电力、航空和医疗三大核心业务上，同时退出运输和照明等标志性业务市场。然而，成效并不大，不到一年，2018年6月19日标准普尔道琼斯指数委员会宣布GE将于2018年6月26日被移出道琼斯工业指数。约翰·弗兰纳里本人也被取代，2018年10月，GE历史上的第十任CEO约翰·弗兰纳里在上任仅15个月后就被解雇，GE任命劳伦斯·卡尔普为新的董事长兼CEO。

是什么原因使约翰·弗兰纳里成为GE历史上的“短命CEO”的呢？与两位前任相比，约翰·弗兰纳里做错了什么？

约翰·弗兰纳里任职时间很短，我们难以梳理出他任期内在组织、人力和文化方面的布局以及取得的成就或失败。但是，可以看出，是战略出了问题，约翰·弗兰纳里上任之初即启动了一系列瘦身计划，并将2018年称为“重启之年”。2017年11月13日，约翰·弗兰纳里在投资者大会上发言时表示：“GE未来将会进行总额超过200亿美元的资产和业务剥离，包括运输、工业解决方案、电流和照明以及若干中小业务板块。”随后，GE又宣布未来将聚焦航空、发电和可再生能源三大领域，这些都是GE进一步“回归核心”的举措。然而，上述战略转型已经跟不上环境的巨变，约翰·弗兰纳里缺乏像杰克·韦尔奇和杰夫·伊梅尔特那样的战略领导力，看不清产业变迁的趋势，正如2018年GE被移出道琼斯工业指数时，标准普尔道琼斯指数委员会董事长兼经理大卫·布利泽所说：“美国经济已经发生巨变，消费、金融、医疗和科技公司占据经济主导，而曾经重要的工业公司地位相对下滑。”

第二节　基于BLM的战略管理体系

上节简要介绍了BLM框架的渊源、现状及其应用，实际上BLM框架回答了“战略三问”：我现在在哪？我准备去哪？我要怎么去？下面，基于上节内容正式提出战略管理“3+1”框架：（内容、过程、情境）+思维，如图1-5所示。

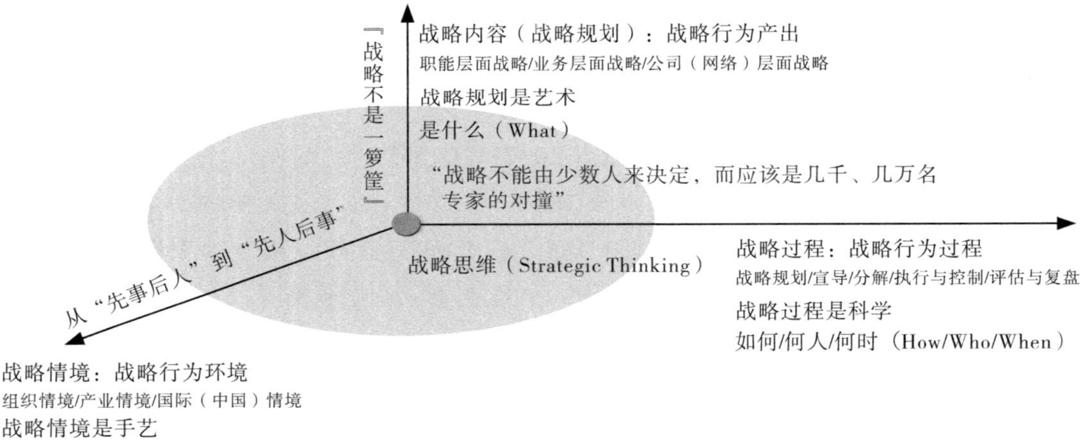

图1-5　战略管理“3+1”框架

第一是战略规划，是指战略的产出物，一份咨询报告就是一项产出物，其中包括业务层面战略、职能层面战略、公司层面战略。笔者认为战略不是一箩筐，战略是企业全局性、长远性的成果，严格来说人才战略、品牌战略、资本战略……都是战略的组成部分。

第二是战略过程，顾名思义，是指战略的产出过程，其中包括战略洞察、战略选择和战略部署。战略过程也很重要，战略一定不是讨论出来的，但是没有经过讨论的战略都是胡扯，这是笔者长期辅导企业的一个经验：大家都赞成的战略，很有可能是平庸的战略（好的战略往往是反直觉的）；但是反过来说，战略不经过讨论，往往隐藏着巨大的风险。从本质上说，战略过程是科学。

第三是战略情境，战略情境是所处的环境，其被细分为组织情境、产业情境、国际情境。组织情境是组织不同发展阶段，产业情境是处于不同的产业，国际情境是国内市场和国外市场。因为战略情境不同，所以战略规划、战略管理的模式不能千篇一律。

1. 战略规划

什么是战略规划？教科书一般会给出以下类似的定义：战略规划，是指拟订公司愿景和使命，确定外部机会与威胁、内部优势和劣势，建立长期目标，提出备选战略以及从中选择战略；从内容看，战略规划涉及确定公司进入哪些新行业，企业放弃哪些业务，企业如何配置资源，是否扩大经营范围或提高多元化水平，是否进入国际市场，是否进行并购或组建合资企业，如何防止恶意收购等。以上定义过于繁杂，正如之前所述，笔者对战略规划作出的定义仅九个字：找不同、做选择、布全局。

从内容上看，企业战略可以分为公司层面、业务层面和职能层面战略（图1–6）。BLM框架是郭士纳整合IBM内部专家、哈佛大学教授的智慧提出的一套方法论，是解决战略问题的统一语言和思维框架，可以应用于公司层面、业务层面和职能层面战略规划，每个层次都可以分为战略规划（SP，Strategic Planning，也称为中长期战略）和战略分解（BP，Business Planning，也称为年度经营计划）。此外，由于分层分级，协同（对齐）是三个层面企业战略的基本要求（这将在后面章节深入探讨）。网络层面战略的含义，后面章节会深入阐述。

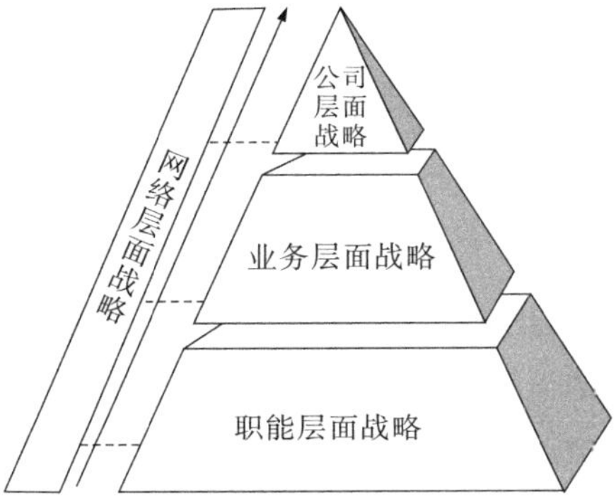

战略规划（SP）	战略分解（BP）
• 也称为中长期战略，确定公司的发展方向、整体目标、业务组合、组织能力建设以及组织设计	• 也称为年度经营计划，需要分解、细化SP
• 也称为中长期战略，确定通过什么方法取得竞争优势；采用低成本、差异化或者其他竞争策略	• 也称为年度经营计划，需要分解、细化SP
• 也称为中长期战略，确定职能活动如何展开以及形成合力，从而影响落实和支撑公司和业务层面战略	• 也称为年度经营计划，需要分解、细化SP

图 1–6 企业战略三个层面

图1-6中还有两个问题需要厘清：第一是战略分为三个层次，每个层次又分为SP和BP，那么对于一家企业而言就有了“六个战略”，是否需要制定这么多的战略？或者企业有没有这么多的时间和精力完成“六个战略”，这个问题的答案因企业而异。有人建议职能层面不用制定SP（只需制订年度经营计划即可）。笔者认为，这对于中小企业在特定阶段是可行的，但是对于大型企业职能层面战略SP的制定是必须的。第二是“公司层面战略”置于金字塔的顶端，但在真正制定战略时，却不是先制定公司层面战略（最多是先有公司级的战略意图），而是业务层面战略先行。

2. 战略过程

战略过程不是战略规划，其本质是管理；从管理角度看，战略管理和生产管理、财务管理应当进入企业日常活动中。图1-7展示了一个基于PDCA［计划（Plan）、执行（Do）、检查（Check）、处理（Action）］循环的典型战略过程，PDCA也是本书战略过程的基本原则。

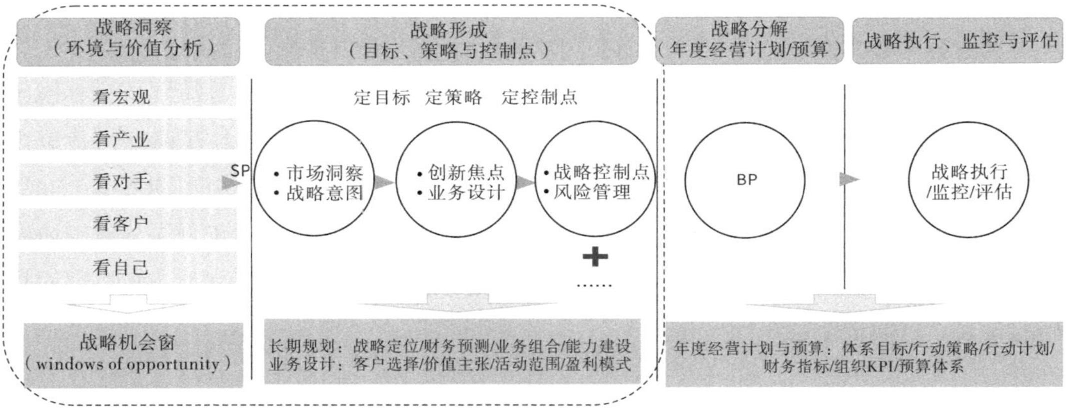

图 1-7 战略过程

下面简要介绍战略过程中的“战略分解”（也称为“战略解码”），其他环节内容在第三章讨论。

吕守升在《战略解码：跨越战略与执行的鸿沟》中说：“什么是战略分解？2000年，我在一家中外合资企业担任人力资源总监的时候，开发了战略分解与个人绩效合约的课程，此课程获得了经理们的好评，由此‘战略如何与绩效有效联结’这个课题便在我心中生根发芽了。2004年初，在时任合益集团大中华区总裁陈玮先生的带领下，我们在咨询项目中尝试使用‘Strategy Decoding’一词，并将其翻译成‘战略分解’——当时只是直译，尚没有成熟的方法论和成功的案例，所有的介绍内容不足一页纸。”[①]

笔者认为，战略分解是指统一思想，传导企业中长期战略意图和策略，形成共同目标语言的组织行为，便于组织、部门、员工进行目标校准以提升执行效果。战略分解的主要产出是：将企业的中长期战略意图和策略转化为管理团队和一线员工可以理解、具有共识的行动方案，即将企业的战略规划转化为全体员工能够理解的语言和行动指南，并落实为绩效产出，它是一种化战略为行动的工作方法。战略分解的延伸产出是基于对战略重点的分析，拟订行动计划，并将责任落实到人，签订个人绩效承诺书。这是上下级之间沟通的有效工具，也是双方达成一致，明确工作优先级的方法，绩效合约体现了所有人员对组织的承诺，有利于创造高绩效的文化。

罗伯特·卡普兰曾经说过：“如果你不能描述它，你就不能衡量它；如果你不能衡量它，你就不能管理它；如果你不能管理它，你就不能实现它。”实际上，早在2008年卡普兰在《哈佛商业评论》发表《管理崩溃始于战略》（其思想后来在《平衡计分卡战略实践》一书中完善）时，就对战略分解给予了足够的重视。2019年，在《数字时代的敏捷战略管理——动态平衡计分卡如何改变决策、速度和有效性》中，卡普兰的同事们再次完善了从平衡计分卡（BSC）体系到敏捷战略管理体系。

3. 战略情境

以创业情境为例，创业机会的本质是创造新的需求满足方式：滴滴、瑞幸所处的行业都是传统行业，其成功在于新的需求满足方式，抓住时代机遇，认清业务本质，围绕核心用户做产品，在多个维度创新 。

战略情境的深入分析，见第四章“战略情境” 。

第三节 战略内容

战略是分层次的，这不是指低层次的战略应该无条件地从属于高层次战略，而是指低层次无解的战略问题若放在高一层次，就可能会变得无足轻重而无须解决。例如京

① 吕守升. 战略解码：跨越战略与执行的鸿沟[M]. 机械工业出版社，2021.

东集团的电商业务板块（京东集团分为电商、金融、技术三大业务），从短期来看可能处于亏损或者微薄盈利状态，但是从公司层面战略来看，这种亏损却是必要的，是发展金融和技术业务的战略性举措。电商领导者亚马逊也有类似的发展逻辑。

战略学者很早就对战略进行了分层。1930—1960年是战略理论的萌芽阶段，其间最重要的著作之一是被称为“战略之父”的伊戈尔·安索夫写的《公司战略》（1965年），该书以及后来的《从战略计划到战略管理》（1976年）、《战略管理》（1979年）是公认的战略管理开山之作。在安索夫所在的时代，许多企业已经拥有多种业务，所以安索夫在《公司战略》中首次将战略分为企业战略和经营战略两个层次：

企业战略：决定企业该进入哪些经营业务。

经营战略：在企业进入某些经营业务之后，决定在这一领域里进行竞争与运行的方式与方法。

后来，斯琴德尔和霍弗根据安索夫的研究成果开发了“战略管理四层面法”，即职能层面、业务层面、公司层面和企业层面。现在人们习惯上把企业战略分为公司层面战略、业务层面战略及职能层面战略三个层面，而对于集团企业，还存在“集团层面战略”，甚至“系统层面战略”等更高层次的战略。但是由于目前企业逐渐向专业化方向发展，像GE、三星这类的集团企业并不多见，因此习惯上还是使用三个层面的框架。

这一框架清晰易懂，但是仍有不少争议之处，其中之一就是“职能层面战略”究竟属不属于战略范畴。笔者认为，战略是选择一组独特的运营活动，但是要使运营活动更有效率，需要对具体的运营活动（研发、采购、生产、销售、服务等）作通盘考虑，因此战略应当包括职能层面。职能层面战略是战略落地的有力支撑，对战略成功落地有举足轻重的作用，企业在战略执行过程中必须对其给予高度重视，及时调整执行过程中出现的偏差。

因此，本书关于战略的划分依然是公司层面战略、业务层面战略以及职能层面战略。网络层面战略仍在发展之中，一般将它视为公司层面战略的延伸，而本书把它视为公司层面、业务层面以及职能层面战略的延伸，原因在于网络层面战略在各个层面都可以与相应的利益相关者发生联系、合作和交易（在业务设计中，“活动范围”就描述了这些合作关系）。需要强调的是，三个层面的战略同时整合在同一个框架——BLM框架中。图1-8展示了三个不同层次战略内容的关注要点以及实践中一些常见的问题。

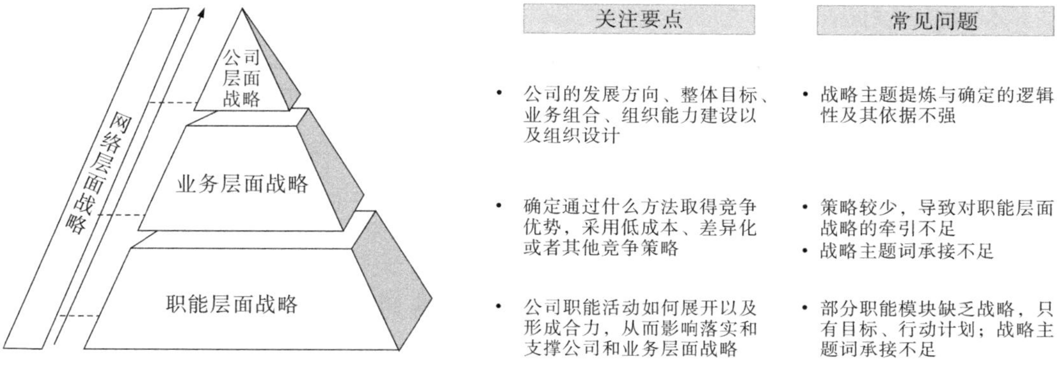

图 1-8　不同层次战略内容关注要点及其常见问题

将战略划分为公司层面战略、业务层面战略以及职能层面战略，并且三个层面的战略规划应用同一个工具（“同一种语言”）——BLM框架，是本书所强调的重点和特色所在，这在后面会有更深入的讨论。

1. 公司层面战略

公司层面战略是公司较高层次的战略，企业从事哪些业务，进入哪些行业，不同业务之间如何进行资源的配置，都属于公司层面战略的范围。公司层面战略从安索夫的著作《公司战略》开始经历了数十年的发展，至今依然是学术热点。但是客观地说，公司层面战略理论至今仍未完善，公司层面战略的实践活动也急需有效的理论来指导。在西方，企业专业化发展，也导致公司层面战略理论和业务层面战略理论研究的界限并不那么分明。

公司层面战略演变的历程表明，追求成长和公司价值最大化是公司层面战略发展历史中永恒的主题，围绕这一主题，人们不断地修正、完善公司层面战略理论。同时，随着全球市场的进一步开放与融合，国际性企业已经十分常见，国际化、全球化战略关注的也不再只是市场进入方式的选择问题，而是跨国网络中知识、经验和能力的转移问题。例如外包选择成为公司层面战略的关注点，与之相关联的就是虚拟企业不断兴起。此外，兼并收购也是竞争战略时代公司层面战略中热议的话题，而在合作经济时代公司层面战略开始将更多的视角转向联盟与合资。企业实践的丰富推动着公司层面战略研究范围的不断拓展。

2. 业务层面战略

思考业务层面战略的目的是在经营领域中有效竞争，从而获得竞争优势。如果是一家单业务公司，总体战略与业务层面战略是合二为一的。除了考虑“服务于谁”“与谁竞争”“如何竞争”三个传统主要问题以外，如何建立以及更新核心竞争力也是业务层面战略关注的焦点之一。

在美国著名战略学家迈克尔·波特占据主流地位的时代，业务层面战略几乎等同于竞争战略。在他的战略指引下（主要是1980年《竞争战略》和1985年《竞争优势》，书中相继提出成本领先战略、差异化战略和集中化战略这三种基本竞争战略），自20世纪90年代末以来，企业几乎都采取了价格战、功能战、广告战、促销战、服务战、品类战来建立自己的竞争优势，以此来打败竞争对手。然而，良好的愿望并未转换成美好的现实，过度地打击对手并未使企业自身变得更好，而是导致所在领域的企业普遍面临低利润或者亏损的局面，大家都陷入困境，最后出现双败、多败，出现了所谓的“零和博弈”的局面。

合作战略就是在上述背景下出现的。1996年耶鲁大学管理学院的拜瑞·内勒巴夫等人出版《合作竞争》，首次提出“合作竞争”概念，引起了人们的强烈关注。合作竞争理论强调同时考虑竞争与合作两种行为，有效地消除了波特的五种竞争力模型等传统竞争战略理论仅从竞争的角度来分析所有参与者竞争态势的弊端。它在竞争者、供应商、顾客之外提出了互补者的概念，也是对传统竞争战略理论的完善和补充。它在战略制定视角上，强调从其他参与者的认知角度来制定战略，超越仅从自身利益角度制定战略的狭隘立场。

3. 职能层面战略

战略是涉及公司顶层设计的，所以研发、生产、市场、销售、服务、财务等具体职能模块的发展规划是各个职能部门的考虑范畴，过去职能层面战略并不重要（即使是现在职能层面战略也没有受到应有的重视），但随着企业规模逐渐扩大，职能层面战略的重要性日益凸显。

从表现上看，企业卓越盈利能力取决于消费者感知产品的价值、公司为产品制定的价值和制造这些产品的成本（取得卓越盈利能力的根本在于具有持续竞争优势）。也就是说，从价值链（职能活动）角度来看，公司价值主张的实现依赖于出色的效率、品质、创新和客户响应等因素（这是职能活动），并以此为基础进一步建立并保持竞争优势，这就是职能层面战略（图1–9）的意义所在。

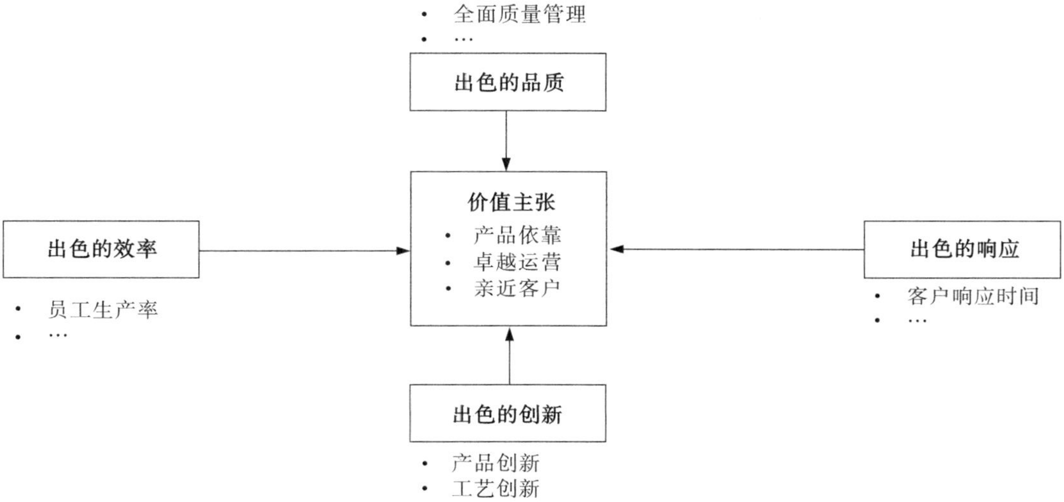

图 1–9 效率、品质、创新和客户响应与竞争优势

值得注意的是，读者可能会看到其他类型的战略如国际化战略、并购战略、生态战略等，这些战略应该属于什么层次？实际上这是从不同于“业务”角度进行的分类：以国际化战略为例，如果公司国际化战略的意图是拓展国外市场，那么国际化战略就是业务层面战略；如果国际化战略的意图是获得人才、技术等，那么国际化战略就是职能层面战略。并购战略、生态战略也类似。

第四节　战略过程

很多规划沦为纸上谈兵，很大原因是混淆了战略规划和战略管理的区别，其实战略规划和战略管理有很大的不同：战略是艺术、科学和手艺的结合，战略规划体现了艺术的一面，而战略管理是一门科学（战略管理中的战略执行体现了“手艺”的特征）。很多企业没有战略规划，跟着感觉走；也有很多企业虽然有战略规划，但是没有战略管理，规划也就成了空话，不能真正落到实处。

战略规划（包括战略洞察、战略制定）是战略管理中的一部分，但是战略管理不等于战略规划，它的本质是“管理”；战略管理和生产管理、财务管理没有本质的区别。如果一家企业重视研发管理、生产管理和财务管理，那么它也应该重视战略管理。很多企业已经建立了“从管理要效益”的认识，并且愿意投入人力和物力进行员工培训及运营流程改善（尤其是生产管理），但是已建立相对完善的战略管理流程（包括相关的会议）并且严格执行的企业不多。这方面腾讯的做法值得参考，腾讯每月都会举行为期三天的“战略月会”。

关于战略规划，笔者在咨询实践中经常发现一个现象，就是很多人认为战略执行比战略规划更加重要（也有人认为战略规划和战略执行同等重要）。笔者十分认同猎豹移动CEO傅盛提出的一个战略公式：战略=（方向×10）×执行力：企业战略要想真正落地实施，战略设计（即方向）的分量是战略执行的十倍。理由非常简单，战略高屋建瓴，指引公司发展的方向，战略设计的好坏（“好战略”和“坏战略”）直接决定了战略执行的效果；“坏战略”一开始就注定失败，如果是“坏战略”，那么执行力越强结果就越糟糕。企业老板往往责备自己的下属在战略执行过程中不积极，战略经常执行不到位，而很少反思自己的战略是不是一个“坏战略”。

那么，一个完整的战略过程应该包括哪些内容呢？笔者认为，应该至少包括以下内容：

1. 战略洞察

战略洞察包括外部环境和内部条件的洞察，简单地说就是“五看”：看宏观、看产业、看竞争、看客户和看自己。战略洞察的落脚点是“机会”，包括机会的识别和时机的把握。实际上，德鲁克早在《成果管理》（被公认为第一部涉及企业战略的书）中就指出：“企业家应该把工作重心放在挖掘机会上，并且认为机会不仅来自外部，也来自企业内部。”成功的企业大多具备一个特点，就是总能发现一个又一个机会且始终站在战略的制高点上。

2. 战略宣导

战略宣导是为了提高共识。战略规划的参与度有利于提高战略规划的正确性，战略宣导有利于进一步提高战略规划的共识度。只有具备了正确性和共识度的战略，才是高效的战略并有利于执行。

3. 战略分解

战略分解就是通过可视化的方式（例如罗伯特·卡普兰和大卫·诺顿提出的“战略地图”工具），把战略目标层层分解到部门和岗位，即以公司战略和部门业务为基础，自上而下垂直分解。

4. 战略执行

战略执行的重要性不言而喻，不能落地的战略毫无意义。然而，战略执行的效果很大程度上取决于战略规划；同时，战略执行与战略规划不是“谁更重要”的问题，而是两者“不同”。

5. 战略控制

战略控制的目的在于使经营目标和重点工作不偏离预定方向，主要方法包括财务控制、运营控制、KPI（关键绩效指标）、平衡计分卡、战略地图、西蒙斯四维度控制、战略风险评价等。

6. 战略评估

很多企业忽略了战略评估这一环节，对已经制定的战略执行一年或半年之后，是否需要重新调整，往往缺乏系统的思考，这也是战略管理缺失的体现之一。目前有很多优秀的战略管理工具可以用于战略执行和评估，例如战略地图、平衡计分卡等常常被用来制定战略行动，而战略评估可以采用伊丹敬之的优秀战略评价标准。

笔者认为，有必要谈谈上文所述的“五看”，“五看”囊括了一个企业在制定战略之前需要深刻洞察的外部和内部环境。这里有必要区分一下“五看”和传统的SWOT分析中的O（机会）和T（威胁）。SWOT分析也是区分外部环境和内部环境的方法，不过SWOT分析在区分内外部环境的基础上，在外部环境中进一步区分了“机会”和“威胁”。笔者认为这种区分意义不大。企业面临的外部环境极其复杂，很难区分哪些是机会，哪些是威胁，往往是机遇和挑战并存；企业内部也往往可以将劣势转化为优势。没有必要做进一步的区分，“五看”中的“四看”（看宏观、看产业、看竞争、看客户）体现了这一思想。

第五节　战略情境

战略是环境敏感型产物，战略情境包括国际情境、产业情境、组织情境三种，战略管理必须思考战略情境在其中所起的“调节作用”。由于存在不同战略情境，因此，虽然本书讨论战略内容和战略过程通用的方法论、工具有一定的普适性，但是仍要根据不同的战略情境进行相应的修改。

1. 国际情境

当一家企业为了获得市场、技术或人才并走向海外时，需要考虑国际情境。一家企业从中国市场走向全球市场，管理模式不只面临经营范围在地理上的扩大，更需要变革甚至是根本上的更新。

2. 产业情境

产业情境也是战略情境中需要特别重视的内容，例如敏态产业和稳态产业对战略规划与战略管理分别提出什么要求？实践表明，不同形态的产业在战略思维、战略管理等方面存在较大差异。

3. 组织情境

组织情境也是战略情境中需要特别重视的内容，例如初创企业和成熟企业在战略管理方面有哪些重大差异、进入成熟期的企业如何利用生态系统的开放性资源重获新生？

第六节　战略思维

在上文提到的战略管理“3+1”全貌中，除了战略内容、战略过程和战略情境外，还有一个特殊的维度：战略思维。掌握战略思维方式中思维定式的一些“定理”和“公式”，是具备战略思维的重要标准。

第二章　战略内容

BLM框架是解决战略问题的统一语言，它可以应用于公司、业务和职能层面战略规划（而不是不同层面的战略采用不同的框架），并指引经营计划、预算与绩效，与其他管理体系结合。BLM框架包括战略设计和组织设计两个部分，如图2–1所示。

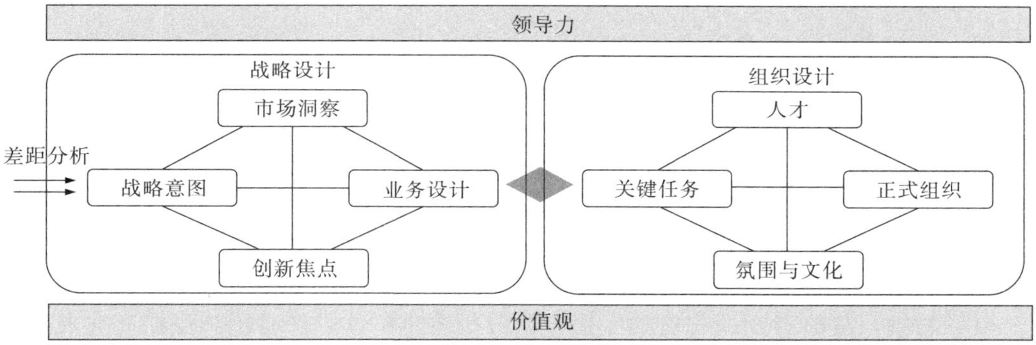

图 2–1　BLM 框架

有人把BLM框架称为“1+4+8”：“1”指差距分析，“4”指战略设计、组织设计、领导力和价值观四大模块，“8”指战略意图、市场洞察、创新焦点、业务设计、关键任务、人才、正式组织、氛围与文化八个分模块。下面介绍BLM框架中主要模块及其关联关系。

1. 差距分析

任何一个战略规划起点都不同，从本质上讲都是因为存在“差距”。差距分为两种：一是业绩差距，即现有经营结果和期望值（目标值）之间的差距，弥补这种差距主要依靠运营层面，可以通过高效的执行弥补，可以不改变业务设计；二是机会差距，即现有经营结果和新业务设计可能带来的经营结果之间的差距，弥补这种差距主要依靠战略层面，需要有新的业务设计来弥补差距。理解这两种差距的核心，在于理解机会差距是人为的、故意制造的。

找到产生差距的真正原因，需要进行分析（否则无法得出真正的关键任务），并把它们落实到正式组织、人才、氛围与文化中。值得注意的是，被称为20 世纪 90 年代三大管理方法之一的标杆管理，或许可以解决“业绩差距”的问题，但是很难解决“机会差距”的问题。因为标杆管理是运营层面的，而战略是无法对标的（所谓的“似我者死”），战略上无法模仿别人。

2. 市场洞察

市场洞察不仅要关注价值现状，还要关注价值转移趋势及这种变化对业务设计的影响。市场洞察需要对未来进行合理而大胆的假设。市场洞察的任务是了解宏观经济状况、客户的需求、竞争者的动向和技术的变化等以找到战略机会，其目标是解释市场上发生什么变化，以及这些改变对公司来说带来什么机会（大的战略机会窗在哪）。

3. 战略意图

市场洞察与战略意图的先后顺序由差距分析决定（这是经常困惑战略研究人员的一个问题）。战略意图是“我们要去哪里”，由愿景、战略目标和近期目标构成；前者相对稳定（确保企业的独特性），后两者是动态的。任何一家企业都有战略意图，即使没有清楚的战略规划，也有战略意图。“战略意图”一词最早出现在哈默和普拉哈拉德的《战略意图》中，作者曾经说过：“先有战略意图，后有战略。”战略本质上是实现战略意图的手段。因此，战略意图的原意是“一个伟大的梦想”；在华为以及其他公司应用的BLM版本中，战略意图的含义被扩大化了，包括愿景、战略目标和近期目标三个要素。

具体而言，愿景相对稳定，是为了保持企业的独特性，一个产品要有独特性（差异化），一家企业也要有独特性；战略目标是定量的（战略目的是定性的），包括市场目标（挑战者、跟随者等）、财务目标（收入目标、利润目标、市场份额等）和管理目标，市场目标发生改变，业务设计也要发生变化；近期目标，顾名思义，是指一年的目标。

4. 创新焦点

创新焦点是BLM框架的重中之重，它和业务设计是BLM框架的两个核心环节。组织存在的意义是要实现战略目标，那么怎么实现战略目标？解决方法就是创新焦点和业务设计。具体来说，创新焦点是顶层设计，业务设计是具体策略，创新焦点包括三件事：第一件事是改变企业的业务组合。企业本质上是一组业务的组合。要实现战略目标，首先要考虑的问题是：企业要发展什么业务？新的业务组合是什么？要放弃哪些业务同时发展哪些新业务？第二件事是找到创新的方法，证明新的业务组合是可以实现的，这是“创新”二字的含义。创新在战略规划中的重要性越来越突出，甚至从某种程度上说，战略就是创新。第三件事是发现和发掘潜在的、可利用的资源。笔者在服务企业的过程中，在寻找企业新的增长动力时，经常发现一些从未被利用的资源。

5. 业务设计

业务设计是BLM框架的重点，包括五个要素，分别是客户选择、价值主张、活动范围、盈利模式、战略控制点，简要介绍如下。（1）客户选择：谁是（不是）我们的客户？客户需求是什么？（2）价值主张：我们给予客户的核心诉求是什么？我们的竞争优势是什么？客户为什么买我们的产品？（3）活动范围：我们在价值链哪些环节？哪些环节需与人合作？（4）盈利模式：我们如何赚钱？还能挖掘其他盈利模式吗？（5）战略控制点：怎样建立持续盈利增长？需要建立什么壁垒？

业务设计的五要素之间是存在严谨的逻辑关系的，同时还要和差距分析、市场洞察保持前后一致，要基于差距分析和市场洞察发现新问题。

6. 关键任务

关键任务是指持续性的战略举措，从大的分类看包括业务增长举措与能力建设举措。关键任务重点在于“连贯性活动”，具体包括客户管理、产品营销、产品开发、交付平台、服务、风险管控和能力建设等方面。

关键任务的来源包括差距分析、战略意图与业务组合、业务设计，通过上面各个要素的分析，关键任务可以导出来。这是战略的第一次解码，是中长期的战略分解。

7. 人才

人才是战略落地的依靠，要使战略被有效执行，员工必须有能力（能不能做）、动力（愿不愿做）及机制（让不让做）来实施关键任务。关键任务是要依赖人来执行的，华为高度重视人力资源管理，把人力资源提升到战略性的位置。2018年3月20日华为公司发布的《人力资源管理纲要2.0总纲（公开讨论稿）》中有这样一句话："人力资源管理是公司商业成功与持续发展的关键驱动因素。"笔者深以为然。

8. 正式组织

正式组织是为了确保关键任务被有效执行而建立的相应的组织结构、组织授权和考核标准。战略决定组织，组织跟随战略，这是战略大师艾尔弗雷德·D. 钱德勒在《战略与结构：美国工商企业成长的若干篇章》中提出的经典结论。组织结构只有最适合的，没有最好的。与其他领先企业一样，华为也高度重视组织建设，《华为基本法》（1998年定稿）中写道："战略决定结构是我们建立公司组织的基本原则。"此外，华为的组织结构有一个特征，就是公司内部长期采用兼具事业部和矩阵组织优点的准事业部矩阵组织结构，原因在于客户是集中的、技术是共享的。华为公司组织结构可以称得上精巧而复杂，要让这样一个复杂的组织结构有效运转并充分发挥其潜力，需要为其注入灵魂。

9. 氛围与文化

氛围与文化是组织的行为方式，有效的组织文化将促进、激励和强化关键任务的有效执行。企业战略转型往往伴随着文化转型。企业文化转型甚至比战略转型还要久、还要难。随着规模的扩大、业务的发展，华为的企业文化也一直在变：狼性文化、流程文化、灰度文化，华为已经是全球知名企业，如今要讲灰度、讲容忍也是必需的（但主文化是不变的）。

10. 领导力与价值观

领导力和价值观将在本章第四节进行具体的讨论。

战略是环境的产物，因此要与环境相适应，这就产生了"外部一致性"的问题；

战略又是牵引企业行动的总纲领，这又产生了“内部一致性”的问题。在BLM框架中，组织设计包括四个构件：关键任务、正式组织、人才、氛围与文化，这四个构件不是分裂的，而是有机结合的，整体一致性是战略的灵魂所在。不同企业选择不同的战略，本身没有对错，从选择角度来看也没有高下之分，选择“低成本”或者“差异化”都有可能赢得竞争优势；但是选择了特定的战略之后，内部的组织体系、运营活动、人才选择、考核制度等所有的一切都要与之匹配。

接下来，我们分别对上述十大模块进行深入分析。

第一节　差距分析

差距分析包括两个步骤：发现差距和关闭差距。值得注意的是，这里关闭差距只是初步思路，最终经过业务组合、业务创新以及业务设计之后形成的针对差距的关键任务，才是关闭差距的措施。

1. 发现差距

BLM框架将差距分析放在第一个环节，是战略规划的起点也是终点。为什么呢？在讨论差距分析之前，我们有必要认识一下正反馈闭环管理体系。如今“闭环管理”已经成为我们普遍追求的管理目标之一，那么什么是闭环管理系统？从系统论看，系统不加入反馈环节是开环系统，而加入反馈环节是闭环系统。那什么叫反馈？反馈是“把系统末端的某个或某些量用某种方法或途径送回始端”。从反馈对系统所产生的作用来分，反馈可以分为正反馈和负反馈，正反馈可对系统的某个功能起到增强作用，负反馈则可对该功能起到削弱作用。具有正反馈环节（正反馈机制）的管理系统，称为正反馈闭环管理系统，该系统具有自激循环的特征。在BLM框架中，差距分析就承担了正反馈的角色（反馈不只一处，战略评估以及战略复盘也发挥了反馈的作用）。

在闭环管理体系下，差距分析贯穿战略思考、设计、执行全过程，牵引着业务设计、关键任务等其他模块（图2-2）。此外，差距分析与根因分析思维不仅仅体现在BLM框架差距分析环节，在战略执行等多个环节均有体现。

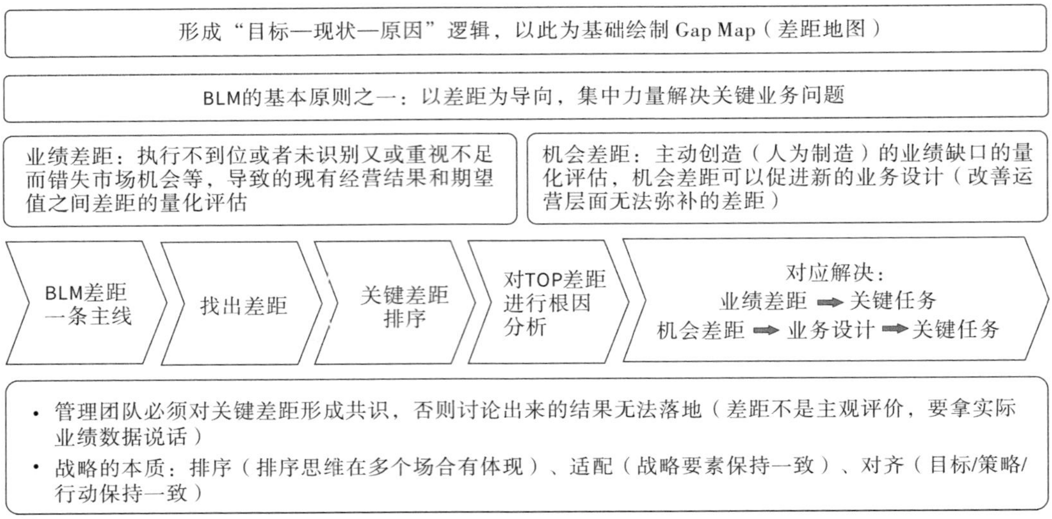

图 2-2　差距分析逻辑

战略思考、设计、执行全过程以解决差距为目标，贯彻从战略思考到战略执行的一致性逻辑。这里的关键在于理解业绩差距与机会差距的区别，如图2-3所示。

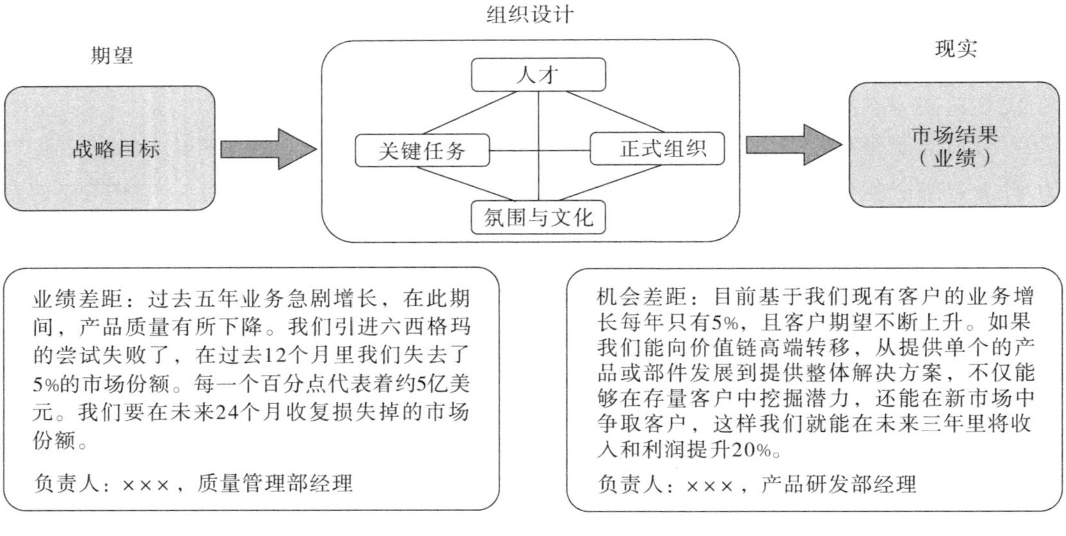

图 2-3　业绩差距与机会差距

为什么要区分这两种差距呢？差距分析是绩效管理（不是狭义上的绩效管理）的基本动作，几乎所有有关绩效管理的图书都会提及差距分析，但无一例外只提及业绩差距而没有提及机会差距。如前文所述，这两种差距的区分最早出现在奈杰尔·弗里德曼的《百夫长行动——管理飞利浦的转型》一文中，该文提出区分这两种差距的目的在于平衡对提高运营性能的关注以及对创新和增长的关注。由此可见，业绩差距是客观存在的，而机会差距是“人为制造”的，这两种差距的区分是必要的，有助于促进创新。此外，值得一提的是，这两种差距都是这一环节的重点，不存在“业绩差距在差距分析环节是重点，而机会差距在市场洞察环节是重点”的说法，原因就在于前文提及的差距分析是一种反馈机制，是事后评价。

差距源于落差，BLM框架强调战略是由不满意激发的，寻找目标与现状之间的差距（然后找到根本原因并努力去消除它）是战略规划的重要驱动力（图2–4为差距–根因分析示例）。值得注意的是，差距=现状－期望，这个公式其实隐藏了差距分析的一个重要步骤——现状分析，忽略这个环节或急于进入根本原因分析是笔者观察到的最容易犯的错误之一。这里读者不妨思考两个与差距分析相关的问题：一是标杆管理能解决什么问题？能消除差距吗？消除哪种差距？二是上市公司进行财务指标对比，应该怎么避免简单对比。

寻找根本原因是为了治标治本，方法：①分层分类法（What型/Why型），根本原因不是“一条线”，而是“一棵树”；②“丰田五问法”（Why型）；③鱼骨图法

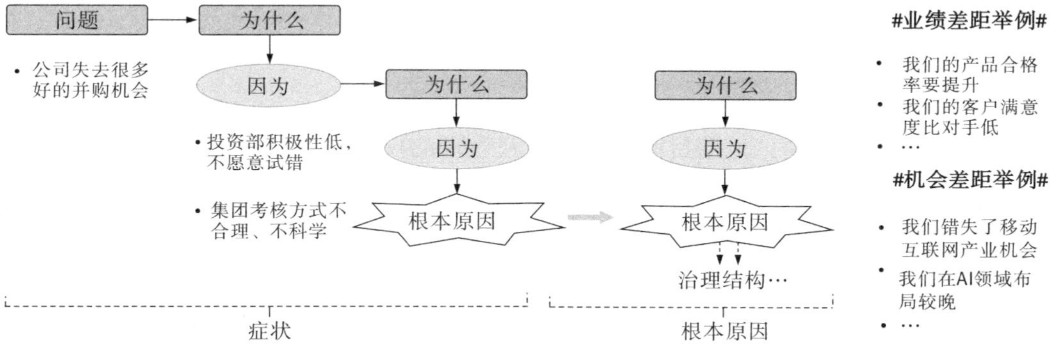

图 2–4　差距－根因分析示例

识别差距的下一步是对差距进行排序以定位核心差距，进行排序的原因有两个：一是企业资源有限，必须优先解决核心差距；二是通过差距分析，识别当前公司的关键性障碍是什么。在差距识别、排序之后，需要再对差距进行正确的归因，找出形成差距真正的原因，是个人因素还是组织因素，这是差距分析的关键和难点（图2–5）。根本分析何时可以停止要看能否回答下列问题：（1）能不能阻止问题再次发生？（2）能不能归因到自己？（3）能不能制定行动？

“丰田五问法”是进行根因分析的常见方法，它主张通过对一个问题点连续以5个“为什么”来追究其根本原因（当然，实际使用时不限定只做“5次”，有时可能只要几次，有时也许要十几次，但必须到找出根本原因为止）。“丰田五问法”实际上就

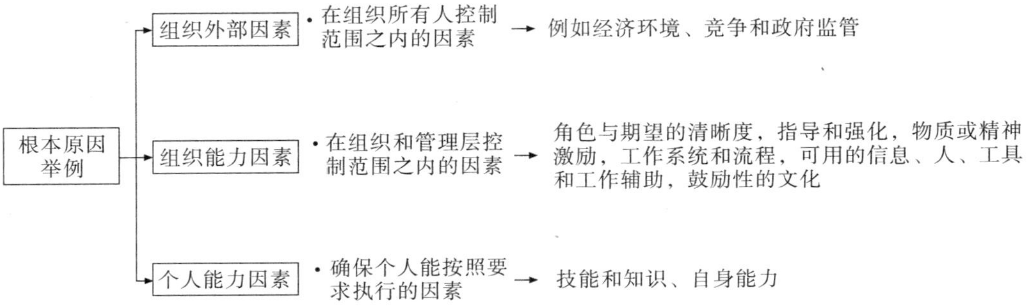

图 2-5　差距分析与归因理论

是“打破砂锅问到底”。除了“丰田五问法”，鱼骨图法也是根因分析的常用方法。鱼骨图是由日本管理大师石川馨先生所发展出来的，又名“石川图”。鱼骨图法也是一种发现问题根本原因的重要方法，因此也称鱼骨图为“因果图”，它通过大骨、中骨、小骨和孙骨层层列示，找到结果与原因之间或期望与对策之间的关系。

2. 关闭差距

关闭差距可以分为三步：

第一步，差距识别：根据目前的经营以及管理的现状，进行差距分析，重点关注有哪些业绩差距？有哪些机会差距？哪些差距最重要，为什么？（其中衡量指标可参考“平衡计分卡”的思路）

第二步，差距排序：为了更好地理解需要处理的差距，企业需要根据业务背景和实际情况来协商和决定标准，在作出差距排序决策之前，对如何进行决策选择达成共识。

第三步，差距关闭：关闭差距通常有若干种解决方案，因此得到每个原因的可能解决方案列表之后，需要用评价标准来比较这些方案。

差距分析的整体思路比较简单，即差距识别→差距排序→根因分析→差距关闭。理查德·鲁梅尔特在《好战略，坏战略2》中提出“战略不是目标，而是一种解决问题的方式”以及“……应该关注‘症结’，强调发现并利用症结性难题，基于挑战来制定战略……”，这些提法都是颠覆性、彻底性的，足以颠覆现有战略思维模式。鲁梅尔特是战略管理中资源能力学派的先驱，战略管理学教授马浩在《战略管理学说史：英雄榜与里程碑》中列出了本学科的“十大元帅”和“十大上将”，鲁梅尔特位列“元帅”，其贡献与波特、明茨伯格等人不分伯仲，可见其在战略研究上的地位非同凡响。

第二节　战略设计

战略设计包括战略意图、市场洞察、创新焦点和业务设计，整体逻辑是：战略意图形成公司的愿景、战略目标和近期目标，市场洞察通过“五看”发现战略机会并对战略机会进行分类分级（在分类分级之前根据愿景过滤），基于战略目标和战略机会形成公司的业务组合以及每个业务的创新方向（创新焦点），最后在业务设计环节对不同业务进行详细设计。

1. 战略意图

战略意图与市场洞察（企业外部和内部环境分析）之间存在着相互促进、相互启发的关系。在BLM框架中，一个经常被提及的问题是：先进行市场洞察，还是先确定战略意图？在开始外部和内部环境分析之前，如果企业战略管理者还不能够确定一些最基本的前提，例如是否需要坚持企业原有的战略意图和宗旨等，那么企业外部和内部环境分析将是毫无目的和漫无边际的；但是，如果企业战略管理者从一开始就明确不修改企业原有战略意图和宗旨的内容，那么企业战略管理者对企业外部和内部环境的分析可能受到局限，忽略一些来源更广泛的机会或者威胁。因此，战略意图与市场洞察需要交替进行分析（一般从市场洞察开始，了解外部环境变化以及自身的资源能力）。这也是BLM框架作为“要素模型”（而非“过程模型”）的体现。

在理解战略意图之前，有必要先理解战略承诺的概念及其表述形式。战略承诺是企业在综合考虑自身资源、能力和外部环境变化趋势的基础上，基于企业的核心价值观对企业利益相关者做出的一种根本性和长期性的承诺，这些承诺将从根本上决定企业未来的一系列重要的战略选择。《华为基本法》（1998年定稿）第一条：“为了使华为成为世界一流的设备供应商，我们将永不进入信息服务业。”通过无依赖的市场压力传递，使内部机制永远处于激活状态。

企业的战略承诺在内容上不能过于具体，以免企业在经营环境变化中错失发展的机会。企业的战略承诺在内容上也不能过于宽泛，以免企业在经营环境变化中缺乏约束而过于冒险。基于目的和沟通对象的不同，企业战略承诺存在多种其他表述形式，这些表述形式都是从战略承诺中演绎出来的，主要突出和传播战略承诺中的某部分或某几部分内容，包括企业愿景、战略意图、经营理念、企业信条等。

因此，企业愿景是企业对未来的一种憧憬和期待，是对内外部利益相关者的长期承诺和价值驱动，其核心内容是表述企业希望长期恪守的经营范围和追求目标。《华为基本法》第一条就诠释了企业愿景："华为的追求是在电子信息领域实现顾客的梦想，并依靠点点滴滴、锲而不舍的艰苦追求，使我们成为世界级领先企业。"普拉哈拉德和伊夫·多茨的《跨国公司使命：寻求经营当地化与全球一体化之均衡》，普拉哈拉德和哈默《战略意图》均提出了"战略意图"的概念，战略意图成为企业愿景的大众化表述（这一书一文是理解"战略意图"的重要素材）。也就是说，战略意图是企业愿景的一种大众化的表达和传播形式。

"战略意图"概念提出者普拉哈拉德和伊夫·多茨在《跨国公司使命：寻求经营当地化与全球一体化之均衡》一书中曾经说过：我们应该把战略意图和战略区分开来，"意图"是指长期的目标和方向，而不是指具体的计划。比如日本的一家挖土机制造商——小松制作所，就把自己的战略意图（长期目标）定为"包围卡特彼勒"，卡特彼勒是当时世界上最大的挖土机制造商。这就是小松制作所1965年的战略意图，尽管那时它的规模很小，甚至在日本国内都没有市场。当时小松制作所的技术也是相对落后的，产品范围和设计样式都很少，它不可能制订出在1965—1980 年超过卡特彼勒的具体计划，但它的目标是清楚的——成为该行业的"大哥大"，也就是说要打败卡特彼勒。

此外，普拉哈拉德和哈默在《战略意图》一文中说：战略意图并不仅仅是雄心的释放（许多公司雄心勃勃但因缺乏目标而倒下了）。这一概念还包括如下积极的管理过程：将企业组织的注意力集中于成功的本质，通过向员工传达目标价值而激发员工活力，让个人与团队都能做出贡献。当情况发生变化时提出管理的新定义以保持热情，利用战略意图并始终如一地指导资源配置。战略意图作用于企业的时间是相当长的，现有能力与资源相对而言远远不足，这就迫使企业变得更加具有创造力，最大限度地利用有限的资源。传统的战略观念注意力集中于现有资源与机遇之间的相称程度，但战略意图使资源与雄心毫不相称。

以上就是BLM框架重要概念之一——战略意图的来源。彼得·德鲁克、弗朗西斯·赫赛尔本和吉姆·柯林斯等人关于"使命、愿景和战略目标"的研究影响至今，以下简要介绍他们的研究成果。

德鲁克是第一位系统研究企业使命的学者，他强调使命对于企业及企业管理有非常重要的意义。德鲁克在《管理的实践》中，曾经有过以下经典论述："企业的目的有且只有一个适当的定义，那就是创造顾客。满足顾客的需要，就是每个企业的宗旨和目的。”[①]德鲁克认为，管理者在提出“我们的事业是什么”这一问题时，需要思考“我们的事业应该是什么”以及“我们的事业将会是什么”，以确保自身的业务发展始终运行在正确的轨道上。“我们的事业是什么”“我们的事业应该是什么”“我们的事业将会是什么”构成了德鲁克关于企业管理的“经典三问”。

弗朗西斯·赫赛尔本是继德鲁克之后思想最深刻也是影响最广泛的一位管理学者。德鲁克对赫赛尔本的影响很大，他们之间是亦师亦友的关系。赫赛尔本深刻地阐明了使命对于组织的重要意义，强调“使命管理”。她认为，使命表达了我们从事工作是为了什么。如果一个组织没有使命，那么它有可能只知道自己“做什么”“怎么做”“何时做”，而不知道“为什么做”。弄清楚“为什么做”才是最重要的。否则永远不能取得应有的绩效，永远也发挥不出组织的最大潜力。赫赛尔本指出任何一个组织都是由人组成的，组织的驱动力本质上来自人的驱动力，而人的驱动力又源自内心深处的激情。赫赛尔本称自己所倡导的使命管理为“圆形管理”，所有组织成员包括领导者都以使命为圆心和连接点，“你不需要为了管理而成为管理者，你是为了使命而成为管理者。你所做的一切工作，无非与大家沟通，让大家接受这个使命，然后团结带领大家，朝着这个方向前进。”[②]

除此以外，对核心价值观、使命、远景研究做出较大贡献的还有德鲁克的学生柯林斯，他使用“愿景”这一概念对核心价值观、使命和远景做了系统研究。“愿景”一词最早源于吉姆·柯林斯和杰里·波勒斯1994年出版的《基业长青》，书中研究了18家居于世界前列的异常卓越的公司的历史，发现拥有一个核心理念是这些公司成长历程中的首要因素，被称之为“愿景”。1996年，柯林斯和波勒斯在《哈佛商业评论》上发表《构建公司的愿景规划》一文。在该文中，两位作者进一步发展了自己的管理思想，提出了一种新的框架，将愿景分为“核心理念”和“未来图景”两个部分（图2-6），这使得“愿景规划”理论变得更加严谨、规范、易于操作。

---

① 彼得·德鲁克. 管理的实践[M]. 机械工业出版社，2009.

② 高可为. 使命：驱动企业成长[M]. 中国社会科学出版社，2013.

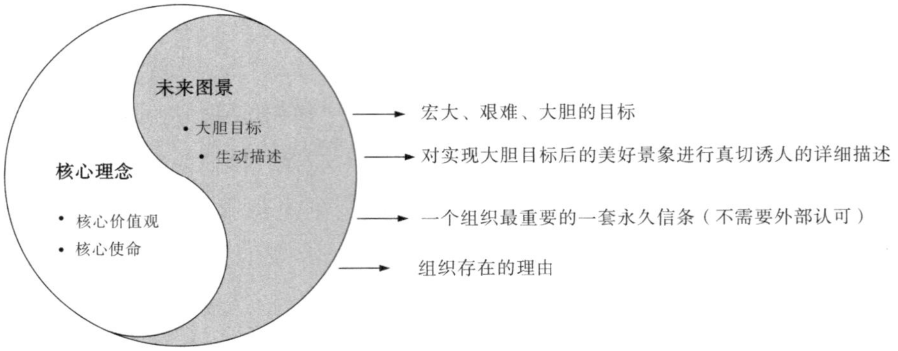

图 2-6　愿景构成

值得一提的是，柯林斯在另一本杰作《卓越基因》中曾经写过一段令人深思的论述：有关战略的管理学文献数不胜数。战略管理是多数商学院的必修课。向大型咨询企业购买战略解决方案的客户不计其数。这些都有一个充足的理由：健全的战略是实现卓越的必由之路。但是，我们首先应该对战略一词略作思考：它的真正含义是什么？ 战略指的是一个人或一家企业如何实现自己渴求的目标，它是实现目标的手段。因此，除非你非常清楚——绝对非常清楚——目标是什么，否则你根本不可能建立起有效的战略。战略是实现愿景的途径。如果不知道远方在哪里，那么你又如何抵达呢？ 大多数企业（我们认为大多数组织实际上缺乏明确的愿景）任由一场场危机、一次次交火和一条条战术决策驱动自己前进。我们称这为“战术驱动战略”。实际上，应该由愿景驱动战略，再由战略驱动战术，而不是反其道而行之。

（1）愿景

在“战略意图”这个模块，我们需要理解核心价值观、使命、愿景之间的关系。一个企业要先有自己的核心价值观，然后以此价值观为基础，明确组织的愿景（使命）；根据愿景（使命）来制定公司的战略规划（再将战略规划详细分解为可以执行的年度、季度、月度计划，然后按照计划分步实施，直至达到战略目标，这是战略管理流程，后续章节中会分别介绍）。这个顺序不能颠倒，否则本末倒置。

除此以外，BLM框架是适应不同层级战略规划的模型，因此企业也需要考虑战略管理职能层面的愿景和使命（图2-7以战略管理职能为例进行说明）；而部门定位也取决于“五看”（基于职能层面的市场洞察）。

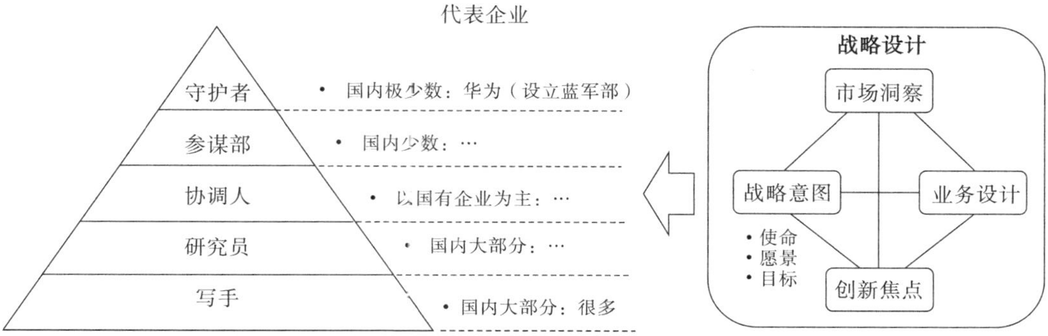

图 2-7　战略管理职能层面的愿景与使命示例

不同的定位会导致职能部门在“正式组织”的位置不同。以质量管理组织为例，不同的定位在组织结构上的差异如图2-8所示（成立质量战略委员会，意味着公司对质量管理高度重视）。

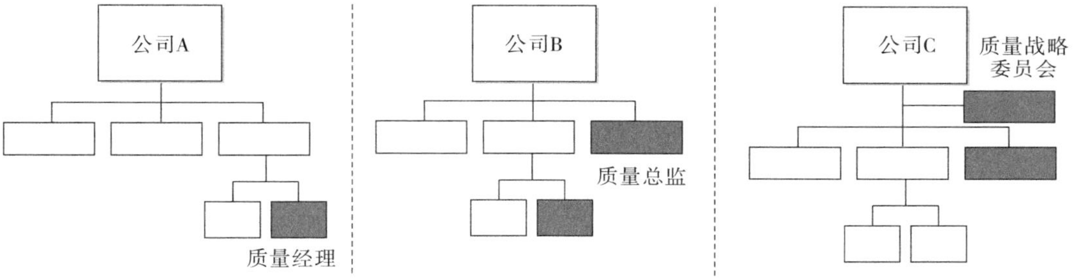

图 2-8　质量管理组织不同的定位

（2）战略目标

战略目标是战略意图和企业战略之间的连接点。制定目标的主要依据来源于对战略意图的理解。战略目标是企业对未来需要努力实现的目标的一种可以精准测量的描述，是对企业战略经营活动取得的主要成果的期望值，即企业在实现战略意图过程中所希望达到的阶段性结果（定量或定性）。理解战略目标需要理解其体系性、战略性和阶段性，如图2-9所示。

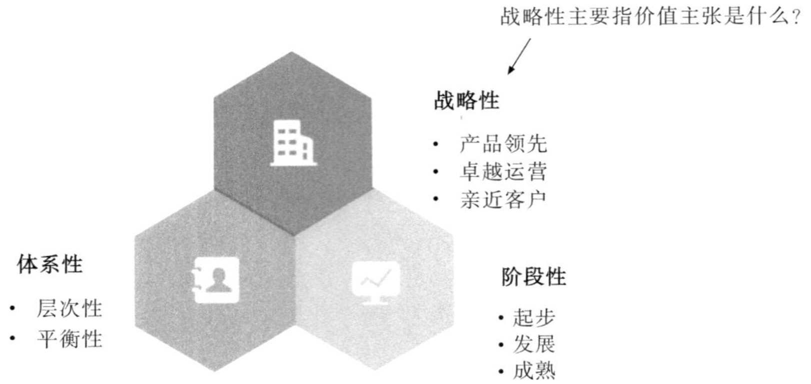

图 2-9 战略目标的体系性、战略性和阶段性

首先是体系性，战略目标的体系性是指对于不同层次的目标关注的要点有所不同，例如公司层面战略目标关注的是营业收入、投资收益率等，业务层面战略目标关注的是市场占有率、利润总额等，职能层面战略目标关注的是职能活动有效性、速度等（图2-10）。

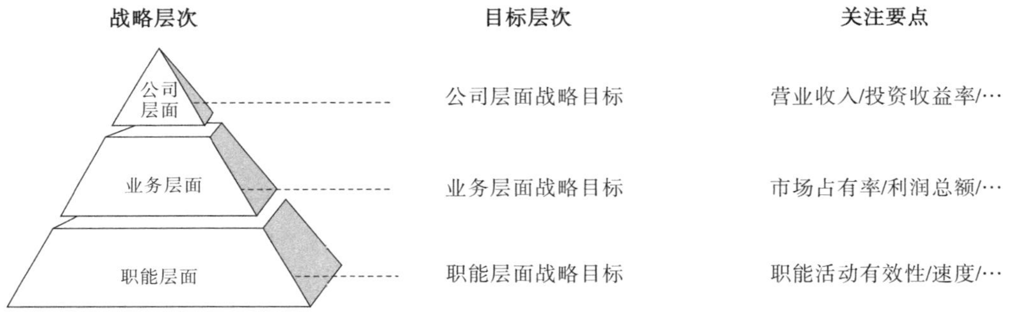

图 2-10 战略目标的体系性

在表现形式上，目标的表现形式主要包括平衡计分卡、绩效金字塔、绩效棱柱，目前在国内平衡计分卡占据主导地位，也最为人们所熟知，由卡普兰和诺顿1992年在《哈佛商业评论》发表的《平衡计分卡——驱动绩效的量度》中提出，它为我们思考目标体系提供了一个很好的框架，但是需要区分KPI（关键绩效指标）和KRI（关键成果指标）。关键成果指标用于向董事会全面概括公司运营情况，而KPI不等于KRI，KPI是向管理层展示企业在其KSF（关键成功因素）上的进展情况，通过监测这些指标，管理层能够大幅提升绩效。1954年，德鲁克提出了一个具有划时代意义的概念——目标管理（Management by Objectives，MBO），它是德鲁克提出的最重要、最有影响的概

念，并已成为当代管理学的重要组成部分。目标管理的主要贡献之一就是使我们能用自我控制的管理，来代替由别人统治的管理。德鲁克认为："并不是有了工作才有目标，而是相反，有了目标才能确定每个人的工作，因而企业的使命和任务，必须转化为目标"[①]。因此，在绩效考核领域，关键成果指标与关键绩效指标存在明显区别，如表2-1所示。

表2-1　KRI与KPI的区别

序号	KRI	KPI
1	可以是财务评价指标，也可以是非财务评价指标（如已投资资本回报率和顾客满意率）	非财务评价指标（不以美元、日元、英镑、欧元等货币单位进行计算的指标）
2	主要以每月，有时候以每季度为基础开展评价	频繁地开展评价（例如按照每周7天、每天24小时，即每周或每天的频率进行评价）
3	总结公司迄今为止的工作进程,向董事会汇报	向首席执行官和高级管理团队汇报
4	它对于员工和管理层来说没有帮助,因为它没有说明何处需要调整	所有员工都理解评价指标,并知道如何采取正确的行动
5	通常来讲,只有首席执行官需要对关键成果指标承担责任	某个团队或几个密切合作的团队需要承担责任

其次是战略性，实行产品领先战略的企业，其管理者都十分关注销售价格，与之相关的指标会被仔细核算并严格控制，这些是影响他们的业务层面战略执行效率的关键衡量指标；实行卓越运营战略的企业，其管理者必须确保他们有对市场份额、生产效率和生产成本等指标进行日常核算的准确数据。以下给出了不同价值主张下的战略目标，如表2-2所示。

表2-2　不同价值主张下的战略目标

战略类型	市场规模	市场份额	销售价格	生产效率	生产耗费
产品领先战略	√	√	√	②	②
卓越运营战略	√	√	②	√	√

注：√表示第一战略要务；

②表示重要但非战略性（不太可能导致战略失败）。

最后是阶段性，例如在抢占市场阶段，"人效"指标往往是毒药，因此在设置目标时需要考虑阶段性。目标的体系性、战略性和阶段性考虑完毕之后，就可以制定企业的目标体系。一般而言，目标体系可以划分为财务指标和非财务指标两类，在不同的发展阶段可以根据实际情况（行业属性、战略意图等）来选取合适的指标。

接下来是目标的确定，在这个过程中市场洞察的"中间过程"为目标确定提供依

① 彼得·德鲁克. 管理：使命、责任、实践[M]. 机械工业出版社，2019.

据，即看宏观、看产业、看竞争、看客户以及看自己过程中产出的相关数据可作为目标确定依据（例如市场规模、增长速度以及竞争对手、客户的销售预测等）。以下以财务评价指标中最重要的“营业收入”为例说明，营业收入目标的确定，一般有五种方法，如图2-11所示。

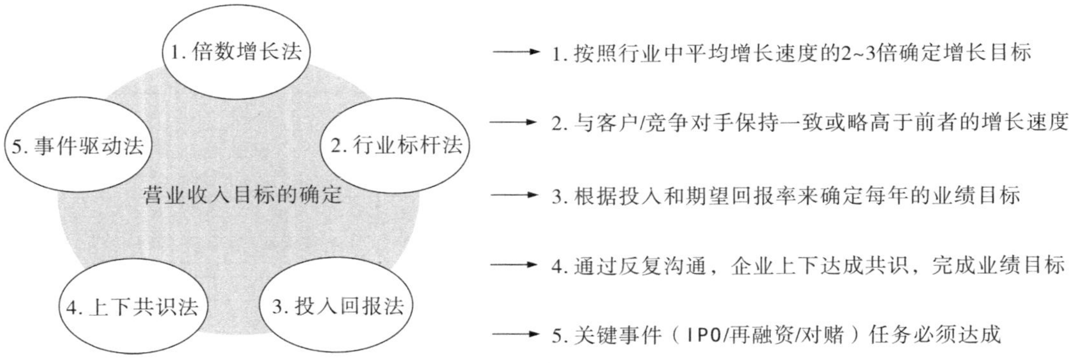

图 2-11　目标确定方法（以“营业收入”为例）

（3）近期目标

近期目标是指未来一年要实现的目标，是战略目标（通常是3～5年）在未来一年的细化（近期目标更加量化，用以检验组织是否按照战略目标前进）。要在战略意图中明确近期目标的主要原因是保证战略规划的严谨性。

此外，企业不仅要理解自己的战略意图，还要理解客户的战略意图和竞争对手的战略意图。拥有战略意图的企业在制订战略计划时会把未来纳入当前的考虑范围。企业的目光还会锁定未来的机会，而不只是盯住眼前的问题。对于未来，企业以一种积极进取的心态迎接。拥有客户才能拥有未来，一家真正拥有战略意图的企业，会用心去研究客户的战略意图，在理解客户战略意图的基础上将其转化成自己的行动计划。理解客户的战略意图，不仅是指在一般意义上更好地服务客户，给客户更佳的服务体验（这是必需的，卓越的客户服务也能创造价值），更是指要深刻理解战略布局，让自己成为客户战略布局中不可或缺的一环。只有做到了“比客户还了解客户”甚至“比客户还了解其所处的业务”，才是真正做到“理解客户的战略意图”。

不打无准备之仗，时刻关注竞争对手的战略意图与动态，是一家战略思维成熟的企业所必需的。关注竞争对手其实也是关注自己，因为竞争对手的成功或失败都值得借鉴。上市公司年报中最引人注目的不是一串串业绩数据，而是它们对公司资产或业务所做的一系列“加减法”，因为从“加减法”中往往可以读懂上市公司在新外部形势下的战略转型思路和意图。当然，反过来说，企业在理解竞争对手战略意图的同时，有时候也要让对手充分理解自己的战略意图——在战略宣导的时候，让竞争对手了解自己的战略意图，是十分讲究的艺术。

2. 市场洞察

行动学习之父雷格·瑞文斯曾经提出一个公式：$L \geqslant C$，L为Learning（学习），C为Change（变化）。他认为组织学习的速度必须大于或等于环境变化的速度，这样才能适应快速变化的时代。随着市场竞争的加剧，公司竞争优势的创造与消失正在以极快的速度进行着，任何一个竞争者能够保持其原有竞争优势的时间正在急剧缩短，持续竞争优势被短暂的、连续的竞争优势所替代。市场环境的快速变化导致企业必须对外部环境保持高度的警觉，这就对战略设计中的市场洞察提出很高的要求。企业面临的外部环境从远到近分别是宏观环境、产业环境（包括细分行业）、客户群体（包括现实客户和潜在客户）、竞争对手（包括现实对手和潜在对手）、企业自身（包括合作伙伴）。市场洞察的总体任务如图2-12所示。

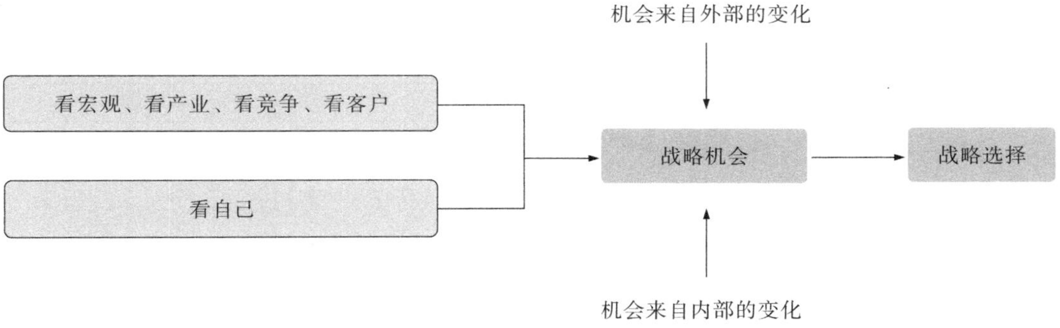

图 2-12　市场洞察总体任务

图2-13展示了市场洞察的顺序和主要内容（在接下来的章节依次展开介绍），市场洞察的顺序是“看自己→看宏观→看产业→看竞争→看客户”，这个顺序不能颠倒。一些读者可能会产生疑问：上述顺序为什么是“从内而外”而不是“从外而内”？我们先不讨论“从内而外”“从外而内”到底孰优孰劣（笔者认为，各有优劣），至少可以肯定的是市场洞察必须有针对性，而不是胡子眉毛一把抓而白白浪费时间和精力，因此要找到对企业真正有影响的因素必须从“自己”开始。

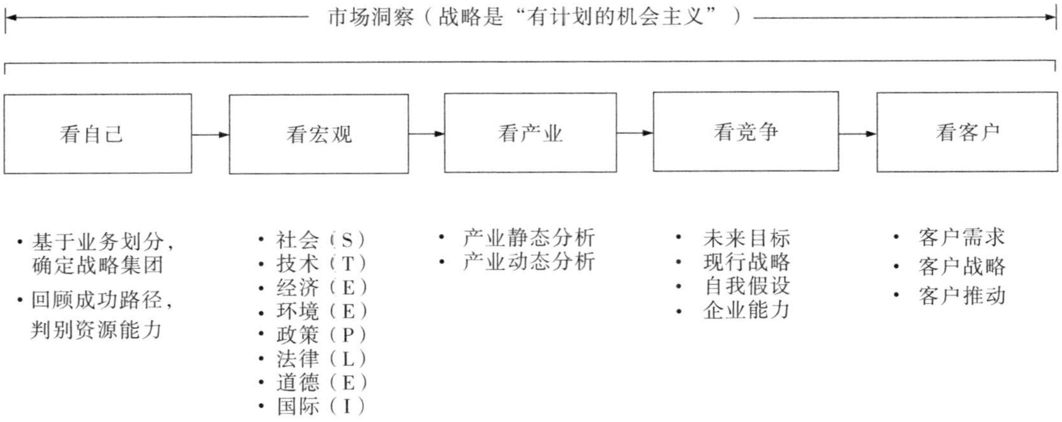

图 2-13　市场洞察顺序及主要内容

企业在完成以上逻辑准备之后，下一步就是要明晰市场洞察的主要任务。这里的重中之重就是发现五个不同维度已经发生的变化以及与变化相伴的机会（表2-3）。根据DIKW模型，市场洞察不是数据、信息甚至知识的简单堆砌，而是透过数据、信息和知识得出的真知灼见。

表2-3　市场洞察任务

市场洞察	主要思考点	示例
看自己	我们的优势是什么？劣势是什么？如何发挥优势、建立战略控制力？ 与公司现有的资源和能力相比，生态系统其他合作伙伴拥有什么资源和能力？如何嫁接	隐藏的资源在哪里？如何让这些资源成为企业增长的新动力
看宏观	宏观环境、技术与服务、人口统计数据、法律与政治发生什么主要变化将影响你所在的行业？ 趋势性变化的驱动因素是什么	新的产业政策、财政政策给产业带来哪些机遇
看产业	评估产业正在发生的变化，价值转移和技术的未来发展趋势等，对市场未来可能带来的影响； 行业拐点在哪里	行业价值转移三种方式有哪些表现？它们如何影响战略抉择
看竞争	竞争市场上发生或者正在发生什么变化？谁将是我们要面临的主要竞争力量？ 竞争对手的战略意图、经营状况如何？未来竞争应该采取的主要策略是什么	跨界竞争（竞技场思维而非行业思维）、下一个竞争对手是谁
看客户	我们服务于哪些客户？他们的基本特征是什么？客户的需求与面临的挑战是什么？ 为什么客户选择我们的产品与服务？我们的价值主张应如何调整以适应客户需求的变化	夜游经济倡导、"秃头人群"扩大等

市场洞察是企业战略规划部门（这个部门往往以战略部、总经办或其他形式存在）最重要的工作之一，因为洞察不等于简单的信息加工、知识传播等，这意味着完

善的流程、工具等也不能完全解决洞察力的问题。以下分别介绍“看自己→看宏观→看产业→看竞争→看客户”。但在介绍之前，有一个问题需要指出：市场洞察包括五个维度，这实际上表明我们洞察的不只是所处产业，也不只是企业自身，而是包括企业自身、宏观、产业、竞争、客户在内的一个生态系统。

（1）看自己

“看自己”的三个任务分别为梳理主要业务和划分战略集团[①]、回顾成功路径、判别资源能力，其中前两个任务相对简单，梳理主要业务是明确现有的业务组合从而为市场洞察划定范围，在此基础上确定相应的战略集团。下面简要介绍战略集团的定义和操作。

实施相同基本战略的企业形成了战略集团，它是竞争最为激烈的群体，也是竞争分析主要的比较对象。绘制战略集团图示（2×2矩阵）有三个步骤：第一步，使用最佳的战略量作为坐标轴，应该能够决定行业内的关键移动壁垒；第二步，在绘制战略集团图示的过程中，选择异向变动的战略变量作为坐标轴；第三步，战略集团图示的坐标轴不一定是连续变量或者单一变量。绘制战略集团图示需要注意三点：一是要能够反映出行业内部战略组合的多样性；二是体现出一个战略群体移向另一个战略群体要克服的壁垒；三是“既要选择客户，也要选择对手”。

企业完成梳理主要业务和划分战略集团之后，下一步是回顾成功路径，这是“看自己”的第二步，也是经常被忽略的一步。“回顾成功路径”要做的事情是找到企业过去成功的路径，注意这里的“成功”是指企业存活到现在做对了什么，以及“成功依赖路径”的基础是否已经发生了变化。一个组织的历史越久、表现越出色，找到“成功依赖路径”就越重要。从某种角度看，历史往往是一个将组织挟持到它的过往的顽固“绑架犯”。

企业在完成梳理主要业务和划分战略集团、回顾成功路径之后，接下来就是完成“看自己”中最重要的工作——判别资源能力，首先从核心竞争力谈起。1990年，普拉哈拉德和哈默总结了本田等日本企业的成功经验，提出核心竞争力（参见《公司的核心竞争力》一文），“核心竞争力”概念从此天下皆知。企业核心竞争力的特征是：对手很难模仿（自己可以复制，别人很难复制），能为客户创造其认可的价值，可向其他业务发展。其详细内容为：第一，“对手很难模仿”是因为核心竞争力是群体学习，涉及各层次人员和企业所有职能，包含着技术与其他重要技能的和谐融合；第二，“能为客户创造其认可的价值”是指这种能力不可以为企业“孤芳自赏”；第

① 战略集团是1972年Michael S. Hunt从产业组织理论的角度出发提出的概念，在当时并不被该领域研究者所重视。1980年波特从战略管理理论角度将这一概念引入产业结构的特征分析中。

三，迄今还有不少人认为核心竞争力是某种“独门秘方”，这是人们对核心竞争力“可向其他业务发展”常见的认识误区。

核心竞争力是“看自己”的基础，可以分为三步：

第一步，识别资源（企业资源是企业在生产经营过程中所投入的各种要素，可以分为有形资源、无形资源及人力资源三大类，如图2–14所示）。

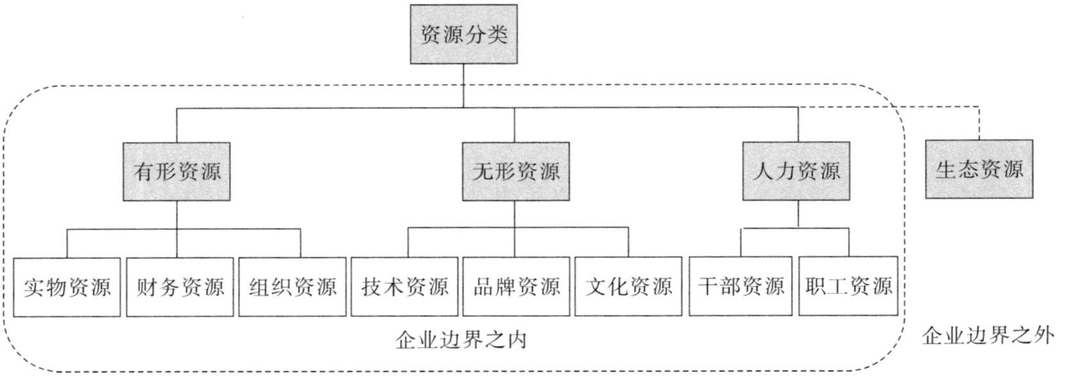

图 2–14　资源分类

值得指出的是，凯普伦和米切尔合著的《企业成长的动力：内增、外借还是并购》一书为此提供了精彩见解，该书分析了如何调整企业的资源组合并实现持续增长。凯普伦和米切尔认为，为了应对竞争、实现增长，企业必须定期调整自己的资源组合。因为从某种程度上讲，几乎所有的企业资源都有消亡殆尽的一天，今天的核心资源，明天就可能不再是核心；今天的边缘资源，明天就很有可能成为核心资源。因此随着行业和企业自身的不断发展，企业应当通过内增、外借或者并购等不同途径改变对它们的控制水平。

第二步，识别能力（指企业资源转换的能力，即对资源加以整合以完成预期的任务和目标的技能，可以分为管理能力、业务能力以及生态能力三方面，如图2–15所示）。

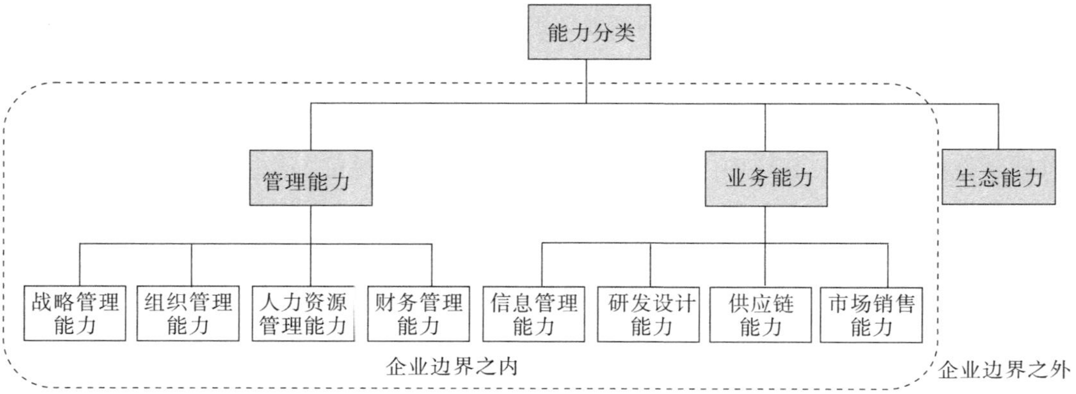

图 2–15　能力分类

第三步，运用杰恩·巴尼提出的VRIO（Value、Rarity、Inimitability、Organization，即价值性、稀缺性、难以模仿性、组织性）模型对企业资源与能力进行价值性、稀缺性、难以模仿性、组织性评估，从而识别出企业形成持续竞争优势的关键资源与能力（表2-4）。VRIO模型已经为人们所熟知。根据资源基础理论，企业是资源的集合体，其核心资源是有价值、稀缺、难以模仿和不可替代的。巴尼的突出贡献是，他认为基于资源的“价值性、稀缺性、难以模仿性”的异质性不是静态的，可以通过一系列管理决策改善和提升其资源和能力禀赋，这就是VRIO模型的O（组织性）；也就是说，管理者可以对嵌入业务中的资源和能力进行获取、重新配置和利用、抛弃等。我们通过对资源能力的判别决定竞争劣势、竞争均势、暂时竞争优势以及可持续竞争优势，并进一步做出其他战略决策；虽然对O（组织性）关注不多（如何安排现有资源在现有的战略规划中并不多见），但是“组织性”的价值不可小觑，它可以通过对企业资源和能力做出重新组织和安排（不内建或者引入新的资源），从而释放内部巨大潜力。

表2-4 VRIO模型

价值性	稀缺性	难以模仿性	组织性	竞争意义
否	—	—	—	竞争劣势
是	否	—	—	竞争均势
是	是	否	—	暂时竞争优势
是	是	是	—	可持续竞争优势

近年来，“整体能力观”越来越受到人们的重视。“整体能力观”与“核心能力观”（蕴含于一个企业生产经营环节之中的、具有明显优势的个别技术和生产技能的结合体）不同，以斯多克、伊万斯和舒尔曼为代表的“整体能力观”认为整体能力主要表现为组织成员的集体技能和知识，以及员工相互交往方式的组织程序，而企业核心能力产生竞争优势。换言之，前者强调价值链中的整体优势，后者则注重企业价值链中的个别关键优势。“整体能力观”应该引起人们的高度重视，尤其是某些行业更应该强调整体能力；甚至从某种程度上讲，核心竞争力的本质就是整体竞争力。

资源（包括能力）是企业展开竞争的基础，隐性资源往往成为企业战略的突破口，但是隐性资源却不易被发现。贝恩“战略三部曲”之一的《锐不可当：发掘隐蔽资产，更新企业核心并刺激赢利增长》讲述了如何在组织内部进行深度挖掘，以找到那些被低估了的或尚未被充分利用的资产（包括某种形式的业务平台、客户认知及能力），这些资产将会成为企业可持续增长的新基础。企业的资产（资源）经常被低估或者尚未被充分利用，是因为资源越来越“隐性化”而不容易被发现（或被刻意漠视）。众所周知，企业资源按照存在形态可以分为四种：实物资源、财务资源、知识资源、人力资源，实物资源和财务资源反映在财务报表上，而知识资源和人力资源却由于难以量化而没有反映在财务报表上。但是这些资源对组织绩效的影响却非常重要，尤其是知识资源，日益成为企业制胜的关键。

与德鲁克有同样洞见的是被称为“知识创造理论之父”的野中郁次郎。野中郁次郎认为，知识尤其是隐性知识是对企业成长至关重要的因素。隐性知识和显性知识不同，后者通常是有形的，也容易通过学习掌握；前者则是事物固有的，很难用语言表述和交流，但更重要。根据这一思想，野中郁次郎和竹内弘高合著的《创造知识的企业：领先企业持续创新的动力》成为知识管理领域被引用最多的著作之一。野中郁次郎关于知识产生、流动和应用的研究对组织学习影响颇大，对战略过程也产生了深远影响，这在后文再做进一步的论述。

在“看自己”部分，还有一个极其重要的问题是：谁是“自己人”？

从某种程度上看，当今越来越多的企业从“单打独斗”走向“打群架”，“看自己”需要分析（生态系统中）合作伙伴的资源与能力。当今时代，公司群组之间竞争的例子很多：安卓在与苹果群组竞争时使用一种广泛的网络，该网络包括了多种多样的手机供应商（而苹果将这部分的供应留给了自己）以及一个开源软件的联盟；苹果智能手机的成功依赖其与供应商之间的关系，供应商提供处理器、存储器、屏幕等关键组件，还依赖其与电信运营商、应用程序开发公司以及内容制造商之间的关系。航空公司依赖其与本区域以外的其他航空公司建立的合作及营销关系，以及星空联盟、寰宇一家、天合联盟等组织来管理关键群组。波音和空中客车都依赖一个巨大的供应商网络，该网络中的供应商提供主要的组件以及子系统；同时，空中客车本身也是多家欧洲公司的联盟。可口可乐和百事可乐依赖一个巨大的罐装厂网络，罐装厂负责包装并运输产品，两家公司利用所有权和长期合同，鼓励罐装厂执行各自的营销战略。制药公司依赖与高等院校以及生物技术新兴企业的联合研究，这个行业中的多数大型企业将大量资源用于管理合作伙伴并吸引新成员加入。ZARA（飒拉）、耐克和其他时尚行业的领导品牌公司，依赖多数城市中商店的快速响应和优质生产材料。

传统战略分析对合作伙伴的关注不多，这除了是因为以往重视竞争而不重视合作以外，资源特性的不同也是重要原因。过去由于资源难以流动，大型企业一旦通过某些方式拥有某种资源就很容易形成对中小型企业的持续竞争优势，中小型企业要想挑战大型企业则困难重重，而当资源具有了流动性之后，大型企业维持上述持续竞争优势的基础就不存在了，因为中小型企业可以通过交易获得这些具备“三性”的资源；换句话说，中小型企业原本需要付出长时间和巨大成本才能积累到资源的壁垒在资源可交易之后轻松瓦解。这就是今天我们进行战略规划必须高度重视合作伙伴的根本原因。举一个熟悉且经典的例子，华为与小米分别用两种方式（前者通过纯粹合作的方式，后者通过参股不控股的方式）来建立自己的智能硬件生态系统，两家企业都没有用“一体化”自建的方式，而是充分利用生态系统中合作伙伴的资源和能力来布局智能硬件业务。

（2）看宏观

“看宏观”的目的是分析政策法规、宏观经济、社会文化、技术发展以及其他因素的变化趋势对行业的影响。企业要根据具体的产业，识别关键影响因素及其影响来分析宏观环境。“看宏观”也可以分为三步：第一步，确定对产业和公司产生重大影响的宏观维度，例如社会人口、科学技术以及政策导向等，即“STEEPLE+I”模型（图2-16）；第二步，重点分析对战略有潜在的直接或间接影响的环境趋势和事件；第三步，估算出它们的可能性和影响程度。这里值得注意的是，切忌陷入对趋势进行宽泛无边的调查的泥沼之中。

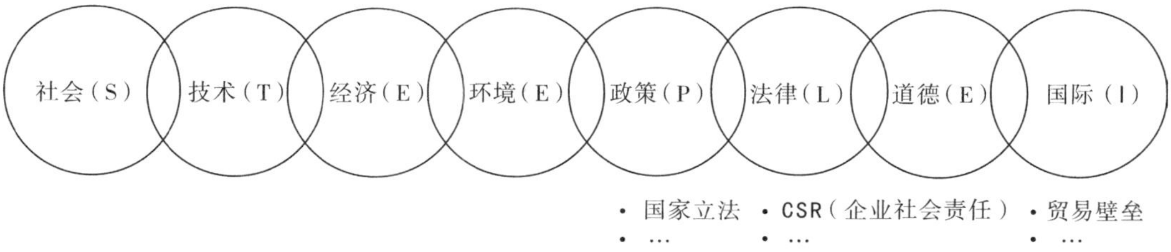

图 2-16 市场洞察“STEEPLE+I”模型

企业的很多问题，有时需要在更高层级的系统中才能找到解决方案，战略思考同样需要具备一定的高度。宏观环境分析是战略制定的重要环节。随着宏观环境日益复杂，分析元素不断增加，宏观环境分析从一开始的“PEST分析”演变成后来的“PESTLIED分析”，即政治、经济、社会、技术、法律、国际化、环境、人口八大内容。本书提出的“STEEPLE+I”模型与传统的“PEST”模型及其变形的差异，主要体现在顺序的变换（特别是对“技术”的重视）上。但是无论具体的分析要素如何变化，宏观环境分析的主要目的，是让企业更加了解环境的变化是否影响市场需求、游戏规则以及行业结构，特别是通过宏观环境分析洞察变化背后隐藏的战略机会。

（3）看产业

准确界定竞争所在行业，是进行产业分析的前提。行业界定范围不能太广，也不能太窄。如果范围太广，产品、客户或地区之间的差异就会模糊不清，忽视这些差异会导致战略定位的重大偏差；如果范围太窄，就会忽略相关产品或地域市场之间的共性和联系，而这些共性和联系又会限制战略发展的自由度。此外，还要注意产业与业务的联系与区别（这在后文会进一步论述）。

企业在准确界定产业的边界以后，就可以进行产业分析了。

①产业的静态分析

分析一个产业，需要从静态和动态两个角度进行。静态分析主要研究产业的经济特性，不同产业有不同的经济特性，例如制造业强调生产规模、互联网产业强调用户数量。产业的经济特性主要包括以下10个方面，如表2-5所示。

表2-5　产业的静态分析

序号	经济特性	战略意义	说明
1	产业规模	只有足够大的市场才能孕育独角兽	产业规模是一亿、十亿、百亿、千亿还是万亿级别（思考：零售电子商务行业有多大的市场规模）
2	增长速度	快速增长能在一定程度上缓解竞争压力	产业增长情况如何？与名义GDP增长率的比较？（思考：零售电子商务行业的增长率有多高）
3	利润空间	高利润的产业会吸引新的进入者竞争	产业的竞争格局如何？对产业利润的影响如何？（思考：零售电子商务行业还有机会吗）
4	利润分布	产业链上下游各领域的利润分布不同	产业链上不同环节的利润分布情况如何
5	成功因素	如：成本对最低产量和市场份额要求高	行业的成功因素是什么？（如规模经济）
6	技术要求	技术变革迅速可能增加企业经营风险	行业是技术驱动型的吗
7	资金需求	资金密集型产业的进入壁垒较高	行业是资金密集型的吗
8	环境影响	需要考虑环境保护、社会责任的压力	环境保护对行业的要求如何？企业如何利用环保增强自身竞争优势
9	区域性	区域、全国和全球范围对资源要求不同	行业是否具有明显的区域特征、天花板是否比较明显
10	周期性/季节性	周期性/季节性的产业对企业经营要求较高	行业的周期性、季节性如何

上述经济特性中最重要的四个是：

a.产业规模：这是一个企业的成长空间所在，雷军选择手机、王传福选择汽车，是因为这两个产业的规模足够大；b.增长速度：这是一个企业成长的动力所在，产业处在行业生命周期的不同阶段，其市场增长速度是不同的；c.利润空间：这是一个企业可持续发展的价值空间，产业内盈利状况和利润率如何，决定了企业的生存状态；d.利润分布：这是一个企业在产业链中找出利润丰厚区域的指南，企业应该向产业链中利润最为丰厚的区域靠近。了解上述产业经济特性是做好产业分析的必备要求，可以帮助分析人员迅速把握产业的基本特点，为企业寻找合适的“赛道”提供有力的支撑。

上述分析中，一个产业的规模和增长速度可以通过市场调查或者主观分析得到（但是需要保证推断过程中逻辑的一致性和完整性）。而产业的利润空间则由产业竞争强度决定，这是波特的重要研究成果（五力分析模型）之一。波特认为，不同产业的获利能力不同（例如美国航空业和软饮料业1992年至2006年平均投资资本回报率相差8倍），是由于现有的行业对手、客户、供应商、新进入者和替代产品五种力量共同参与了利润争夺，从而决定了一个产业长期的获利能力。一个产业不同环节的利润是不同的，分析产业的利润分布情况，可以帮助企业从产业链中找出最有吸引力的环节，为企业重新进行战略定位提供依据。制定企业战略，需要努力减少流失到供应商和购买者手中的利润份额（价格竞争就是把利润直接从一个行业转移到客户手中）；同时，洞察产业的利润走向，通过战略创新不断走出利润的干涸之地，靠近利润最丰饶的区域。

②产业的动态分析

虽然产业的静态分析非常重要，但是如果不对产业进行动态分析，战略制定者就没法获得真正的产业洞见。产业的静态分析只能帮助我们迅速把握产业基本特征，但产业的发展是动态的，随着时间的推进会发生结构性变化，因而需要理解产业的动态变化。这就是“价值转移”产生的原因，“价值转移”这一概念是由亚德里安·斯莱沃斯基在他的《价值转移——竞争前的战略思考》一书中提出的，是指产业价值是会发生转移的，它有三种转移的方式（不仅是产业链内部的）：第一种方式是产业之间的转移，如今很多大型企业在转型升级的过程中选择了节能环保产业，利润往这些行业转移（每一个时代都有一些主导产业，市场洞察的重要任务就是识别出这些产业机遇，而不是像诺基亚那样错失整整一个移动互联网时代）；第二种方式是产业链之间的转移，其中的典型就是PC产业，由于PC产业价值转移到处理器和操作系统环节，所以IBM把PC事业部打包卖给了联想；第三种方式是商业模式之间的转移，随着客户需求的变化，不同商业模式之间也会发生价值转移，例如零售行业从线下模式转移到线上模式。

如同任何产品都有一个从生长到衰亡的生命周期，企业的经营策略也会经历一个由盛到衰的变化过程。当企业的经营策略与消费者需求偏好的结构之间的适应机制被打破时，价值便开始发生转移（图2–17）。

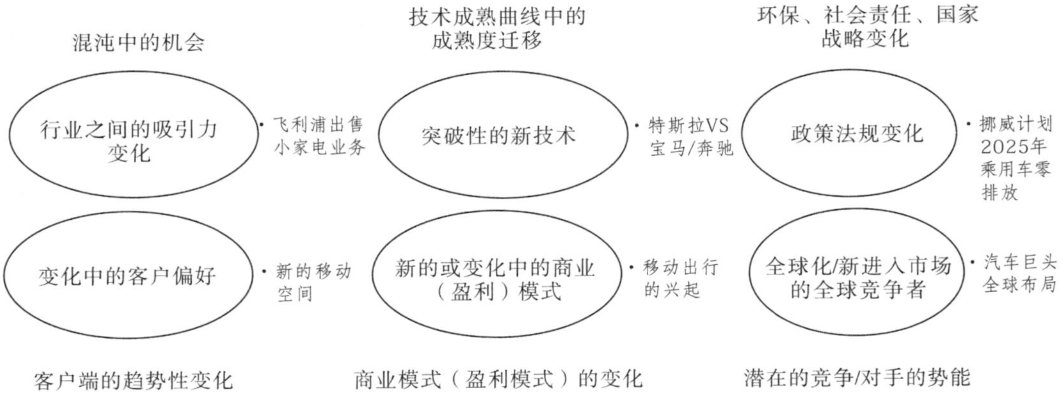

图 2-17　产业价值转移示例

以汽车行业为例，汽车行业是一个已经发生巨变并且继续变化的行业（例如从自动驾驶L2.9到未来的L5），读者不妨从价值转移的角度进行更加深入的思考：未来汽车产业价值将流向何处？给我们什么启发？根据波士顿咨询公司2020年的预测，汽车利润池预计在未来15～20年发生巨变（图2-18），未来会发生什么？吉利为何要开展出行业务（即曹操出行）？华为为什么要在2019年成立智能汽车解决方案事业部，并投入大量资源？这些战略转移其实都和产业价值转移相关。

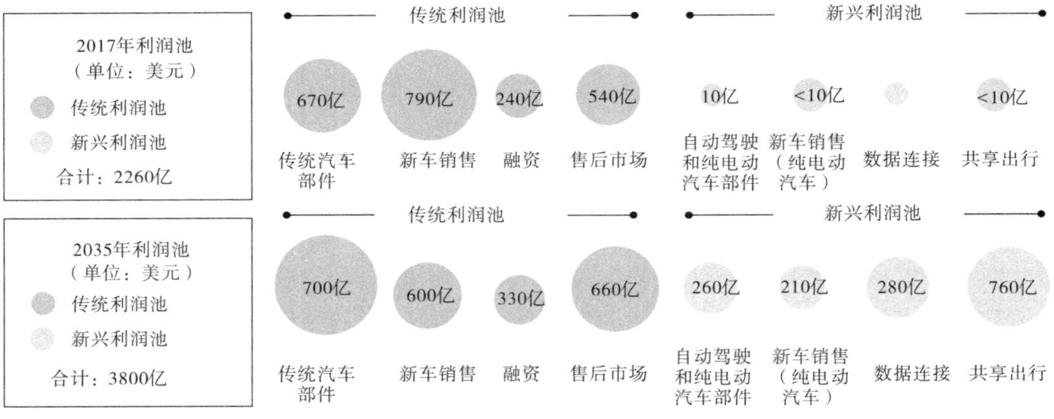

图 2-18　汽车行业价值转移

（4）看竞争

前文所述的战略集团，是一个行业内执行同样或者类似战略并具有类似战略特征的一组企业。战略集团分析是为了找到谁是最直接的竞争对手，以及了解在每个战略集团内部，竞争最有可能在什么基础上展开。一个产业往往有几个战略集团，战略集团分析介于行业格局分析和单体企业竞争分析之间，能够帮助企业把握行业真正面临的竞争方向和竞争实质以及发现新的战略机会。

“看竞争”的含义要比战略集团分析宽。从广义上看，顾客、供应商、替代品和新进入者均可视为本行业的竞争者（消费讨价还价本质上是在争夺利润）。当然，分析竞争对手是“看竞争”的主要任务。为了能清晰地对竞争对手进行辨识，需要对有关企业进行系统的排序，以形成竞争对手谱带（图2-19），并最终确定主要竞争对手。

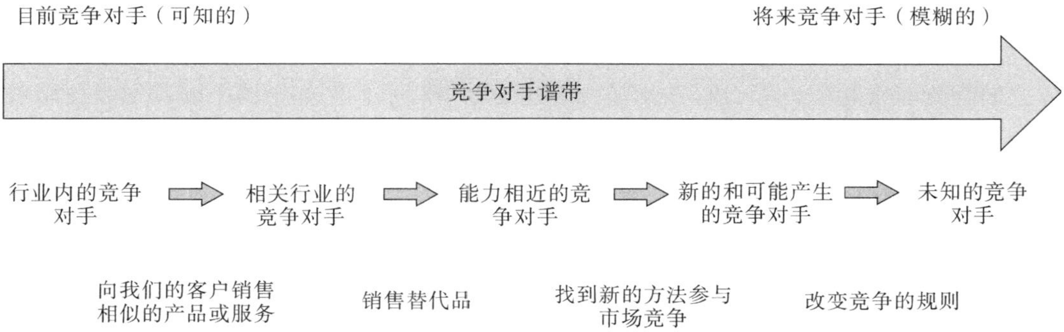

图 2-19　竞争对手谱带

依据综合性原则、要害性原则、战略性原则和动态性原则等，最终确定公司的主要竞争对手及其数量。这些竞争对手应是公司最关键、最直接的竞争对手，它们目前对本公司构成最大的威胁；当然，这并不意味着波特五力分析模型中的“新进入者”不重要，因为当本领域中的“巨头”进入新的赛道，往往会给该细分市场的开拓者致命一击。

竞争对手分析包括三方面的内容：谁是竞争对手？如何分析竞争对手？分析重点是什么？下面分别进行介绍。

①谁是竞争对手

这是竞争对手界定的问题，竞争对手一是来自行业之内，二是来自行业以外。行业内的竞争对手界定首先要找到之前提及的战略集团。战略集团之内的企业通常采用相同或相似的技术，生产相同或相似的产品，提供相同或相似的服务，采用相互竞争的定价方法，因而其间的竞争要比其与战略集团外的企业的竞争更直接、更激烈。一般一个产业中存在若干个战略集团，它们采取性质根本不同的战略。竞争对手还来自行业之外，这要求我们具备“竞技场”思维。随着环境的变化，竞争对手越来越不限于本行业，跨界的竞争对手不断增多（这实质上和波特五力分析模型中的“新进入者”是同一意思）。

到底谁是我们的竞争对手？竞争战略大师陈明哲提出的竞争概念——“市场共同性”和“资源相似性”，有助于我们了解竞争对手生态。动态竞争理论认为，市场的共同性和资源的相似性是竞争关系形成及其变化的根本原因，也是划分对手的本质标准。借助这两个标准，我们可以让对对手的辨识更容易量化，让战略制定更客观。

为什么说顺丰以后最大的竞争对手是京东？图2–20是“市场共同性–资源相似性”框架，是竞争战略大师陈明哲提出的，它可以帮助企业在复杂多变的竞争环境中识别竞争对手。如果双方产品极其相似、替代程度高，在多个市场同时展开竞争和对抗，那么两者就互为竞争对手，例如华为、小米在全球智能手机、IOT（物联网）市场上的竞争；如果双方在组织结构、组织文化、经营团队、管理流程等有形和无形的企业资源上的配置非常相似，那么双方就互为潜在的竞争对手，例如中国平安曾经高薪聘请保险业务以外的投行、银行高管，相关企业得以判断中国平安将会很快成为其潜在竞争对手。

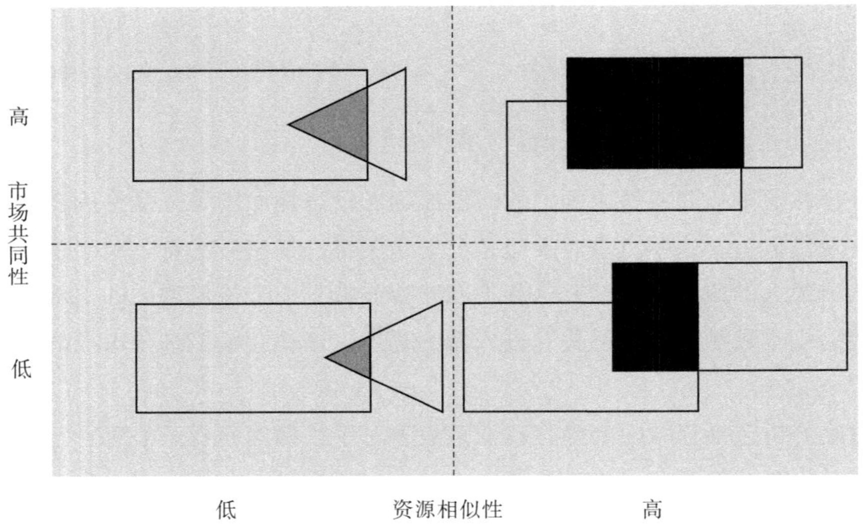

图 2–20　“市场共同性 – 资源相似性”框架

依据动态竞争理论我们还可以得到一个重要推断：任意两个竞争者彼此之间不可能有相同程度的市场共同性与资源相似性。同时，由于竞争不对称性的存在，厂商A对B采取竞争性行动的可能性将异于B对A采取竞争性行动的可能性（竞争性响应也如此），这一论断可以推广到两个以上竞争者的普遍情形。

总之，动态竞争理论强调了竞争的动态性。同时，竞争的动态性导致了任何竞争优势都是暂时的，不能长期保持。任何一个竞争对手的先动战略优势都是暂时的，都有可能被对方及时、有效的反击行动所消减；反过来也一样，要防止竞争对手将先动战略优势固化为长期的竞争优势，需要不断提升预测竞争对手反应和改变竞争规则的能力。

②如何分析竞争对手

在确定了竞争对手以后，需要对竞争对手做深入、详细的分析，关于竞争对手分析的方法，波特在《竞争战略》中曾经提出一个竞争对手分析模型，今天看来仍然能从中得出不少启发。该模型从企业的未来目标、基本假设、现行战略和竞争实力四个方面分析竞争对手的行为和反应模式，是一个实用的分析框架：一是未来目标，分析竞争对手未来的目标，不仅要了解竞争对手的财务目标，还要了解它其他方面的目标；二是基本假设，分析竞争对手对自身和产业的假设，目的是要看穿竞争对手对自身的战略定位，以及它对行业未来发展前景的预测；三是现行战略，分析竞争对手现在的战略，不仅要看它目前正在做什么，还要看它将来要做什么，即竞争对手的战略意图；四是竞争实力，分析竞争对手能做什么，需要根据行业关键成功因素（一般是3～4个），对比竞争对手和自己在能力上的差异。基于上述四个方面的分析，提前判断对手的棋路，并根据“对手会对我们这一招怎样反应”来决定自身的策略。

随着环境日趋动荡，竞争对手的即时反应/行动应当成为竞争对手分析的重点。波特曾经指出：“竞争的一个显著特征是企业是相互影响的，一个企业竞争性行动的结果依赖于另一个企业的反应。”因此，一家企业要想获得竞争优势，不仅需要在宏观层面上关注产业结构、战略群组等问题，还要研究企业之间竞争性互动的微观基础，其中最主要的是要研究企业日常竞争性行动中的两个基本方面：进攻和响应。进攻和响应的速度至关重要，动态竞争理论认为，从竞争者的角度看，一个竞争性行动所引发的竞争性响应数目，与竞争者的绩效呈负相关；同时从响应者角度看，模仿倾向与响应滞后则与响应者的绩效呈负相关。换句话说，从竞争者角度来看，进攻能够引起的反应越少、反应间隔的时间越长，其实施的效果越好。因此我们在面对竞争对手发起的竞争性行动时，应该提升竞争性响应的数量，同时降低模仿倾向以及提高响应的速度，从而缩短对方在采取这一竞争性行动之后所维持的优势时间，切忌在该出手时犹豫不决。

③分析重点是什么

分析竞争对手，了解竞争对手的价值主张，是企业差异化定位的基础，是战略规划必不可少的一环。与“看自己”是找到自身的核心优势不同，“看竞争”是“以己之长攻敌之短”，分析竞争对手主要是发现对方的薄弱之处。

（5）看客户

在任何战略分析框架中，“看客户”都是重中之重。客户分析一是要满足需求，发现客户未被满足的需求，以及挖掘现有客户的其他需求实现新的收入；二是要看能否创造需求，正如全球畅销书《发现利润区》主要作者亚德里安·斯莱沃斯基所说：“优秀的企业满足需求，伟大的企业创造需求。”客户群体分析主要内容包括：你服务于哪些客户？他们的基本特征是什么？客户的需求与当务之急的挑战是什么？为什么客户选择你的产品与服务？瑞幸和星巴克，其战略完全不同，其战略起点也就是“客户选择”也不同。而两者由于对客户群体选择的不同，在业务设计的其他方面如价值主张、资源配置、活动范围都有根本的不同：星巴克的消费群体是商务人士，消费的是场景而不是咖啡本身，因此需要较大的门店；瑞幸的消费群体是上班族，喝的就是咖啡本身（为了提神），没有社交主张，因此瑞幸有一个处理厨房即可。客户选择的不同，使瑞幸挑战星巴克的时候，没有完全照搬星巴克成熟的商业模式，并取得了很大的成功。

“看客户”不仅为战略设计（尤其是业务设计的“客户选择”）提供输入，也为组织设计提供输入，它可以分为三个层次（图2-21）：第一层次是要研究客户的需求及其变化；第二层次是理解客户甚至客户的客户的战略（做到“比客户更了解客户”），了解客户或者客户的客户未来的战略布局；第三层次是通过对客户的深入洞察，建立基于客户的战略、组织和流程，促进公司的自我变革，这是“以客户为中心”的真正含义。

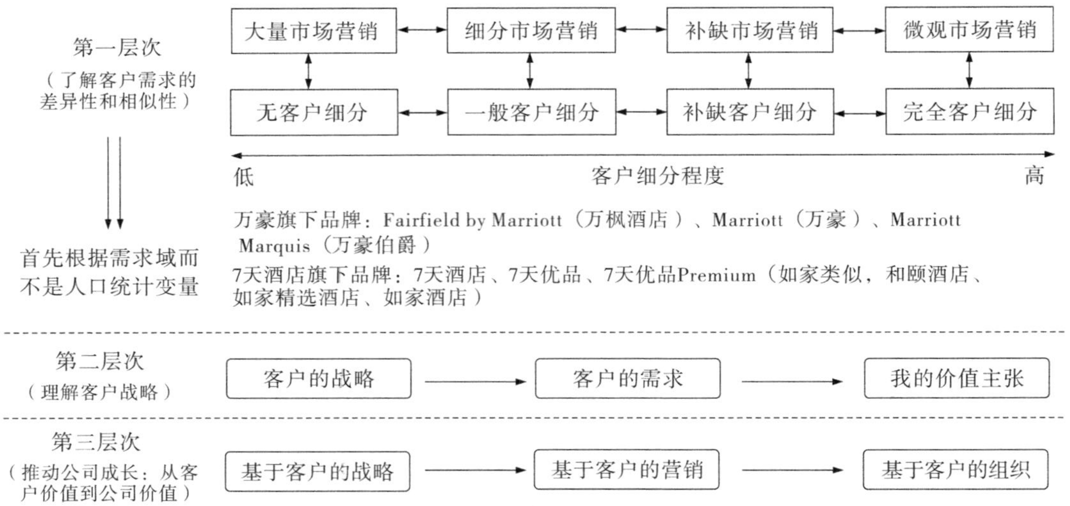

图 2-21　客户分析三个层次

（6）通过市场洞察，发现战略机会

企业大量的市场洞察，是为了发现战略机会。“机会”一词可追溯到“港口”（拉丁语为“Portus，opportunity源于op和portus，意为“通过港口”）——潮汐、港口、技术的结合意味着“机会”。也就是说，机会必须依赖三个条件：等待货物的港口、操作船只的技术、将它们联系在一起的天气和潮汐（图2-22），缺一不可。

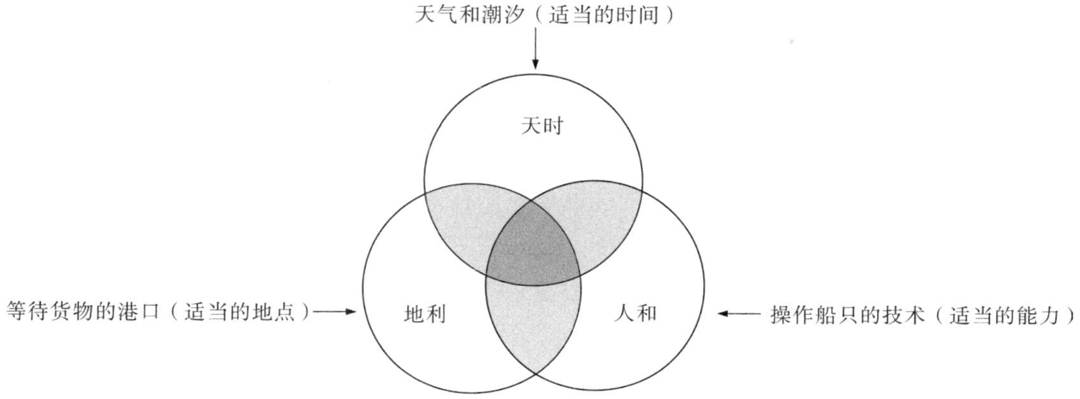

图 2-22 理解机会

因此，在导出战略机会之前，必须深刻理解什么是机会，笔者认为，机会来自变化，巨大的机会来自巨大的变化。在市场洞察中，切忌“眉毛胡子一把抓”，面面俱到而又浅尝辄止。

我们先来看“机会”的定义。根据《牛津英语词典》，“机会”是指：a time when a particular situation makes it possible to do or achieve sth.（某一特定情况使做某事或实现某事成为可能的时间）。可以看出，机会是一系列有利因素。我们经常说：“要做有计划的机会主义者。”实际上，机会思维（机会来自变化）：机会处于市场洞察乃至战略规划的中心地位。机会与威胁、优势、劣势是主从关系：优势、劣势和威胁都是机会的函数。如何理解“优势、劣势和威胁是机会的伴随物”？这是一个关键的问题，涉及对BLM框架的核心理解和应用。笔者认为，机会贯穿了战略管理体系，不仅体现在市场洞察环节，还体现在整个战略规划环节；更影响了预算管理体系、绩效管理体系等。

上述思路与SWOT分析是截然不同的：第一，传统内外部环境分析最后一般汇集于SWOT分析，此时机会、威胁、优势、劣势是平等的，需要花费同等的精力来分析这四个维度，并且在此基础上企业可以选择四种战略（SO/WO/ST/WT）。第二，SWOT分析认为“机会来自外部（同样地，威胁也来自外部）”，但是机会仅仅来自外部吗？这背后涉及一个更深层次的问题：机会是从哪里来的？是发现的还是创造的？这些问题反映了困扰组织科学研究者长达几十年的现实主义范式与建构主义范式的哲学争论。本书不做哲学意义上的讨论，仅从实践意义上指出机会来源的多元化，机会不仅仅来自外部，也可以来自内部（例如技术的突破、融资的成功以及商业模式的验证等）。第三，传统SWOT分析结束之后往往“到此为止”，似乎与后续业务组合等关联不大，但是机会为战略规划的重头戏——业务组合、创新模式、业务设计等提供关键输入（在后续章节读者对此会有更深的体会）。

市场洞察分为“五看”，实际上其表明战略机会存在五大源泉——宏观、产业、竞争、客户、自己的组织和商业模式的变化等（界线并不分明），“五看”的主要目的，就是识别机会以及机会窗口——这也是我们在战略规划之前，花费大量的时间和精力进行市场洞察（觉察机会）的原因。战略规划的关键点之一就是发现机会。德鲁克早在《成果管理》中就提过：成果的取得是靠挖掘机会，而不是靠解决问题。同时他认为公司应根据机会而非问题配置资源。孔茨也有类似的看法，他认为编制计划的步骤一般包括掌握机会、确立目标、拟定前提条件、决定可供选择的方案等八个步骤，其中“掌握机会”排在首位。华为发展到今天的规模，战略机会的把握是其中重要一环，任正非说过：“不在非战略机会点上消耗战略竞争力量。”机会，尤其是战略机会在企业发展中的重要性毋庸置疑。那么，如何识别和掌握战略机会呢？

企业通过对宏观环境、产业环境、客户群体、竞争对手以及企业自身变化等的分析，具备了发现“机会点”的基础——战略机会不会凭空产生，而是在环境的变化过程中产生。这包括两层含义（图2-23）：一是战略机会源于宏观环境、产业环境、客户群体、竞争对手（例如竞争对手的致命错误往往会给自己带来发展的机会）以及企业自身的变化，实际上这五种机会来源彼此之间存在相当多的重叠部分，就好比五扇

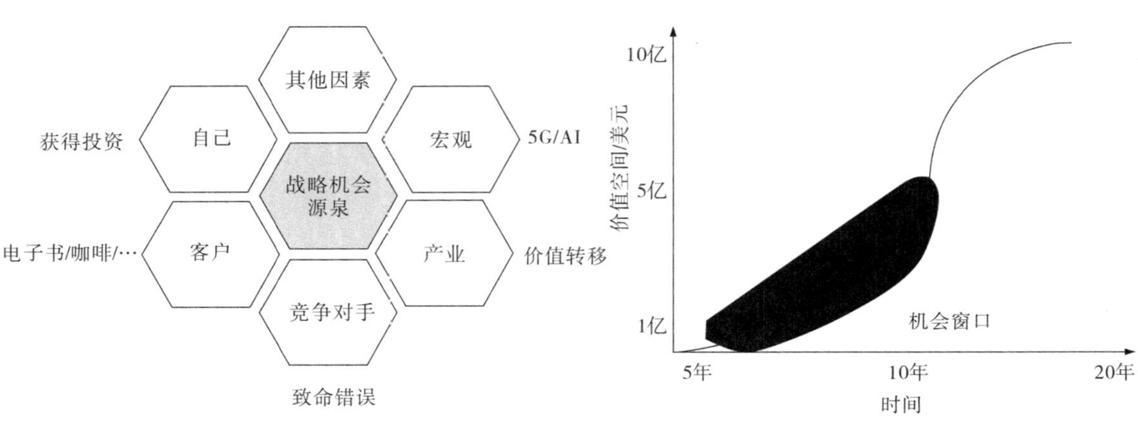

图 2-23　机会来源及机会窗口

位于同一个建筑物上不同方向的窗口；二是机会不是内生变量，而是外生变量，它是由宏观环境、产业环境、客户群体、竞争对手以及企业自身变化决定的。不少有关BLM框架的图书把“看机会”作为市场洞察中的“一看”，对此笔者并不认同，原因在于机会不是内生（独立出现）的而是取决于其他因素的变化。

另外，机会与机会窗口息息相关。1988年卡洛塔·佩雷斯在其著作《技术追赶：进入壁垒和机会之窗》提出机会窗口可以分为三类：政策机会窗口、技术机会窗口和需求机会窗口。但是，所有类型的机会窗口都不会永远打开。有的机会窗口打开的时间很长，有的则非常短（在互联网等敏态产业中，机会窗口打开时间短因而十分重要）。“机会窗口”原指对某种事物干预的最佳时期，“战略机会窗口”指把握战略机会的最佳时期。企业的发展一是要洞察机会，关注产业机会在哪里；二是要抢占机会窗口，抢占机会窗口靠的是速度。以华为为例，华为早在2016年市场工作大会上就提出：“当前4K/2K/4G和企业政府对云服务的需求，使网络及数据中心出现了战略机会，这是我们的重大机会窗口，我们要敢于在这个战略机会窗口开启的时期，聚集力量，密集投资，饱和攻击，扑上去，撕开它，纵深发展，横向扩张。我们的战略目的，就是高水平地把管道平台做大、做强。”

在市场洞察的基础上，对识别出来的机会进行优先级分类，形成机会矩阵（图2–24）。机会矩阵由机会价值空间和机会把握难度两个维度组成，一共包括四个象限。第一象限：金矿机会，即机会带来的价值高、机会把握难度小。对这一象限的机会企业必须主动出击，实现机会价值的最大化。第二象限：速赢机会，即机会带来的价值低、机会把握难度小。对这一象限的机会企业应该计算机会成本，有选择地把握。第三象限：存疑机会，即机会带来的价值低、机会把握难度大。对这一象限的机会企业应该主动忽视，避免资源浪费。第四象限：最高目标机会，即机会带来的价值高、机会把握难度大。对这一象限的机会企业应该尽可能利用已有资源，想方设法把握。从机会带来的价值高低、机会把握难度大小两个维度区分出重点机会、非重点机会、战略机会和劣质机会，可以帮助企业在机会面前权衡机会大小、资源约束和机会成本，正确把握机会。

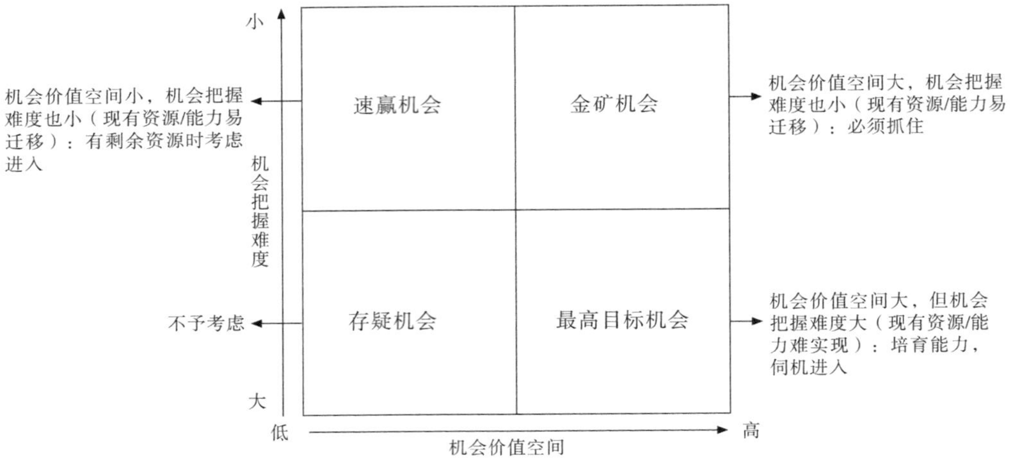

图 2-24　机会矩阵

机会矩阵由机会价值空间和机会把握难度两个维度组成，这和其他图书说法略有差别。一般市场洞察是以SPAN（Strategy Positioning Analysis，战略定位分析）图为产出和结束的，然而SPAN图的组成部分包括企业竞争力和市场吸引力（主要产业因素），这就人为浪费了市场洞察的大量思考，而机会价值空间和机会把握难度则把市场洞察涵盖的宏观、产业、客户、竞争和自己都囊括了。在绘制完机会矩阵之后，识别（建议通过共识方式）出来的金矿机会、最高目标机会、速赢机会等需要逐渐体现在业务组合（即通过新的业务组合变现上述机会）、业务设计等设计中（图2-25）。在接下来的章节中，读者将会逐渐体会机会的含义以及它的传导过程。

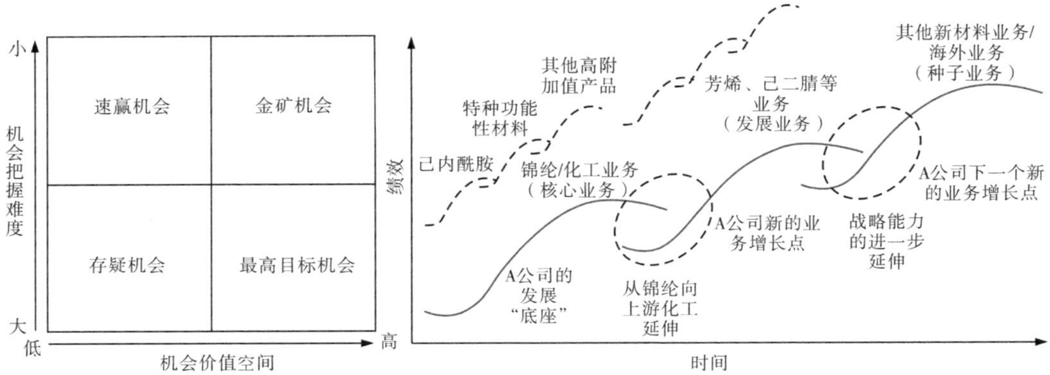

图 2-25　机会矩阵应用示例

企业面临的机会或者诱惑很多，必须做出取舍。愿景使命、发展预期与冒险倾向可作为识别上述机会的“过滤器”，过滤（筛选）之后的机会成为公司的真实机会。所谓“机会过滤”，就是过滤不属于我们的机会，其中愿景使命是主要的“过滤器”。进行过滤之后，最终形成战略机会图谱，为公司层面战略、业务层面战略、职能层面战略等提供重要输入（图2-26）。然而战略机会图谱仍然只是业务组合、业务设计的一个指引，还需要进一步聚焦（这是“创新焦点”需要完成的任务）。

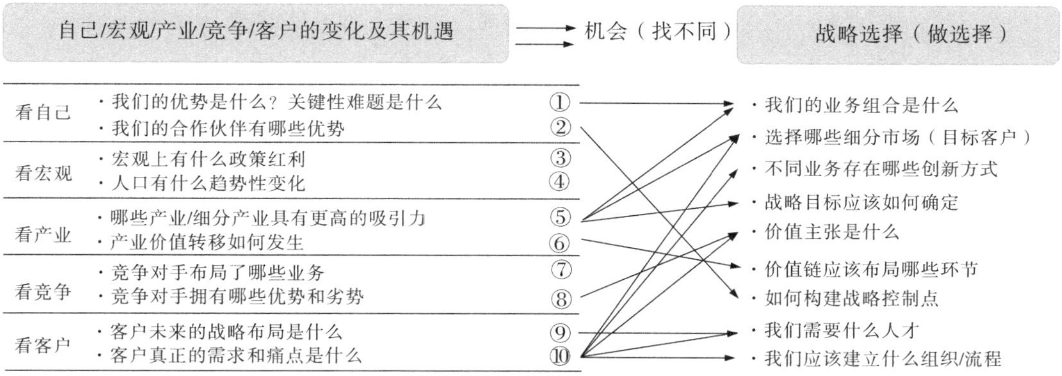

图 2-26 战略机会图谱

市场洞察的成果和产出，主要回答我们存在什么样的机会和优势、劣势、威胁对机会有影响，需要坚持一些基本的原则：第一是要确定洞察的范围，在确定的范围内进行洞察，注意战略意图与市场洞察范围的一致性；第二是坚持“Outside-Inside（从外到内）”原则，尤其在环境洞察时一定要坚持这个原则，有时甚至要做到“忘掉自己”；第三是坚持“Big-Small（从大到小）”原则，对价值转移趋势的总结要从大到小，大的战略机会一定不能遗漏；第四是坚持定量与定性分析结合；第五是确保关键假设的合理性、数据的权威性；第六是坚持市场洞察与战略意图的互动协同。总之，衡量市场洞察成功与否最重要的标准是“看到大的战略机会窗口没有？”因此，华为的市场洞察报告目标很明确，要求必须找到机会。如果找不到机会，或者找到的机会不够大，市场洞察报告就会被打回去重新写。

到此读者可能会再提出疑问：为什么市场洞察仅仅产出机会而没有威胁？难道威胁不重要吗？这个问题我们将在“战略执行与监控”这一节中进一步讨论。但是，我们不妨再次回顾德鲁克的论断：要创造出成果，资源必须被分配给机会而不是问题。在《创新与企业家精神》中德鲁克更是一针见血地指出，要进行系统化的创新，企业需要每隔6～12个月就打开企业的“天窗”（机会窗口），看一看外面的世界。很多人问在纷繁复杂的信息中如何才能得到真正的洞见？这个问题笔者很难回答，但是想起了《小王子》中狐狸的话：“本质的东西，眼睛是看不到的，只能用心去观察。”

至此，我们完成了战略规划中至关重要的一个环节——市场洞察的所有步骤，还强调了战略机会的重要意义。正如前面提出的“战略管理的过程就是机会管理的过程”，我们把机会管理分为四个环节（图2–27），市场洞察设计在第一个环节，其他三个环节将在剩余章节中逐次展开。

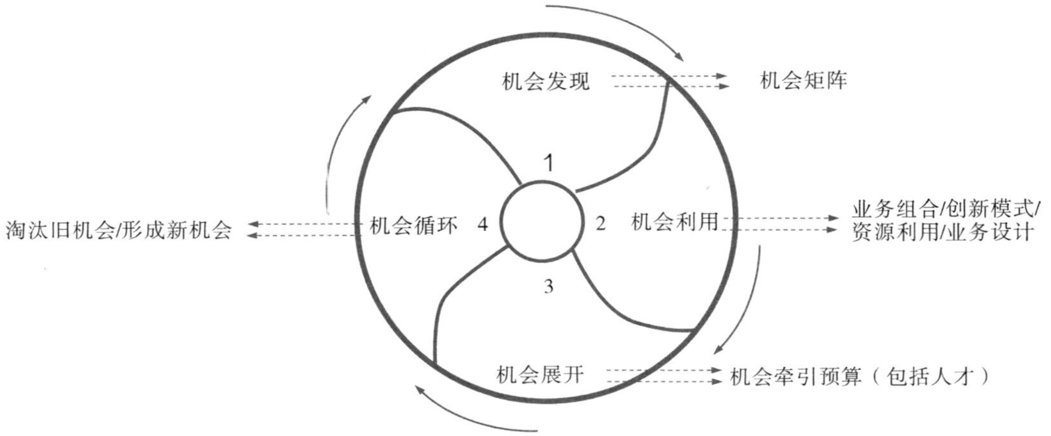

图 2–27　机会管理过程

3. 创新焦点

创新焦点（Innovation Focus）是BLM框架多个模块中最令人费解的，而且由于含义不清在实际操作中也造成了不少的麻烦（笔者更喜欢称之为“创新聚焦”）；不仅其他企业出现这种困状与麻烦，华为也存在类似的困惑。笔者出于对BLM的致敬在前面框架回顾时并未更改这一模块的名称，但是尝试进行更加合理的解读：市场洞察所发现的战略机会，需要聚焦和落地（回归战略规划的九字定义“找不同、做选择、布全局”）。“野心勃勃”的战略意图的实现，需要业务聚焦和创新突围，这就是创新焦点的中心任务（图2–28）。所谓“聚焦”，是指进一步聚焦在市场洞察环节中所识别的机会图谱，形成公司的业务布局；所谓“创新”，是指通过应用新的技术或者新的商业模式开展不同业务。

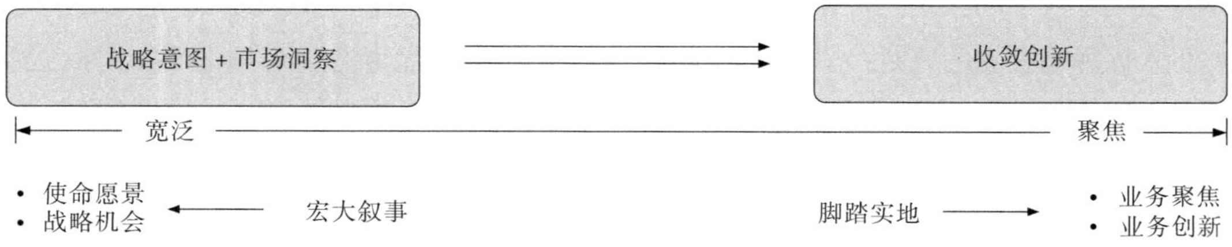

图 2–28　创新焦点的中心任务

在创新焦点这个模块中，需要关注三个关键点：一是改变业务组合，实现战略目标；二是确定不同业务的创新焦点（即创新重点）；三是发现、利用和放大潜在的资源。业务组合是指为了实现企业的战略目标需要收敛创新，不但需要实现最佳的业务组合，还要找到创新的方法来实现。创新模式是指进行与市场同步的探索与试验，创新可以针对业务设计的任何一个环节（如新客户、新价值主张、新盈利模式）。资源利用是指重新发掘现有资源价值，通过试点和深入市场的试验探索新想法，谨慎地进行投资和处理资源，对资源进行变现。下面分别介绍这三个概念。

（1）业务组合

在讨论业务组合之前，我们需要理解什么是业务？业务≠产业≠市场，三者之间不可以画等号。最早对“业务”给予高度重视的是德鲁克，1954年德鲁克在《管理的实践》中提出了企业经营战略的三个基本问题：第一是我们的经营业务是什么（What is our business）？第二是谁是我们的顾客（Who is the customer）？第三是顾客主张的价值是什么（What value does the customer consider）？接着，1980年美国哈佛大学教授德雷克·阿贝尔在他的书《定义商业——战略规划的起点》中提出用顾客需求（Customer Need）、顾客群体（Customer Group）和技术（Technology）来定义经营业务：公司经营业务满足哪一类顾客（Who，为哪一类顾客服务），满足什么样的顾客需求（What，顾客需求是什么），满足这些需求所需的技术、知识或独特竞争力（How，需求如何满足）。因此，一项业务可以从三个方面——客户群体、客户需求以及满足方式来界定。沿着这一思路读者不妨思考：茅台在白酒行业市场占有率全球第一，为何没能在啤酒行业占据一席之地（曾经进入，后来退出）？

此外，企业的业务组合是动态变化的。不管是人，还是组织，其发展轨迹都是一条S曲线：基业长青不是永远只做一种业务，而是不断从原有的增长曲线跃迁到另一条增长曲线。图2-29展示了H公司在不同阶段的业务组合演进情况，其中业务不断交替反复形成新的三层面健康业务组合是该公司的战略精华所在。

1999年麦肯锡出版了《增长炼金术——企业启动和持续增长之秘诀》，书中提出了三层面模型，三层面模型把一个企业的业务组合分为核心业务、发展业务和种子业务，这个模型后来广为咨询公司、企业和媒体所用。笔者理解的业务组合的本质，是基于大趋势研判的业务短中长期安排，是大趋势在企业战略选择上的映射，这是一种“由外而内”的视角。所谓卓越绩效企业，是指企业在曲线还未变得平缓之际就着手寻找并跨越至下一条S曲线，通过不停地跨越S曲线实现持续增长。在三层面模型广受认可的基础上，2009年麦肯锡出版了《精细化增长》，这是《增长炼金术——企业启动和持续增长之秘诀》的续篇，进一步完善了在《增长炼金术——企业启动和持续增

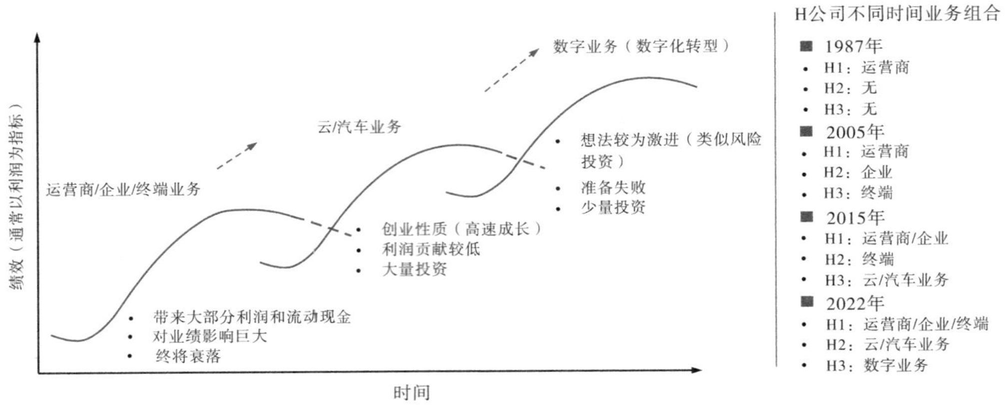

图 2-29　H 公司业务组合演进情况

长之秘诀》中提出的三层面模型，提出了三个引擎（即组合增长、市场份额增长以及并购），并与原有的、广泛应用的三层面框架结合，从而得到“增长路线图”。“增长路线图”将引擎与层面结合的好处是能够迫使人们在思考增长时将时间因素考虑在内：在近期，如何运用组合增长、市场份额增长和并购来拓展和保护核心业务？在中期，如何给三个引擎“点火”以形成增长业务？在远期，如何建立长期可行的备选业务？笔者十分认可这一模型，并通过不断实践对这两个模型进行了整合和修改，最终取得不错的效果，具体如图2-30所示（其中画圈的为经典增长模式）。

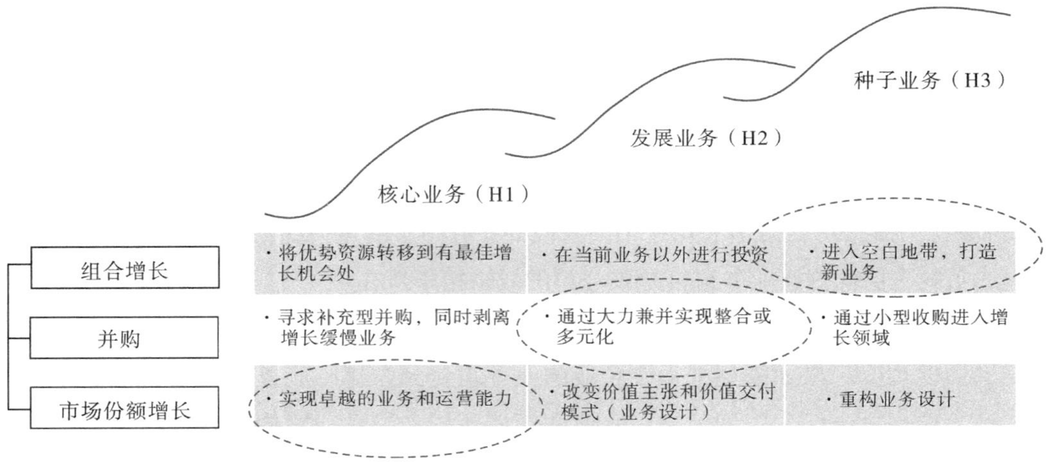

图 2-30　企业增长框架

无论是第一、第二还是第三层面业务，新的业务组合都是为了实现增长。经验表明，卓越绩效企业无一不注重业务的良性组合，如2021年电动汽车龙头企业特斯拉市值超过9000亿美元，位居汽车行业世界第一。特斯拉令人敬畏的一个重要原因在于其构建了健康的业务组合（H1、H2和H3），保证了其良好的现金流并给投资人以巨大的想象空间（图2–31）。从这个意义上看，“多元化”是一个伪命题：任何一家企业随着规模的扩大必然会发展成多元化公司。

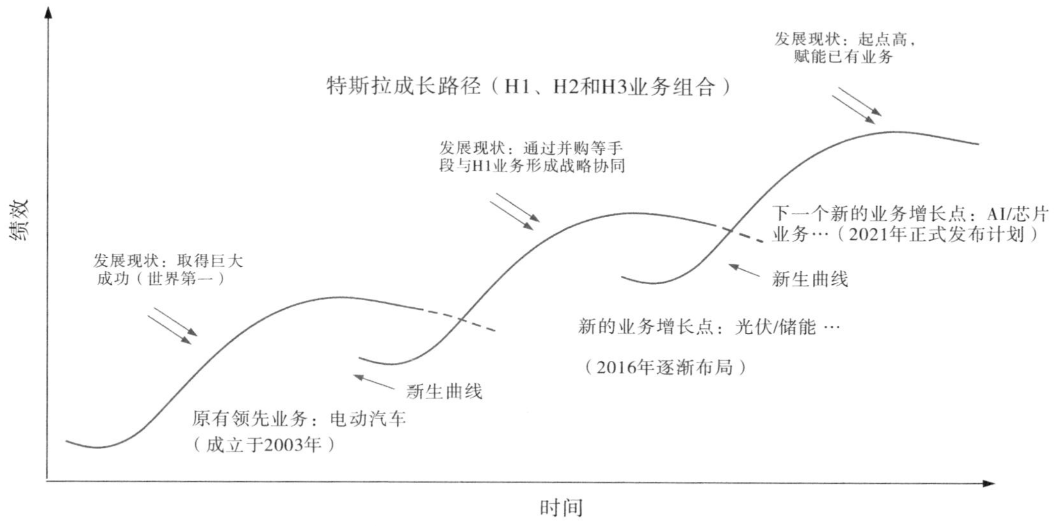

图 2–31 特斯拉业务组合

健康企业需要构建三层面业务，因此层面管理（对三层面业务的管理）是战略管理中非常关键的环节。企业持续增长需要卓越的层面管理，层面管理常见的问题如表2–6所示。

表2–6 层面管理常见问题

常见问题	第一层面	第二层面	第三层面	管理障碍
陷入绝境	×	×	×	“面临崩溃境地”
失去增长权力	×	√	√	“过分注重增长”
即将出局	√	×	×	“完全忽视增长”
缺乏根基	× ×	√ ×	× √	“画大饼” “PPT”
提出待选项目但是没有开发成新业务	√	×	√	“空想家”
没有开发未来	√	√	×	“没有未来”

备注：“×”指不存在，“√”指存在。

企业的成长是一个攀爬S曲线的过程，起步阶段平缓，积累一段时间后进入快速增长阶段，进入成熟期后又变得平缓。三层面业务（三条曲线）必须同时开展而不是依次管理，在此基础上决定对不同业务的管理模式。从根本上看，业务组合是基于因环境大势、产业终局、消费需求等的转变而产生的战略机会而做出的短、中、长期布局。

因此，市场洞察阶段的输出（机会识别）是新业务尤其是H2和H3的重要来源，而市场洞察结果也可能删除某些现有业务。要实现H1、H2和H3的健康组合（有效增长），确认不同层面业务之间的“能力环”是关键。祖克认为：“持续增长，从核心业务开始。”相邻市场拓展式增长（简称“相邻增长”，是最稳健的增长方式），是构建“能力环”的重要思维方向。“相邻市场”含义是十分深刻的，包括相邻的价值链、相邻的业务、相邻的产品、相邻的地域、相邻的渠道、相邻的客户等。咨询公司给客户做业务选择的时候，经常建议客户从产品延伸到服务（即从产品提供商到解决方案提供商，或者是从设备商到服务商等），背后的原理就是“相邻增长”。这是一种被验证过的成长模式（图2-32），其原理是利用现有能力进入可创造出优势的相邻市场。一个典型案例是佳能公司利用精密机械技术不断发展照相机、摄像机、打字机、传真机、扫描机、复印机、计算机等相关性业务，科大讯飞也有类似的战略思路。

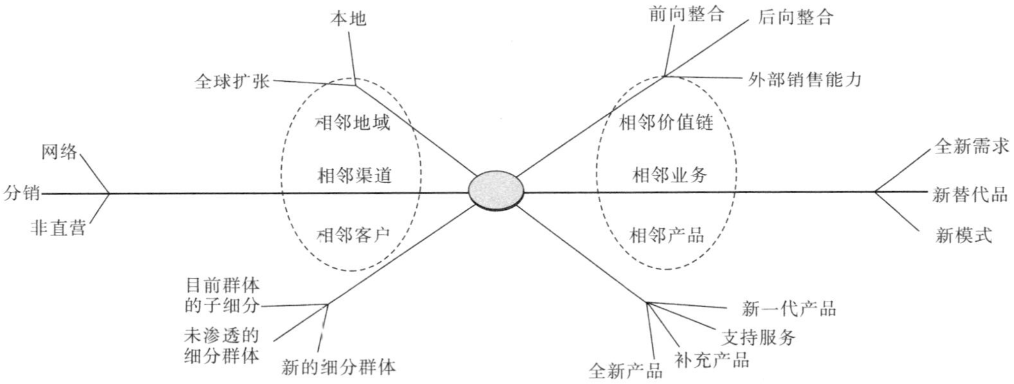

图 2-32 相邻市场拓展式增长方式

延伸阅读：赢得当下、探索未来——企业如何实现“双重转型”

《增长炼金术——企业启动和持续增长之秘诀》一书提出的三层面模型现已成为咨询顾问必备的模型之一，也是公司业务组合规划的经典框架。“三层面模型”是指第一层面确保核心业务的运转并拓展核心业务（即核心业务），第二层面建立即将涌现增长动力的业务（即发展业务），第三层面创造有生命力的未来业务（即种子业务），如今很多企业在制定企业战略规划时都会关注这三个层面。麦肯锡“三层面模型”聚焦于H1、H2和H3三个层面，与此类似，另一位创新大师斯科特·安东尼在他与别人合著的《双重转型》一书中提出了一个“双重转型”的概念，给了人们一个更加聚焦的方向（图2–33）。斯科特·安东尼认为，面对市场动荡，驱动转型的领导者需要重新定位核心业务（转型A），还必须并行创建强大的、具备颠覆性的新增长业务（转型B），但后者并非完全独立于核心业务，需要通过精心管理的能力环（能力环C）与前者进行衔接。不过遗憾的是，斯科特·安东尼并未就如何“从A到B”展开深入的分析。

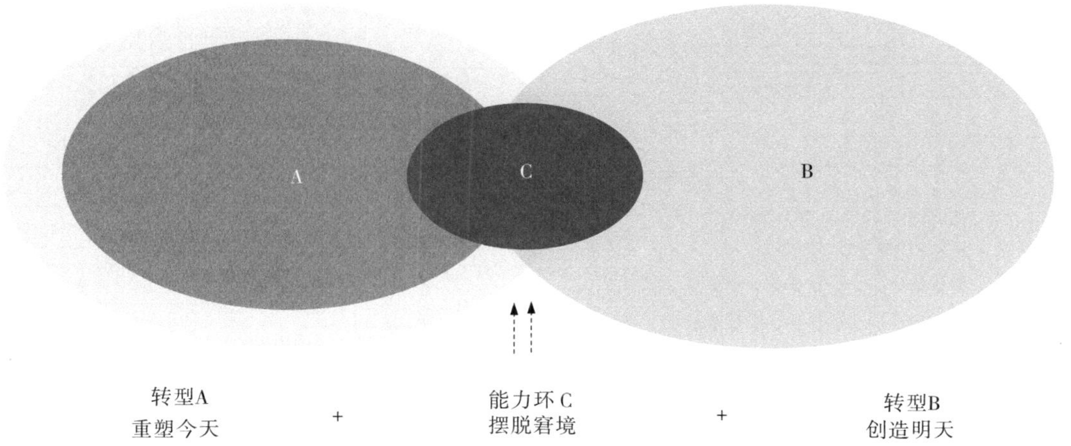

图 2–33　斯科特·安东尼“双重转型”模型

“双重转型”是时下热门话题，尽管已有不少有成效的研究，但是仍有许多问题尚未解决：如何“赢得当下、探索未来”呢？两者（转型A、转型B）对管理和组织的要求有什么不同？不同的管理要求背后的本质是什么？是否意味着某种组织属性的转换？这些是兼具现实和理论意义的问题。基于上述思考，本文沿着“双重转型”的概念以及现有研究成果，提出比“双重转型”更加丰满的新模型，并提出“双重转型”的理论基础。

笔者提出的增加了更多细节的“双重转型”模型如图2–34所示，这个模型主要由四部分构成，简要介绍如下：第一，要持续增长，需要适当、适时延伸自身的业务领域，并在不同领域以不同的商业模式运作；第二，要围绕核心优势进行延伸，从原有的增长曲线跃迁到新的增长曲线，切忌为了追逐所谓的“风口”而放弃核心优势；第三，要建立包括组织结构、人力资源、文化与氛围在内的不同的管理体系以适应不同的竞争环境；第四，要关注和适应由组织变革引发的组织身份变化。

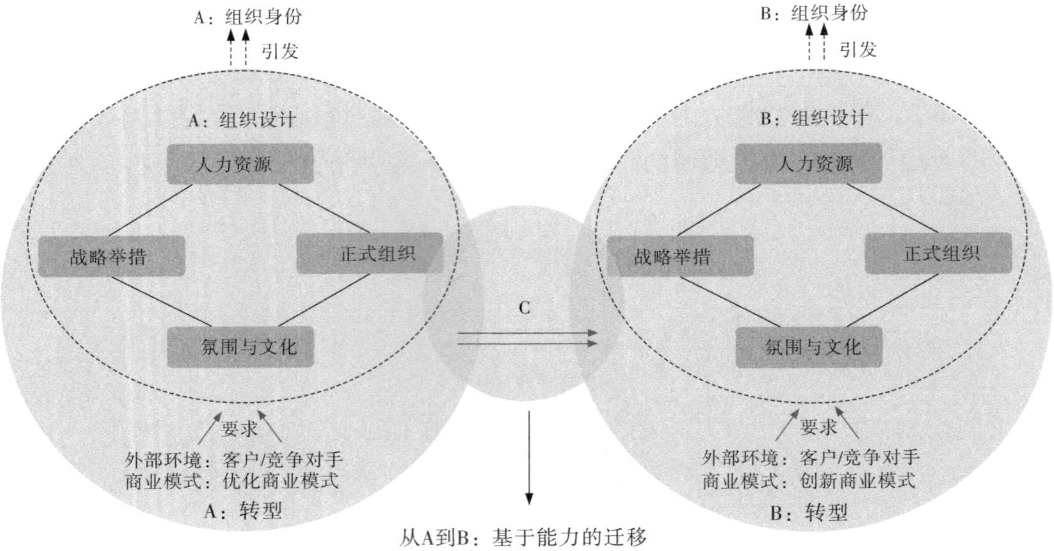

图 2-34　笔者“双重转型”模型

下面，对每个部分进行深入的分析。

①A和B：两个竞技场

行业对于战略至关重要，这是我们习以为常的战略思维，“产业基础观”由此成为战略规划重要的理论基础之一；然而，也有人对此持不同的意见。Thinkers50榜单常客之一的丽塔·麦克格兰斯在《瞬时竞争力——快经济时代的6大制胜战略》一书中谈及竞争场合时采用了“竞技场”的概念，提醒人们要运用竞技场思维而非行业思维。丽塔·麦克格兰斯并没有使用传统的产业或者行业的概念，笔者认为其是有意而为之。企业分别在A和B中竞争并不是仅仅转换了一个行业（这只是转行），而是转换了一个全新的环境，主要体现在：一是新的业务，从A到B往往意味着进入了全新的业务领域，包括新的客户和合作伙伴；二是新的对手，作为一个后来者，新进入者一定会受到市场领先者千方百计的阻碍；三是新的商业模式，这是针对新进入者而言的，其作为挑战者必须设计完全不同于领先者的商业模式，最终达到化解原有领先者竞争优势的目的。亚马逊之所以在A和B两个竞技场如鱼得水、游刃有余，是因为其深谙此道。

亚马逊成立于1995年，在之后的20多年中一方面刻意保持“亏损”（将盈利用于投资未来），另一方面实现了25项重大运营和服务创新，其中亚马逊至尊会员和客户评论（亚马逊的客户评论至今在各电商之中保持最高的质量水准）等都属于转型A的范畴，通过不断创新，亚马逊逐渐从一家图书零售商彻底转型为以顾客为中心的全球综合零售商。在这一转型过程中，亚马逊在发现自身对强大算力存在需求的同时，敏锐地识别到算力市场的无穷前景并创建了亚马逊云服务，经过十年努力成为云计算服务的领先提供商，并一直保持对世界排名第二的谷歌、第三的微软的领先优势。零售领域和IT领域是两个完全不同的竞技场，亚马逊创始人贝索斯面临诸多挑战，除了要说服董事会逐步建立2B行业之外，还要警惕IT巨头谷歌等的反击，最终贝索斯运用“不对称竞争”思维成功建立起云计算的竞争优势并保持至今，而等谷歌回过神来为时已晚。

②C：A通往B的桥梁

在斯科特·安东尼的模型中，“重新定位核心业务（转型A）”最重要的是提升效率，“创建强大的、具备颠覆性的新增长业务（转型B）”最重要的是改变商业模式。从某种意义上说，连接A和B的“精心管理的能力环（能力环C）”是精髓所在。我们认为，“能力管理”的最终目标有两个，第一个是逐步拓展能力并发展为环环紧扣的能力体系，使每一项新的能力都与现有能力体系相匹配；第二个是不断促进企业建立起一系列全新的业务。京东是一个典型案例，作为零售同行，京东一直在复制亚马逊，刘强东也一直在向贝索斯学习，但也有所超越，其中包括京东领先的物流体系（亚马逊至今仍然没有自己的配送系统，而只能依靠美国联合包裹运送服务公司等第三方物流公司），这是京东在发展过程中为了寻找差异化竞争力而逐渐建立的能力，并由此成为京东强大的“护城河”，成为京东优良客户体验的承载。京东充分利用了“仓储配送”这一核心能力并打造了另外一个商业版图，随着京东物流的上市，如今京东物流已经成为顺丰的最大竞争对手之一。

除了京东，华为是另一个经典案例。华为的业务不断跨越至运营商、企业网、消费者、云业务以及汽车电子领域，多次实现成功转型，其历次跨越都是基于能力的拓展。华为无疑是成功的，它多次抓住了战略机会点，但是笔者并不认为华为案例不具有代表性，或者认为作为中国顶尖的一流企业，华为不具备参考意义。作为一家2020年营业收入接近9000亿元的企业（2021年由于荣耀脱离华为，其营业收入大幅下降），华为面临的机会和内部的资源一样多，但却永远不为外界诱惑所动，坚持初心并实现持续增长。一位长期研究华为的学者曾经这样总结：华为持续成长30年的秘诀在于坚守常识，任正非的过人之处是战略定力。然而，“聚焦主航道”与其说是华为的战略定力，不如说是战略智慧，后者确保华为每次都能把握战略机会点。这正如祖克和艾伦在《回归核心》中总结的：“离核心越远，成功概率越低。围绕核心绝不超过三步的扩张；更可怕的不是远离核心而失败了，而是远离核心而成功了。”[①]

① 克里斯·祖克，詹姆斯·艾伦. 回归核心[M]. 中信出版社，2004.

③A和B背后的不同组织设计

双重转型，企业面对的是两个完全不同的环境，包括新的客户、新的竞争对手以及新的商业模式……对企业而言，归根结底需要两种不同的组织能力，这背后需要两种不同的组织设计。从广义上说，组织设计包括战略设计、架构设计、流程设计、文化设计等。不少学者对组织设计倾注了大量心血，提出了7S模型、星形模型、六盒模型、伯克–利特温模型、组织一致性模型等许多有价值的组织设计模型。

这些组织设计模型各有优劣，例如六盒模型（即阿里巴巴经常使用的“六个盒子”）的优点是每个盒子包括一些诊断性问题，但缺点是忽略其他一些重要因素；又如，组织一致性模型尽管简单明了，便于各个要素协调一致，但是问题在于要素较少可能会导致失控或者忽略重要方面。尽管如此，组织设计专家、哈佛大学教授迈克尔·塔什曼于1980年在《组织行为诊断模型》中提出并不断完善的“组织一致性模型”，至今仍然具有很大参考价值。后来塔什曼教授受IBM邀请整合BLM框架，组织一致性模型成为BLM框架的组织设计部分，成为华为使用至今的企业战略规划工具。受华为的影响，BLM框架在国内不断为其他企业所采用，组织一致性模型也因此成为企业进行组织诊断、设计的重要工具。

塔什曼教授关于组织设计的研究并没有到此为止，1996年，塔什曼教授在与奥赖利三世合著的《创新跃迁》中进一步提出了“二元性企业”的概念，经过二十年的不断思考，2016年塔什曼教授出版了《领先与颠覆——如何解决创新者的窘境》。这是塔什曼思想的延续和升华，也进一步明确了成熟和创新两种情景。在书中，迈克尔·塔什曼教授认为成功的公司在公司结构、人力资源、文化与氛围等方面都渐渐固化，形成一种惯性，这种惯性会使公司面临创新困境并陷入克里斯坦森所讲的“创新者的窘境”中。塔什曼教授意识到原有组织结构、人力资源、文化与氛围的惯性既是公司竞争优势的来源之一，也是阻碍公司创新的“旧势力”。为了破除这一悖论，塔什曼认为企业需要同时做好“领先与颠覆”两种准备。

对组织而言，组织的持久性和组织的变化性成为组织身份所面临的主要矛盾：一个稳固的身份对组织的成功和发展至关重要；但是组织也必须有快速适应环境变化的能力，从而能够适应多变的环境。因而在企业内部，需要两种组织身份认可。那么，应该怎么办呢？“组织身份”理论给我们提供了一个很好的视角，这是近年来逐渐引起国内战略、组织研究者浓厚兴趣的一个新兴研究领域。让组织身份具有动态性和适应性是组织变革成功的途径。在现代组织中，组织变化成为一种常态，组织变革往往引起持久不变的组织身份的变化。企业转型引起的组织身份变化是组织变革引发的最深刻的变化，也是企业双重转型取得最终胜利的最大挑战。

④综合案例——安踏集团

安踏集团（简称“安踏”）创立于1991年。自2007年在香港上市以来，安踏逐渐从一家生产运动鞋的制造企业发展为一家从事设计、生产、销售运动鞋服、配饰等运动装备的综合性、多品牌的体育用品集团。2017年9月28日，安踏与北京2022年冬奥会和冬残奥会组织委员会签约，正式成为北京2022年冬奥会和冬残奥会官方体育服装合作伙伴。欧睿数据显示，2020年安踏体育用品市场占有率仅次于耐克和阿迪达斯。

安踏从制鞋作坊发展成今天数一数二的国产运动名牌，是对其品牌精神“永不止步”的最佳诠释。安踏聚焦在体育用品的鞋服细分领域，这是一个充满想象力、保持较高增速的市场：2019年超过3000亿元人民币，2008—2019年复合增速10%，2021年中国人均运动服饰花费169元，为全球平均运动服饰花费的2/3，日本的1/4，美国的1/12。运动鞋也是类似的情形：美国3亿人口，一年销售3亿双运动鞋；中国约14亿人口，一年也销售3亿双运动鞋。

多年来，安踏凭借强大的战略定力，始终聚焦在体育用品领域，目前形成了三条增长曲线，分别是主打专业运动的安踏、安踏儿童品牌群，主打时尚运动的斐乐（FILA）、斐乐儿童（FILA KIDS）品牌群，主打户外运动的亚玛芬体育（Amer Sports）、迪桑特（DESCENTE）、可隆运动（KOLON SPORT）品牌群。

安踏的成长故事很好地诠释了一个体育用品公司在市场持续增长的推动下，如何完成“双重转型”：

第一，面对核心业务和发展业务、种子业务，安踏采取了不同的策略。对于安身立命的核心业务，安踏的撒手锏是品牌重塑、效率提升。安踏素来重视品牌建设并积累了丰富的经验。1999年，国内还没有用运动明星做广告的运动鞋企业，安踏率先聘请乒乓球名将孔令辉出任安踏品牌形象代言人，被称为“第一个吃螃蟹”的企业，安踏也逐渐从工厂型企业转型为品牌公司。在新的竞争环境下，安踏持续投入资源重塑自身品牌，2009—2024年，安踏连续8届成为中国奥委会官方合作伙伴；在运营方面，安踏借助国际咨询公司的力量来提升运营效率，通过数字化转型持续提升运营效率。对于发展业务和种子业务，安踏持续通过科技创新和商业模式重塑，助力业务增长。2021年，安踏发布“新十年战略”，承诺投入200亿元推动自主创新研发；收购斐乐之后，为了迎接高端品牌耐克、阿迪达斯等的挑战以及服务新的群体，安踏不惧亏损坚定转变店铺经营模式。

第二，2001年，安踏开始实施多元化的产品策略，逐渐步入运动服装、运动装备（运动配件）等服饰系列产品领域。2009年，安踏收购意大利体育品牌斐乐，将其重新带入中国市场，正式开启多品牌策略。从2015年开始，随着“单聚焦，多品牌，全球化”战略的提出，安踏相继收购了英国中低端健步品牌斯潘迪（Sprandi）和日本高端滑雪品牌迪桑特在中国内地独家经营权，以及收购了拥有始祖鸟、萨洛蒙和威尔逊三个知名品牌的国际体育巨头亚玛芬体育。至此，实现了其“三大品牌群”的构建。

第三，在组织设计上，安踏面对核心业务和发展业务、种子业务，也采取了不同的举措，这里以主打时尚运动的斐乐品牌为例进行说明。实施并购战略以来，人才国际化逐渐成为安踏走向未来、走向全球化的重要策略之一。安踏时尚运动品牌群CEO姚伟雄本身就有国际企业高管背景，2010年任职之初就有意识地引入国际人才并不断加大其比例，来自韩国、日本、美国和欧洲的外籍员工越来越多。目前斐乐所有部门都有国际化人才，这些国际化人才为斐乐提供了持续的国际领先思维理念和产品设计，同时也体现了安踏的用人智慧。与安踏品牌大部分店铺由分销商和加盟商经营不同，斐乐采取全直营的经营模式，新的商业模式为斐乐从一个中低端品牌逐渐升级为中高端品牌立下汗马功劳。2020年斐乐营业规模首次超过安踏主品牌，成为安踏增长的主力。

第四，“不做中国的耐克，要做世界的安踏”是安踏经过不断探索对自身身份的重新定位，安踏战略转型的过程也是组织身份转型的过程。在“成为受人尊重的世界级多品牌体育用品集团”愿景的引领下，安踏不断地转换新的身份：从单一品类到多品类，最终成为一家“单聚焦，多品牌，全球化”的体育用品集团。显然，如今安踏已经找到了多品牌运营的成功钥匙，并且适应了中国与世界的、专业与时尚的、户内与户外的多重组织身份。

1997年哈佛大学商学院教授克莱顿·克里斯坦森在《创新者的窘境》中描述了经营良好的老牌企业为何会在面对颠覆性变化时败下阵来，如今这本书成为每个创业者、企业家必读的图书。企业同时具有在成熟市场上维持竞争的能力和在新兴市场上推出新产品和服务的能力，前一种能力实现成本、效率优势和渐进性创新，后一种能力用以保证突破性创新所需要的试验、速度和灵活性，双重转型由此成为人们日益关心的管理话题。但是，企业转型本已不易，双重转型的管理挑战更大。正如本书所讨论的，双重转型涉及组织竞争、组织能力、组织设计以及组织身份等多个问题，管理复杂度大幅提升。笔者认为，驾驭复杂性是企业竞争优势的重要来源，或许这是新常态下企业竞争新的分水岭。

（2）创新模式

增长管理是战略管理的核心，无论是三层面模型所倡导的建立核心业务、发展业务和种子业务，以及企业通过并购（外生性增长）实现发展，还是通过内生性增长实现相邻增长，都是为了可持续发展。确定业务组合之后，找到创新方法来实现新的业务组合是创新焦点的重要任务。加里·皮萨诺认为创新包括技术创新和模式创新，笔者改良了这一模型（图2-35），两者不可或缺，占据同样重要位置：技术创新不再是价值实现的唯一引擎，模式创新（包括商业模式创新和管理模式创新）也为构建战略控制点打开了更多的自由度。两者相互依存、相互影响：一方面技术创新需要商业模式创新护航，一项技术创新需要为其设计多种商业模式（企业可选择超过其机会成本的、可实现的、企业价值最高的商业模式）；另一方面技术创新为商业模式创新构建门槛，因为任何商业模式创新要想建立长期有效的优势，需要企业掌控某种稀缺的资源能力或者商业模式从而持续地升级。

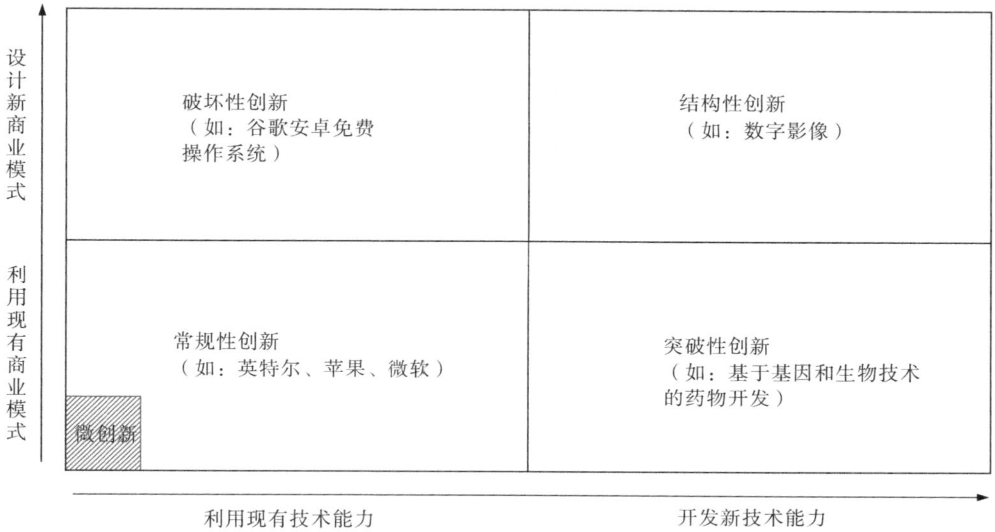

图 2-35　创新模式

资料来源：加里·皮萨诺，《创新引领成功》，《哈佛商业评论》2015年第6期。

以下分别对微创新、常规性创新、破坏性创新和结构性创新等进行介绍。值得注意的是，上述两个维度之一“技术”不仅仅指研发技术，实际上在《技术的本质：技术是什么，它是如何进化的》一书中，作者布莱恩·阿瑟就提出技术是实现人的目的的一种手段，所有的目的性系统都可以被定义为广义上的技术（甚至像商业组织、司法系统、货币系统等看上去完全不像技术的事物，也是技术）。

①微创新

针对用户体验的技术革新，很多时候已经不再是颠覆性的更新换代。任何针对用户体验的微改变，都可能引爆整个市场。根据《互联网周刊》的报道，2020微创新案例TOP50的第一名就是华为的FreeBuds 3耳机，这是业界首款主动降噪的半开放耳机。实际上华为一直是微创新的践行者，华为从来不轻言颠覆和不做盲目的创新。

②常规性创新

这是在企业现有技术条件、商业模式的基础上进行的创新（如iPhone的升级换代）。这样的案例不胜枚举：英特尔、微软、苹果（iPhone每出新一代，芯片基本都会升级一个点）。企业创造的大部分利润都来自常规性创新而非破坏性创新、激进性创新或结构性创新。这种产品创新不涉及产品的重大革新，英特尔通过不断推出性能更强的微处理器，保持了几十年的增长和较高利润水平（其他例子还包括微软Windows系统、佳能单反相机等）。

③破坏性创新

破坏性创新的特点是识别出产业链的关键成功因素，进行商业模式创新。所谓转型，大多数是价值链重构；否则可能就是转行。小米通过重构价值链，成就了其在智能手机业务的辉煌。不同行业情形有所不同，图2-36展示了通过重塑行业关键成功因素形成破坏性创新的可能性。

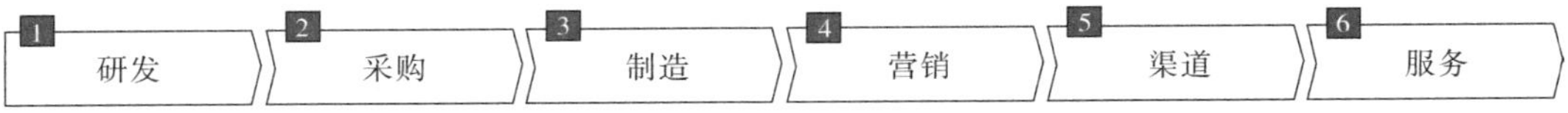

不同行业的关键成功因素不同，但都对收益和市场占有率带来巨大的影响

- 原材料：咖啡、石油、化工…
- 设备：造船、钢铁、芯片…
- 设计：服装、汽车、音箱…
- 销售：保险…
- 服务：电商…
- 品牌：白酒…
- 专利：复印机…

图 2-36　破坏性创新示例

企业的经营资源是有限的，不需要从原材料到售后服务面面俱到，不可能在所有方面都占绝对优势。企业只要在其中的某一两个步骤实现创新，便能够在所属行业中保持相对优势。破坏性创新通过不同的商业设计，往往可实现全新的价值创造方式，化解竞争对手的已有优势（商业模式是双刃剑）。

★案例分析

√案例1：中国各种饮料（例如凉茶）都做得不错，但是唯独可乐（非常可乐/汾煌可乐）做不起来：这是因为中国做的可乐在与可口可乐竞争时使用的是一样的商业模式（而碳酸饮料行业的关键成功因素是渠道/品牌）。

√案例2：以色列一家售卖苏打水制造机、配套的二氧化碳充气瓶等产品的公司用的是与可口可乐不一样的商业模式（水瓶+苏打粉+不同口味的浓缩液）；它的商业模式与可口可乐不一样，意味着接触的利益相关方与可口可乐不同。

√推论1：可口可乐的优势是基于自己的商业模式所形成的，多年以来无人能够真正挑战成功。但是，当后来者使用不同的商业模式迎战时，可口可乐强大优势就无效化，这就是商业模式创新的威力。

√推论2：商业模式创新是基于价值网而设计的：不但可利用价值网建立自己新的优势，也可以利用价值网来攻击竞争对手已有优势（思考：淘宝实施免费策略，易贝为什么不跟进，也实施免费策略？）

④结构性创新

一个旧而常新案例：手机行业的后起之秀——苹果是怎么打败当时的霸主诺基亚的（技术与商业模式双重打击）？诺基亚的高管曾经落泪说道："我们没有做错什么，但是我们输了。"然而，诺基亚真的"没有做错"吗？李思拓在《偏执乐观——诺基亚转型的创业式领导力》一书中说道："我在战略文件中提出忠告：整个手机行业的战场正在转移。在这场竞争中，各家公司凭借的更多是软件实力，而非硬件能力。竞争平台也从诸如塞班、Meego、iPhone iOS这样的单一操作系统转向了类似iTunes、Ovi Store、iAd这样的多元化生态系统。而且对于一家企业来说，它构建生态系统的能力也比其内部组织能力更为重要。"①

毫无疑问，创新十分重要；同时，业务组合由H1、H2和H3三层面组成，因此对不同层面（H1、H2和H3）的业务，应当采取不同的创新策略（选择四种创新类型中的1～2种）。埃森哲的研究显示，不同类型企业需要采取不同的创新投资战略，同时根据不同的创新策略，决定创新资源的投向，图2-37展示了两种典型的创新策略。

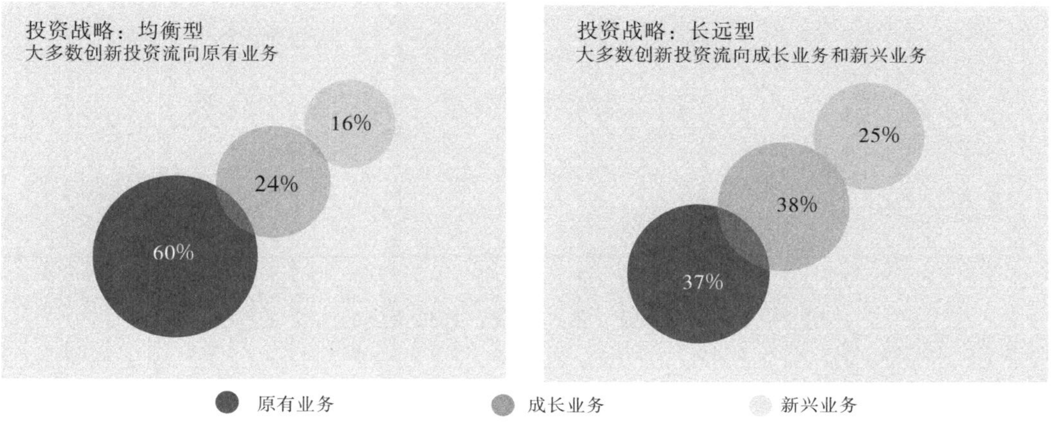

图 2-37　创新策略分类

① 李思拓，凯瑟琳·弗雷德曼. 偏执乐观——诺基亚转型的创业式领导力[M]. 机械工业出版社，2019.

（3）资源利用

2019年9月3日，中石化易捷正式发布自己的新品牌“易捷咖啡”。实际上，中国开便利店最多的企业是中石油和中石化，其中中石化易捷坐拥2.7万间便利店；在此之前，国际石油巨头荷兰皇家壳牌集团的优选便利店就已经提供了咖啡服务，每年可以销售2.5亿杯。壳牌的执行副总裁说：“咖啡比油的利润率高得多！”。2021年，中石化易捷销售有限公司以2.7万家的门店规模，位居全国第一，未来在全国近3万家门店里，都可以看到易捷咖啡。

一般而言，隐蔽资产可以成为企业战略更新或重建的关键因素，而通过隐蔽能力转型往往可以创建一个新的核心。隐蔽能力有以下三个特征：第一，可以在企业层面予以发现，其影响通过业务和产品线向下波及；第二，可以让一个管理团队重整特定业务的经济模式，以及重新界定什么是其可以提供给核心客户的；第三，可以催生一个全新的核心——也许能充当使原有核心变得比以前更有价值、潜力、创造力的催化剂。

由此，可以得到一个重要战略规划推论：隐蔽资产可以延长第一曲线的生命周期！创新焦点的三个关键问题（业务组合、创新模式、资源利用）之间存在什么逻辑关系呢？为什么把业务组合、创新模式、资源利用放在同一个模块中？实际上，真正的三层面是按以下方式呈现的（如图2–38所示，其中第一曲线的生命周期最长）。

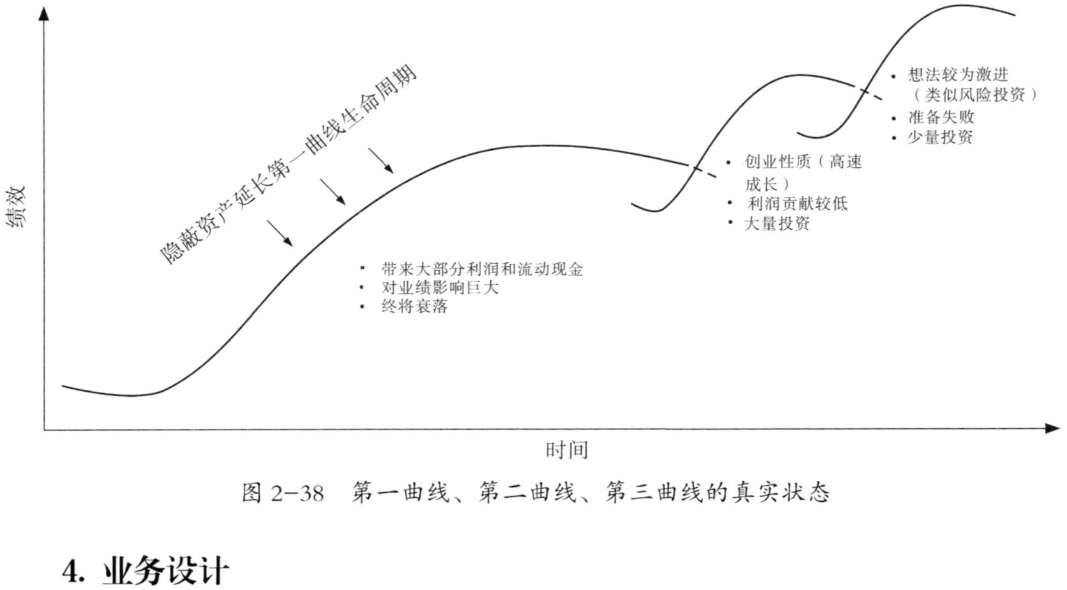

图 2–38　第一曲线、第二曲线、第三曲线的真实状态

4. 业务设计

在讨论业务设计之前，先了解一下迈克尔·波特的理论。波特将产业经济学应用

于企业战略，为竞争战略理论做出了功不可没的贡献，提出了“三种基本战略”，其中影响最大的是他1996年在《哈佛商业评论》发表的《战略是什么？》。波特根据追求竞争优势的类型和目标市场范围两个维度，得出五种基本战略（后续诸多战略公司的战略如“战略钟”都源于该模型），但总体上这五种战略依然过于宽泛以至于在实践中难以应用。

业务设计从某种程度上消除了上述弊端，其总体任务如图2–39所示。新业务重在业务设计，老业务重在效率提升（业务增长、能力建设、开源节流……）。当然，这种区分也是相对而言的。

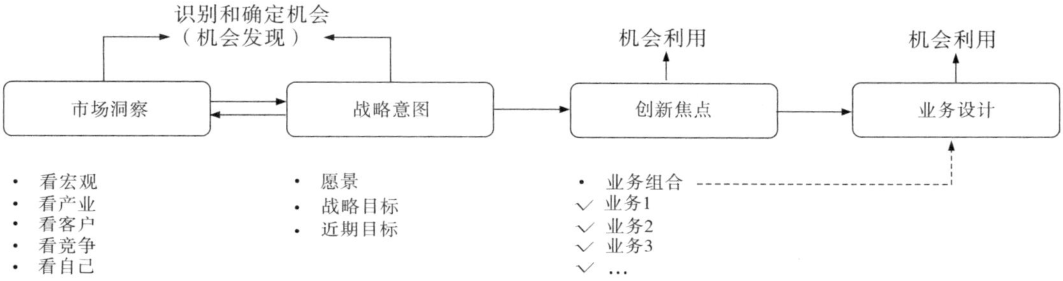

图 2–39　业务设计总体任务

值得一提的是，源于斯坦福大学的设计思维如今很流行，其实设计思维与业务设计有着千丝万缕的联系，应在动态互动中有效实现设计思维与业务设计两者协同。《发现利润区》一书提道：“伟大的企业设计就像伟大的产品设计一样。一个极其优秀的产品设计是超级工程技术和伟大想象力的结合。”①类似地，伟大的企业设计是对客户和利润的完美认识（非直觉的东西）和战略想象力的结合。设计思维的观念较早可以追溯到诺贝尔奖获得者赫伯特·西蒙在1969年写的《人工科学》；2005年斯坦福大学建立设计学院，设计思维从此名扬天下。所以，设计思维是以用户为中心，去发现用户的问题，并用设计来解决问题，以区别于传统的思维方式；BLM框架中业务设计也是以“客户（理解和选择）”为起点的。

业务设计要和差距分析、市场洞察、战略意图、创新焦点保持前后一致，业务设计需要关注五个问题，如表2–7所示。

① 亚德里安·斯莱沃斯基，大卫·莫里森，鲍勃·安德尔曼. 发现利润区[M]. 中信出版社，2018.

表2-7　业务设计五要素

要素	核心问题
客户选择	谁是（不是）我们的客户？客户需求是什么
价值主张	我们给予客户的核心诉求是什么？我们的竞争优势是什么？客户为什么买我们的产品
活动范围	我们进入价值链哪些环节？和谁一起？在什么区域
盈利模式	我们如何赚钱？还有其他的赚钱方式吗
战略控制点	怎样实现持续盈利增长？需要建立什么壁垒

业务设计包括五个要素，五个要素逐渐递进排列，其逻辑如下：我（不）选什么客户？→这个客户为何选我？→为了服务客户，我要提供什么产品和服务？→为了提供这些产品和服务，我的业务活动是什么？如何通过这些活动为客户创造价值的同时获取利润？→怎样保证我构成的价值具有持续性且不轻易被对手削弱？由此可见，业务设计本质上是组织如何为它的客户创造价值并在这一过程中实现组织目标的一种结构性设计（着眼点不是具体的产品或服务），是对价值选择、主张、创造、获取和保护的一种结构性设计（图2-40）。实际上，业务设计创新最重要的就是从产品设计思维向价值设计思维转变（本节最后还会继续讨论该话题）。

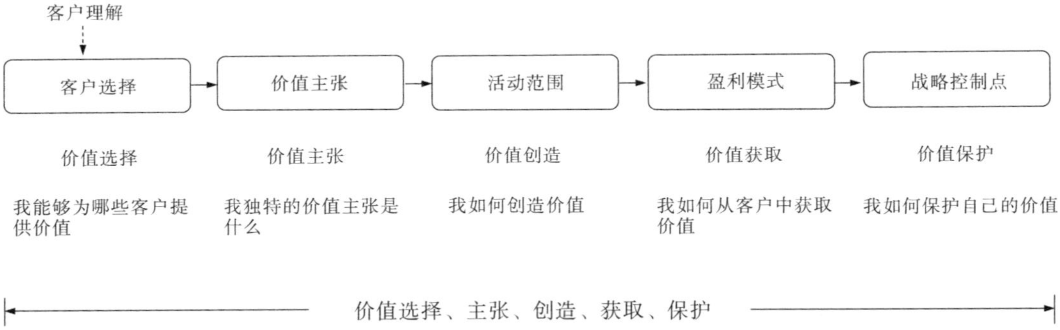

图 2-40　业务设计的本质

下面，分别对业务设计的五个要素进行分析。

（1）客户选择

客户选择的本质是哪些客户不选择，客户选择是业务设计的首要任务，而不同客户的价值主张也是不一样的。通过市场洞察环节，我们可以发现这些消费者的特征，找到利润所在区域。对于2C市场（针对消费者的市场），企业需要进行用户画像，所有可识别的人类或组织的特征都可以用来细分市场，使其在某一个特性上与众不同；对于2B市场（针对企业的市场），我们需要思考能提高哪些客户的价值？哪些客户会使我们赢利？我们必须舍弃哪些客户？总之，只有“门当户对”（我们为客户创造最大价值的同时，客户也为我们创造最大的价值）的客户才是目标客户，如图2-41所示。

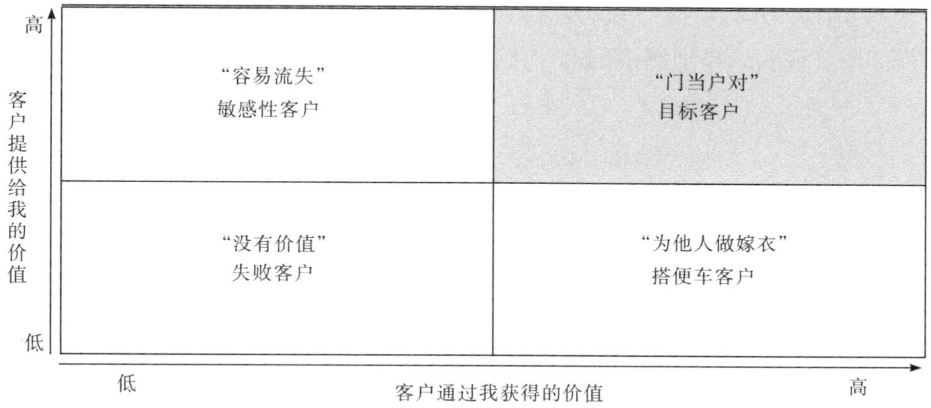

图 2-41 客户选择方法论

差异化战略的本质是客户群体的差异化（在客户细分的基础上，谁应该是我们的目标客户？）。客户区分的重要手段是价格：高端产品保利润（价格高），低端产品保份额。高明的企业要在高、中、低端市场垂直扩张，提供完整的产品选择、价格选择。因为定价决定了产品的等级：市场上的同一种产品，往往会被分为低、中、高三种价位，同一个价位等级的产品，竞争最为激烈。定价决定了竞争的对手：在你确定的价位等级上，你会清晰地找到自己的竞争对手，以明确自己的竞争力有多强。定价决定了服务的客户：高端客户对价格不敏感，针对这一消费群体，应该加强价值诉求，优化环境和服务；低端消费者对价格相当敏感，针对这一消费群体，需要采取低成本、规模化战略，靠量来满足他们。

客户选择是业务设计的逻辑起点，也是业务设计中最关键的一步，本质上决定了业务设计其他环节。企业需要对以下问题进行深入的思考：我们应该采用什么标准对目标市场的客户进行分类？我们能为哪些客户创造更大价值？哪些客户将会使我们盈利？为了更加聚焦目标客户群体，我们必须放弃哪些客户？客户选择的根本目的，是要找出对公司最有价值的客户（A类客户），对不同客户划分不同优先级并以此为资源配置的依据（例如A类人才服务A类客户，详见本章第三节"人才"部分）。

（2）价值主张

价值主张是关于组织如何向客户区分自己，以及向客户介绍它将提供怎样特别的一套价值的描述。价值主张概念来自特里西和迈克尔合著的《市场领导学》，它将价值主张界定为"运营卓越""产品领先""亲近顾客"三个维度（图2-42），分别代指一流的运营和执行（特别注意：运营卓越的含义比低成本更广），强调创新和市场品牌、企业卓越与顾客关注和顾客服务。“价值主张”是BLM框架中的核心概念，影响了后续人才以及组织架构、组织流程、组织激励等诸多因素（价值主张这一概念后来被卡普兰用于说明战略地图中的客户维度）。

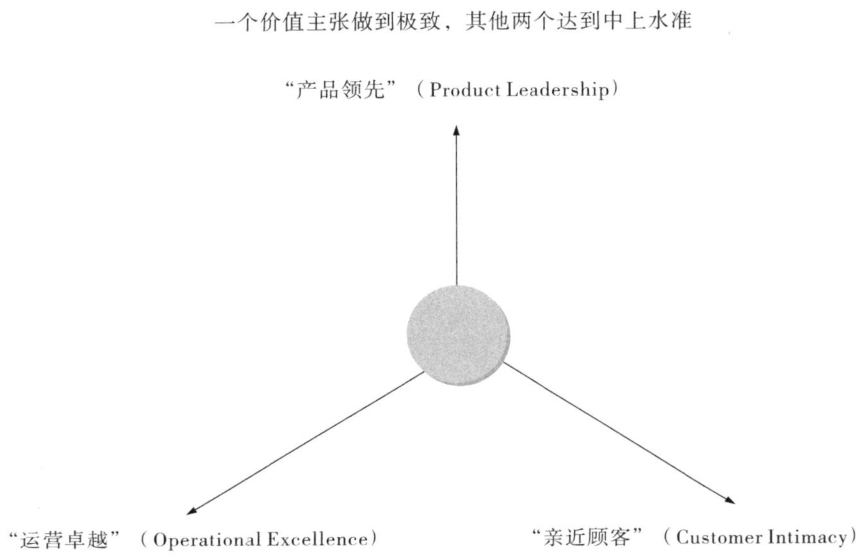

图 2-42　价值主张分类

价值主张是抽象的概念，需要将其具体化（也称为“价值要素”），后者是指一家公司向选定顾客做出的关于价格、质量、性质、选择、便利性等方面价值组合的隐性承诺（战略本质的第二个要素：适配），首先要考虑的问题是与竞争对手相比，我的价值主张有什么特别之处？波特在《竞争战略》中提到两大类竞争战略：一是低成本，二是差异化。“差异化”过于笼统而很难指导企业的实际运用，但是它揭示了一个永恒不变的商业法则：与其第一，不如唯一。价值主张是带给客户的独特价值，是客户选择你的理由，是竞争对手不能满足或者满足的程度不如你的部分。需要注意的是价值主张是针对选定顾客（即客户选择）而言的，离开特定目标用户而讨论价值主张没有任何意义。

战略在于基于优势、把握机会，通过选择、发挥（最大化）战略优势（资源+能力）进而创造客户价值，价值主张的确定为职能层面战略制定提供了方向，可以通过图2-43来说明（在不同价值主张下，客户价值创造过程的经济学解释）：企业可以从两种路径为客户创造价值，第一种是“提高价值+提高平均价格”（即U、P相对较高，如图2-43左侧所示），这是“产品领先”价值主张的价值创造路径；第二种是“提高效率+降低成本”（即P、C相对较低，如图2-43右侧所示），这是“运营卓越”价值主张的价值创造路径。

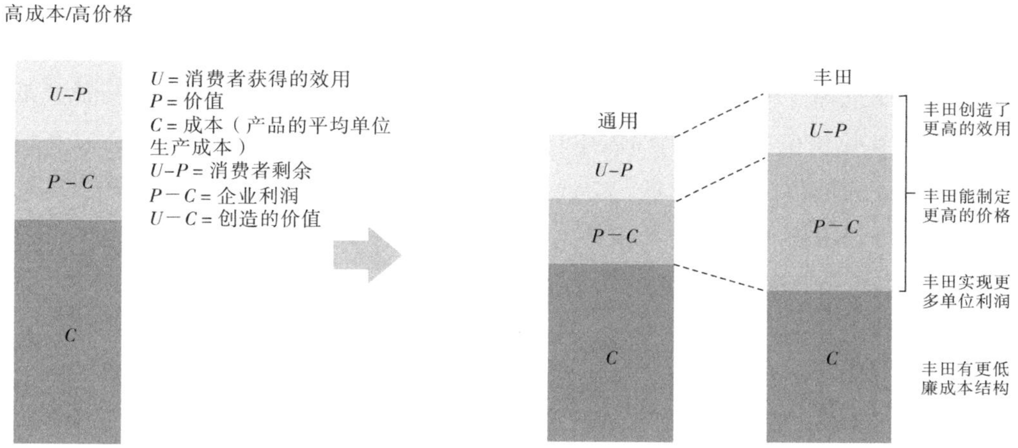

图 2-43 职能层面战略创造价值的逻辑

★案例分析：华为价值主张的变迁

任正非曾说过，在欧洲市场，产品价格最高的是爱立信，华为的产品价格平均低于爱立信5%，但是高于阿尔卡特朗讯、诺基亚西门子5%～8%。

价值要素通常使用“关键成功因素”和“价值曲线”工具来判别和确认。价值要素是客户看重的价值，是在竞争中取胜的关键环节，可以通过判别矩阵的方法来定性识别（图2-44）。

关键成功因素（判别矩阵）

	酿酒技术	采购能力	生产能力	产品成本	产品质量	产品包装	物流配送	分销渠道	售后服务	品牌价值
酿酒技术										
采购能力										
生产能力										
产品成本										
产品质量										
产品包装										
物流配送										
分销渠道										
售后服务										
品牌价值										

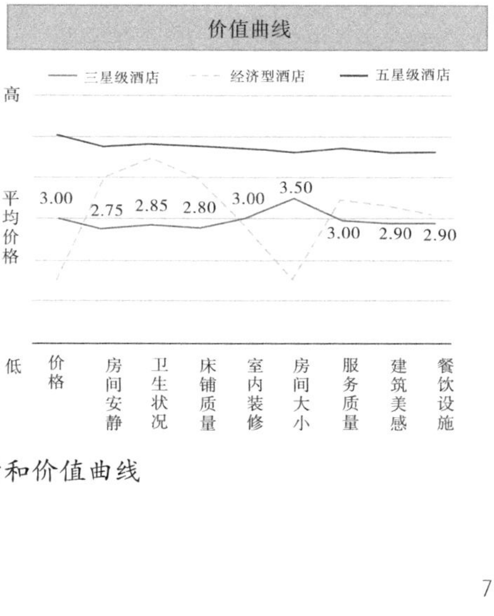

图 2-44 关键成功因素和价值曲线

价值要素的关键是要思考与竞争对手相比，我们的价值主张究竟有什么特别之处？消费者购买我们的产品的理由到底是什么？价值主张永恒不变的商业法则：与其第一，不如唯一。你永远没法满足所有客户！如前所述，价值主张分为“运营卓越”“产品领先”“亲近顾客”三种，这只是一种相当粗糙的分类，其更大意义是为了提醒我们三种基本价值主张是相互冲突的且必须做出取舍（正如电商“多快好省”几个主张只能选择其中1～2个而不能是全部），在实际引用中需要结合自身业务战略提出相应的细化价值主张，例如沃尔玛的总体价值主张是“运营卓越”，它在商品种类繁多、天天低价、保证现货、交通便利等方面做得比竞争对手更好，而在购物环境、销售帮助等方面（即“亲近客户”）则要逊于竞争对手。图2-45展示了不同价值主张下常见的价值要素选择，读者可以体会不同价值主张下价值要素选择的差异。

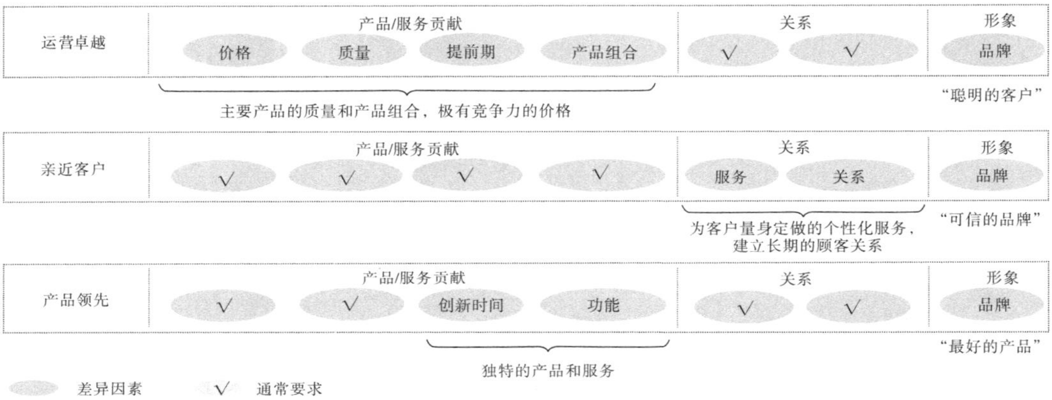

图 2-45　业务战略决定价值要素

（3）活动范围

活动范围涉及三个层面的内容：分别是价值链－区域－合作伙伴：①在价值链上，我们要占据哪些环节？这是决定一个企业能否一体化发展的主要影响因素。②在区域上，我们要在哪些区域开展这些业务？当一个企业的业务拓展到国外，就产生了国际化战略。③在合作伙伴上，我们要和哪些合作伙伴开展业务，这决定了我们要以何种商业模式开展这些业务，因为利益相关者是一个企业商业模式的主要影响因素。下面分别进行讨论。

第一个层面是：我们要在价值链上占据哪些环节？要在价值链上占据哪些环节，这取决于对利润区的发现和识别（在市场洞察环节“看产业”中完成）。企业要做的决策是：基于产业链利润池分析我们要在价值链上占据哪些环节，才能获取更多价值以及更有利于实现战略意图？

以下以PC产业利润池为例进行说明（图2-46）。随着产业分工的完成，PC产业链利润往Wintel（Windows与Intel）联盟集聚，PC整机销售逐渐成为无利可图的一项业务；IBM更加看重利润而非市场份额（而联想集团在当时则更加看重市场份额）。在这种情况下，IBM和联想集团一拍即合，符合双方的战略意图，PC事业部顺利出售就是顺理成章的事了。

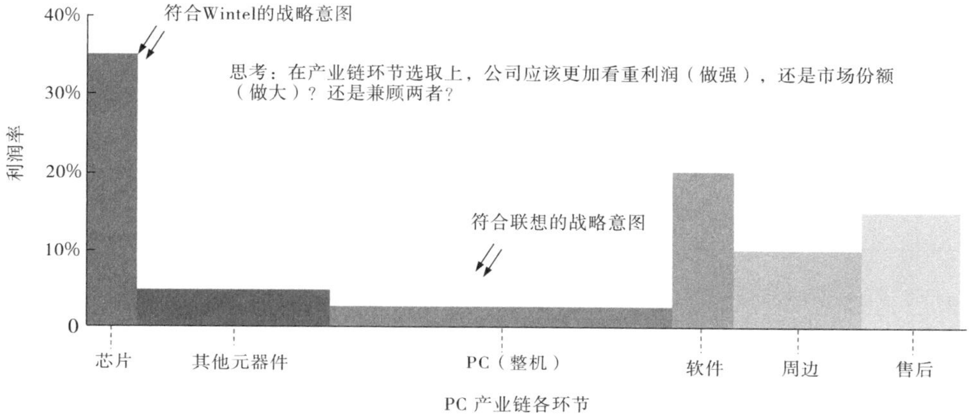

图 2-46　PC 产业利润池

第二个层面是：我们在哪些区域开展业务？是在本地深耕，还是拓展外地市场？是先在一二线城市，还是先在三四线城市？是以国内为主，还是全球化？这也是一个重要战略决策。中小型企业通常面临如何进行战略突破的难题，攻克一座城池，最聪明的方法是先聚集力量，打开一个缺口。从战术上看，企业可以选择进攻战、防御战和侧翼战。侧翼战核心就是避其锋芒，做大做强：找到细分市场中的“蓝海市场”，然后做大做强；学会攻其不备，不要急于进攻。侧翼战的本质是四两拨千斤地进攻，寻找并抢占市场机会与时机，创造差异化路径；侧翼战是最具创新性的进攻形式，以弱胜强式重大区域战略中的基体，都有侧翼战的影子。

第三个层面是：我们要和哪些合作伙伴开展业务？哪些合作伙伴最有利于我们的价值主张的实现？

值得注意的是，在活动范围分析这个层次，企业需要以生态系统的视角，透过多棱镜发现商业生态系统中的“沉睡”资源并使其为我们所用（这些资源并不一定为我们所有）。这也正是在“看自己”环节，必须识别出哪些是“自己人”的意义所在。

（4）盈利模式

盈利模式要考虑我们如何从给客户创造的价值中获利，更直接地说，我们如何把钱赚到手。需要注意以下两点：一是盈利模式是一个动态的过程，它不是一成不变的；二是价值捕捉要与价值转移一致，要做有利可图且具有持续性的事情。与客户选择类似，盈利模式也需要取舍：我们必须放弃哪些唾手可得的盈利模式。盈利模式分析需要思考盈利来源（向谁收费）、盈利方式（如何收费）两个问题。

第一个问题是盈利来源，这是指企业盈利的方向，回答的是向谁收取费用的问题（图2-47）。我们常说的“羊毛出在狗身上，猪来买单”指的就是交易双方都不花钱，费用由第三方承担。实际上这并非新颖的商业创新，报纸售价很低是因为广告收入覆盖了其排版、打印、运输等成本，这是互联网思维的最早体现之一。

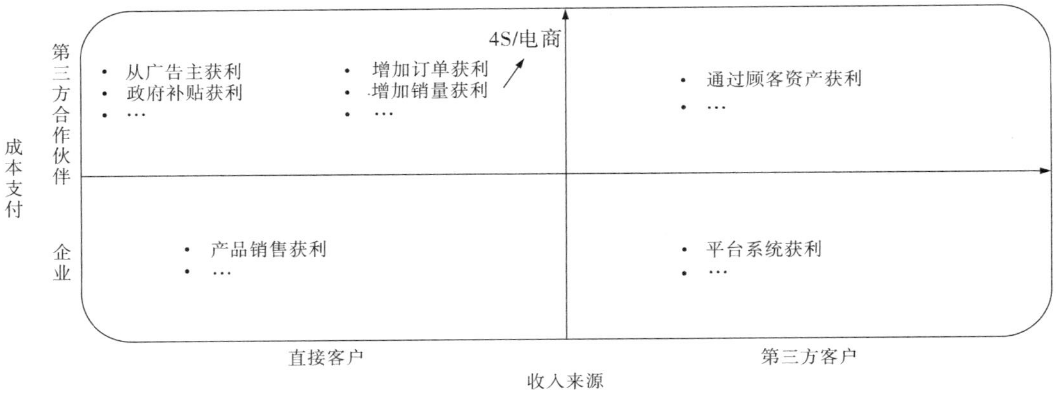

图 2-47　盈利来源

第二个问题是盈利方式，即我们如何从给客户创造的价值中获利？更直接地说，我们如何把钱赚到手？主要存在八种盈利方式，如表2-8所示。

表2-8　常见盈利方式

序号	盈利方式	细化盈利方式	典型案例
1	产品模式	产品销售模式	绝大部分公司
2	套利模式	商品套利模式	外贸公司
		要素（劳动/时间）套利模式	索尼、佳能在东南亚设厂/房地产公司提前囤地
3	复制模式	简单复制模式	电影、电视续集
		利润乘数模式	迪士尼（米奇、唐老鸭，从游乐园到衍生品）
4	解决方案模式	客户解决方案模式	IBM/GE
5	产业生态模式	多种成分系统模式	可口可乐（酒店赚钱，超市不赚钱）
		售后利润模式	软件行业（出售License）
		基础产品模式	吉列（剃须刀与剃须刀片）
6	交易成本模式	配电盘模式	中间商（美团/大众点评）
		信息供应商模式	信息认证（淘宝/瓜子网）
7	网络价值模式	行业标准模式	BD联盟（专利费用）
8	独特产品模式	速度模式	英特尔/三星

盈利模式还要考虑其应用策略问题，盈利模式应用策略有很多，包括转移策略、合并策略、杠杆策略、反向策略等（图2-48），其中转移策略是最为人们熟知的一种盈利模式应用策略，以下通过“剃须刀—刀片”模式进行说明。

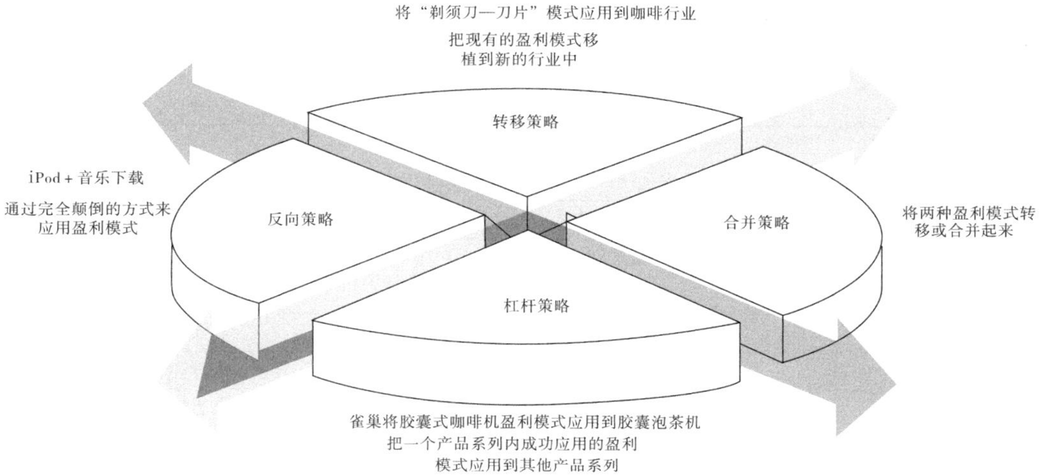

图 2-48　盈利模式应用策略

★案例分析：“剃须刀—刀片”模式的应用

早在一个世纪前，推销员金吉列创造了一种全新的商业模式：他将剃须刀架拆成刀架和可更换的刀片，然后以极低的折扣销售刀架（同时附有两个刀片）。

刀片被用钝之后，刀架却未损坏，于是消费者只好购买刀片继续使用，刀片是易耗品，利润较高。剃须刀的“刀架+刀片”模式、打印机的“机器+墨盒”模式，胶囊咖啡机的“咖啡机+胶囊”模式等都是盈利模式的经典。

（5）战略控制点

战略控制点是为了使设计的商业模式得以长久维持，然而遗憾的是业务模式被击溃往往不是因为竞争对手的复制而是自身因素（例如“钱烧完了”）。战略控制点的构建需要耗费企业大量的资源，因此需要考虑如何围绕价值主张进行配称来构建战略控制点以长期保持竞争优势。战略控制点的构建，关键点就是要围绕价值主张来建立相应的运营活动；此外，一个好的业务设计需要构建多个战略控制点，提高竞争对手学习的门槛：一个战略控制点容易被模仿，多个战略控制点联合起来难以被模仿。

什么是战略控制点？战略控制点是能保护企业竞争优势不被轻易瓦解的战略性资源及其组织方式、持续性创新，是企业的一种不易构建、不易被模仿、不易被超越的中长期竞争力（品牌/技术/标准……），是指能对整个产业或者行业产生重大影响的关键资源和关键流程。

理解战略控制点，关键有两方面：一是如何围绕价值主张进行配称来构建战略控制点以长期保持竞争优势？表2-9展示的战略控制点只是一般分类，不同情形（产业环境、战略选择、组织特征等）战略控制点会有很大的区别，不可简单处理。

表2-9　战略控制点分类

保护利润的能力	指数	战略控制点	实例
高	10	制定行业标准（或强大的专利组合）	高通/华为
	9	控制价值链/生态链	苹果/微软
	8	绝对支配地位（市场份额）	腾讯
	7	拥有客户关系	IBM/华为
中	6	资质、品牌、版权	宝洁/佳能
	5	产品/技术领先1年	英特尔/村田
低	4	功能/性能/品质领先	格力/方太
	3	具有5%～10%成本优势	小米
无	2	具有平均优势	很多
	1	没有任何优势	很多

二是战略控制点的把握，需要结合行业的关键成功因素以及选择的价值主张，因此表2-9关于战略控制点层次的划分只是一个基本导向。例如以“运营卓越”为价值主张的企业，“具有5%～10%成本优势”是一个巨大的竞争优势。《2023全球零售力量》统计出全球250强零售榜单（基于截至2022年6月30日的2021财政年度公开数据进行排名），沃尔玛位居第一，可以看出在低毛利率行业5%～10%的成本优势绝不是如表2-9所示的处于“低”的位置（图2-49）；此外，高端产品和低端产品的关注点不同，例如同一品牌在不同行业战略控制点的“位置”有所不同。TCL实业控股CTO（首席技术官）孙力曾经说过：“以前用户买的是某一个产品，现在客户买的是一个解决方案。”“TCL产品最重要的战略控制点在于显示无处不在，有屏之后数据浓度会变高。”

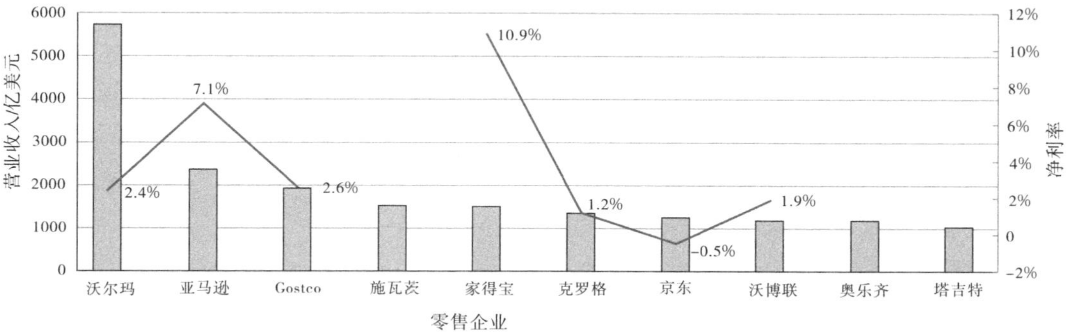

图 2-49　全球主要零售企业毛利率对比

资料来源：德勤发布的《2023全球零售力量》。

★案例分析：

西南航空独特价值主张的实现需要业务活动相互协同的支撑，以及组织、流程、人力和氛围与文化的匹配，这将对未来公司组织设计产生重大影响（图2-50）。

—亲近顾客：“您应当选择我们，我们可以提供比竞争对手更符合您个人需求的定制化产品。”

—运营卓越：“您应该选择我们，我们可以更快地向您交付产品及服务。”

—产品领先：“您应该选择我们，我们可以提供的产品质量比竞争对手的更高。”

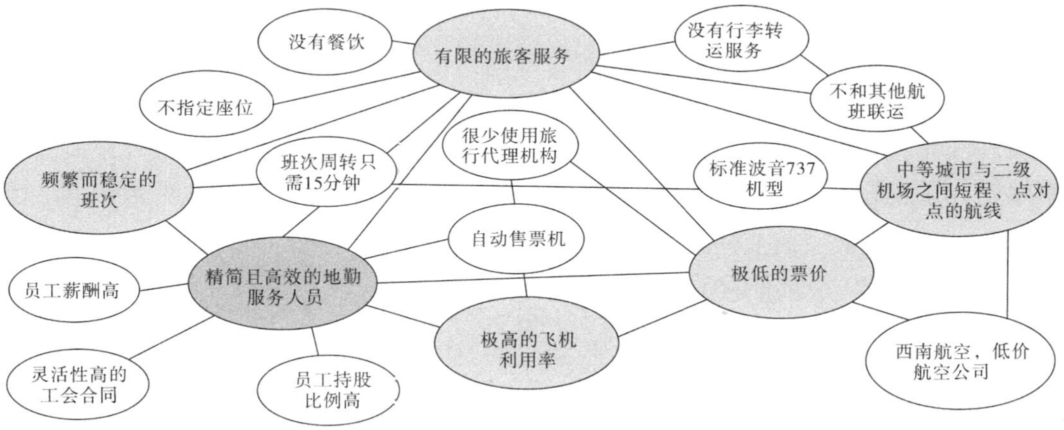

图 2-50　西南航空价值主张实现的逻辑

宜家也是如此，它揭示了公司的战略定位如何体现在一系列精心设计的活动中（图2-51）。

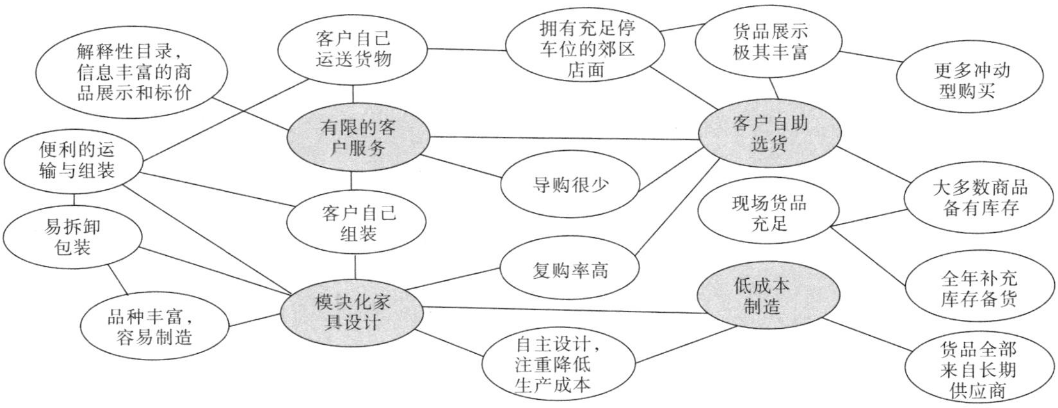

图 2-51　宜家价值主张实现的逻辑

新的业务设计可使竞争对手原有竞争优势无效化，包括战略控制点的构建。拼多多、抖音、快手是如何利用新的业务设计在电商领域使竞争对手原有竞争优势无效化的，其商业模式创新的理论依据是克里斯坦森提出的“颠覆式创新（破坏式创新）”，该理论对众多企业影响巨大。

业务设计五要素背后的逻辑可以理解为：客户选择、价值主张、盈利模式决定了利润增长率，活动范围决定了资本效率，战略控制点决定了维持利润长期增长能力。现在，我们已经讨论完了BLM框架中最重要的模块——业务设计，以下三点需要读者继续思考：

第一，业务设计与“商业模式画布”殊途同归（业务设计理念出现的时间比“商业模式画布”更早，后者参考前者但是更加零散，缺乏系统思维，而业务设计体现了整体观）。因此，有些地方将“商业模式画布”作为BLM框架“看自己”的一个工具是错的。因为显然“商业模式画布”借鉴了业务设计的思想，“看自己”环节使用“商业模式画布”导致重复的思考，如图2-52所示。

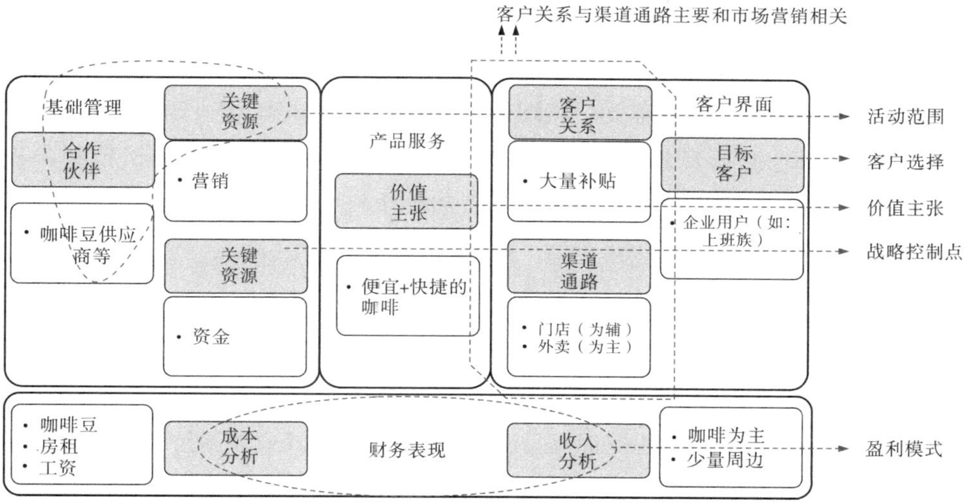

图 2-52　业务设计与“商业模式画布”

第二，为什么在业务设计五要素中没有“价值提供”（类似地，图2-52中“商业模式画布”也没有“价值提供”）。因为产品本身并不能定义价值，它需要与需求和场景相结合。李开复说过：“顾客要买的其实不是某个产品，而是他们需要运用一个产品来完成某项任务或解决某个问题。”哈佛大学市场营销学教授西奥多·莱维特有过更加经典的论述：“顾客不是想买一个1/4英寸的钻孔机，而是想要一个1/4英寸的钻孔！”

第三，由第二点引发的一个更深层次的问题是：业务设计（也就是价值设计）并不仅仅限于产品本身，它存在于价值从提供者到用户以及用户在使用产品的整个生命周期中。实际上，这涉及“消费链”和“顾客接触点”等概念，限于篇幅，这里不再展开讨论。

第三节　组织设计

组织设计包括关键任务、人才、正式组织、氛围与文化，整体逻辑是基于战略设计寻找适配的关键人才，让关键人才更合理地工作、更高效地工作、更有动力地工作（分别对应正式的组织体系、组织流程和组织激励）、更开心地工作（对应氛围与文化）。

1. 基本概念

BLM框架战略设计与机会有关，组织设计与能力有关。BLM框架的理论基石——动态能力也是指企业需要具备发现机会、把握机会、利用机会的能力。值得一提的是，BLM框架右侧四个模块被很多人认为是“战略执行”，这并不严谨。笔者在前文提出战略过程包括战略规划、战略宣导、战略分解、战略执行与监控、战略评估与复盘等，如果BLM框架也包括战略执行模块，则语言和意义重复了。至于为何BLM框架最初是“战略执行”而不是“组织设计”，或许是组织设计专家、BLM框架整合者塔什曼教授出于更好传播模型的考量。

组织的英文是Organization，其词源是Organ（器官），即自成系统的具有特定功能的细胞结构；后来又从其生物学意义被进一步引申应用到社会学范畴，意为按照一定的目的、任务和形式组成的、具有系统结构的有机整体。“组织”一词在古代原指用丝麻织成的布，如南朝刘勰的《文心雕龙·诠赋》写道：“丽词雅义，符采相胜，如组织之品朱紫，画绘之著玄黄。”“组织”一词最早是指经纬相交，组合编织，后被引申为所结合的集体。“管”字，原指用竹管制成的吹奏乐器；“理”字，原指对玉的加工（1983年出版的《现代汉语词典》收录“管理”一词）。

迄今为止关于“组织”的最洞悉本质的定义是巴纳德给出的，巴纳德对组织的定义与之前组织定义的对比如图2-53所示，这个定义深刻地指出了组织的本质在于协作活动，为企业层面战略、业务层面战略依赖职能层面战略（职能活动的战略）奠定了理论基础。

	巴纳德	巴纳德之前
组织的基本组成要素	人的协作活动	个人
组织的本质定义	协作活动的集合	个人的集合

组织的定义：由两个或以上的人自觉协作的活动或者力量所组成的一个体系。
（组织的基本单元不是“个人”）

图2-53 组织的本质

组织设计是和组织能力紧密联系在一起的。战略的精髓，在于“看得见，学不会”。很多企业，尤其是互联网公司，都会公开宣布自己的最新战略，为什么他们不惧怕竞争对手模仿呢？因为战略实施的关键在于组织能力。没有相应的组织能力，企业要想复制竞争对手的战略根本无从下手。还有一些企业，尽管制定了宏大的发展规划，但是由于缺乏实施战略的组织能力而最终与成功失之交臂。组织能力有助于企业利用机会或平衡风险，对企业在市场竞争中取胜至关重要。鉴于组织能力在理论和实践中的重要意义，从20世纪90年代开始，不同的研究者从不同的角度对其进行了研究，提出了诸如核心竞争力、资源基础观等影响深远的概念。然而这些研究没有深入内部揭示组织能力的形成机制，至今“组织能力究竟是如何形成的”仍然是组织能力理论中尚未得到根本解决的问题之一。

组织设计是为了获得组织能力。组织能力建设是由战略牵引的（或者说是由机会牵引的），而不是反过来由企业基于核心竞争力来选择战略方向，这是需要特别澄清的。一般来讲，提升企业绩效可以从环境、战略和组织能力这三个变量入手——组织设计的最终目的是获得实现战略的组织能力。任何一家企业都可以通过其所处的环境、企业战略和组织能力三个变量来调节和控制绩效：在给定的环境（或者公司难以改变外部环境）以及战略基本确定之后（战略设计完成之后），需要将重点放在组织能力建设上。戴维·尤里奇在《赢在组织——从人才争夺到组织发展》中提道：“组织能力不应该只关注技术能力或者流程层面（组织能力更不等于个人能力），广义的组织能力涉及企业多个方面，包括必要的技术能力、合适的组织架构、组织文化与员工成就的匹配程度；适当数量的拥有正确态度、技能和品质的适当类型的员工，经过激励、回报、装备、训练和管理，以适当的方式完成适当类型的工作的程度。”①以上这些都是组织能力建设范围。在达成为利益相关者创造价值这一目的的战略过程中，组织所擅长的方方面面可以被称为“组织能力”，它包括组织如何通过整合了的基础流程、结构、培训和信息流来组合员工的集体智慧与行动。

组织能力，是指组织调集和整合资源，通过在组织内部建立结构和流程来协调任务和活动，进而实现组织战略目标的能力。在BLM框架中，组织能力是实现组织战略目标的能力（唯一的评价标准是能否实现组织战略目标）。笔者认可尤里奇的定义，即能力要素应当包括正式人才、组织、文化以及其他要素（例如工具、设备、AI、机制、系统等）。为了更加聚焦，本书将组织能力具体分解为人才能力、体系能力、文化能力以及数字能力四个部分（图2-54），并用以下公式来表示：

$$\text{组织能力}=(\text{人才能力}\times\text{体系能力}\times\text{文化能力})\times e^{\text{数字能力}}$$

人才能力、体系能力、文化能力缺一不可，相互支撑、相得益彰。企业的数字能力为0，并不必然导致组织能力为0（尤其是对于偏稳态行业）。正如公式所体现的，

① 戴维·尤里奇，大卫·克雷先斯基，韦恩·布鲁克班克，等.赢在组织：从人才争夺到组织发展[M]。机械工业出版社，2019.

数字能力可以放大人才能力、体系能力和文化能力。随着数字技术不断发展，数字能力对组织能力的影响将越来越大。体系能力包括流程体系能力、结构体系能力以及激励体系能力。

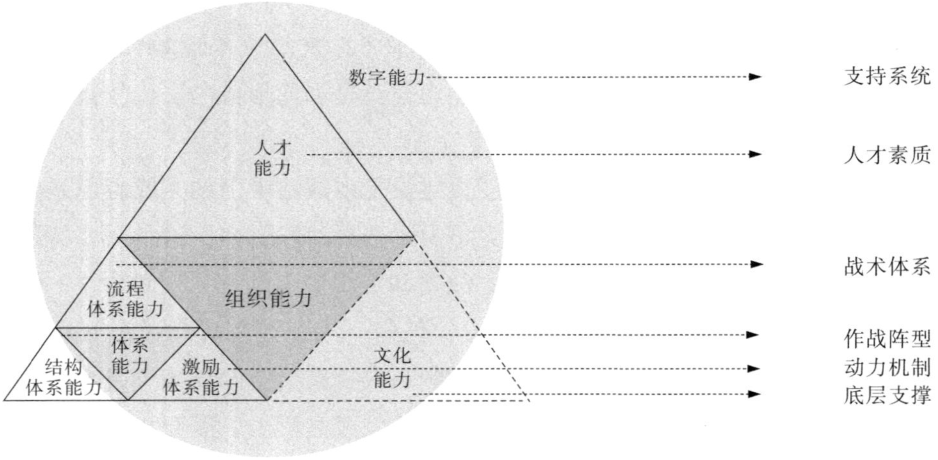

图 2-54　组织能力的构成

组织能力具有战略性、高阶性、嵌入性、系统性和动态性等特征，其中战略性是组织能力的本质特征，即构建组织能力不应该追求“普遍意义上的向往”，而应该牢牢围绕战略。

有效的组织设计是为了构建组织能力，这是实现战略目标的基础条件；反过来说，组织能力是区分企业优秀与卓越的重要标志，这是柯林斯《从优秀到卓越》的核心结论；此外，组织能力构建还需要重点考虑方式问题：是以内部干预为主，还是以并购为主？是以合作为主，还是以“内部干预+适时并购”为主？

为什么某些资源能力不能借助合作伙伴的力量或者直接进行并购，而需要采取过程更为漫长的“内部培育”方式，这取决于资源能力的不同性质。企业资源可以分为竞争性资源（流量）以及非竞争性资源（存量）两种，前者可以从市场或其他企业通过交易获得而后者不能（轻易）获得。为什么腾讯做不好电商，也做不好短视频？为什么阿里巴巴做不好社交？为什么百度做不好电商和社交？因为资源流量是短期的，可以进行瞬间调整（资源流量也十分重要：资源流量经过长期积累，会形成高价值的资源存量。比如，持续从事某一项活动如开发新产品，可以培育企业独特的产品开发能力）。

★案例分析：京东通过能力不断完善，实现持续增长

原理：逐步拓展能力体系（环环紧扣的发展能力），也被称为“能力链条化”，即每一项新的能力都与现有能力体系相匹配，并不断促进企业建立一系列全新的业务。

案例：京东领先的物流体系、及时响应的客服体系，都是京东在发展后期逐渐建立的能力（图2–55），并成为企业的护城河。

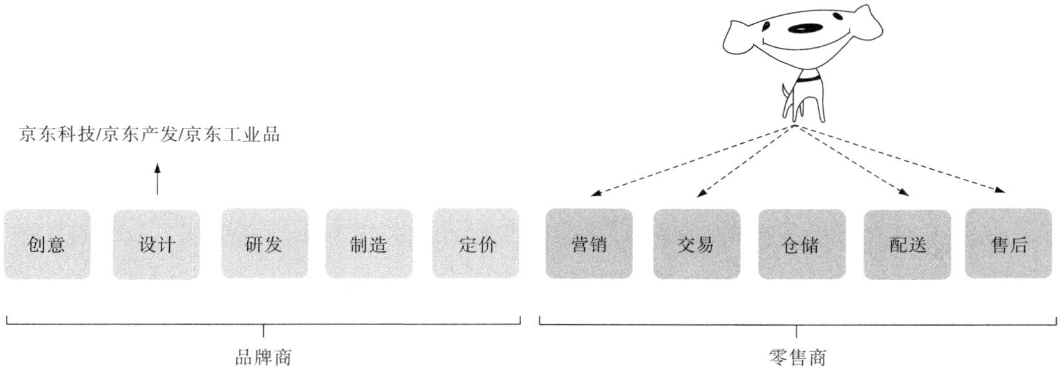

图 2–55　京东通过能力完善实现增长

组织设计的定义可以分为广义与狭义两种。“狭义的组织设计是指组织架构的设计，是对分工与协调机制进行调整，从而影响整个组织的运作。”[①]而广义的组织设计包括战略设计、结构设计、流程设计等。

为了更好地理解BLM框架的右半部分——组织设计，我们回顾一下组织理论发展过程。

组织理论发展过程大致为古典组织理论→新古典组织理论→现代组织理论。现代组织理论形成于20世纪60年代以后，它强调了组织与环境的联系以及组织结构设计的权变性，其中比较重要的有以卡斯特为代表的系统管理学派（受一般系统论的影响很大）、以伍德沃德为代表的权变理论学派等，如图2–56所示。

① 明茨伯格. 卓有成效的组织（经典版）[M]. 浙江教育出版社，2020.

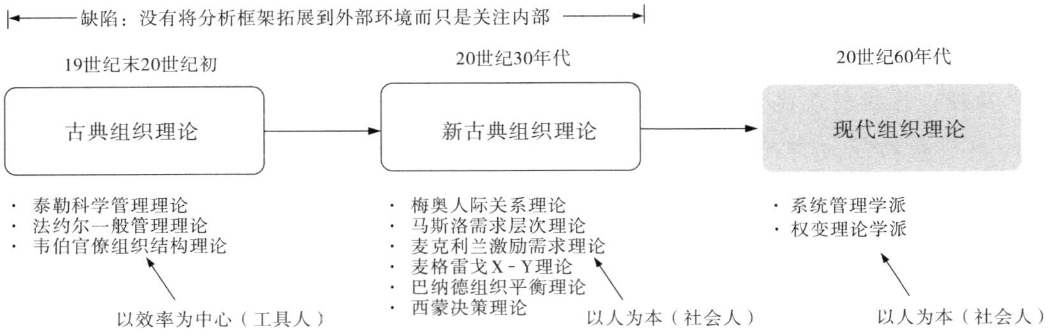

图 2–56　组织理论的发展历程

系统学派把组织看作一个开放的系统，组织内各子系统之间、子系统与外部环境之间存在着复杂互动关系；而权变学派主张“世上并无一种适应一切组织的结构”，能够与环境相匹配的组织结构，就是最好的组织结构。

在组织理论不断发展成熟的过程中，组织设计相关模型也不断发展，这为我们进行组织设计提供了有效的思路。组织设计没有完美无缺的模型，常用模型如表2–10所示（从简单到复杂，不同的模型表明了对组织系统的不同看法，其中BLM框架所对应的组织一致性模型是相对后期出现的）。

表2–10　主要组织设计模型

模型	提出者	要素	优势	劣势
7S模型	麦肯锡公司	系统、战略、结构、风格、共同价值观、人员、技术	描述重要组织因素；确认元素之间互相作用	没有考虑外部环境（过程/产出要素）；没有反馈循环；没有绩效变量
六盒模型（六个盒子）	韦斯伯德	领导力、目的、结构、奖励、有益的机制关系	每个盒子包括一些诊断性问题；需要陈述目的	集中关注一些要素可能导致忽略其他一些要素
伯克–利特温模型	沃纳·伯克利特温	使命/战略、结构任务要求、领导权、管理实践、工作单位气氛、组织文化、个人需求和价值观	包括反馈循环；突出了更多定性的方面（如激励）	模型比较复杂，难以迅速领会
星形模型	加尔布雷斯	战略、结构、人员、报酬、流程	描述重要组织因素；确认元素之间互相作用	没有文化等关键要素
组织一致性模型（BLM框架）	迈克尔·塔什曼	关键任务、文化与氛围、正式组织、人才	简单明了，便于讨论各个要素要协调一致	要素较少可能会导致失控或者忽略重要方面

以下进一步对这些模型进行简要的介绍，并对其中组织一致性模型进行深入探讨。

（1）模型一：7S模型，如图2–57所示。

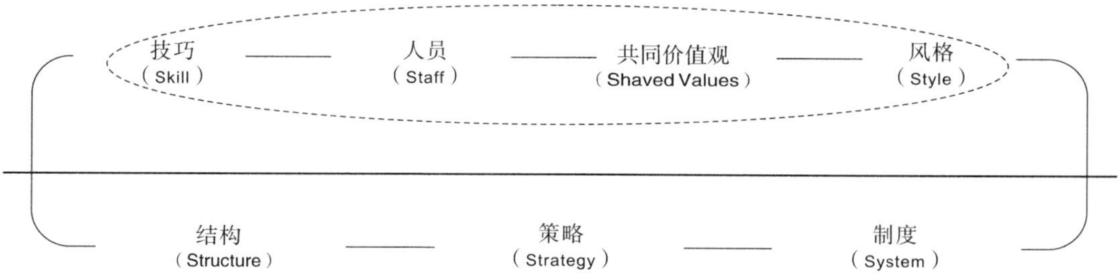

图 2–57　7S 模型

7S模型包括结构（组织图的内容）、策略（计划或措施，据以分配公司的稀少资源，最终达成预定目标）、制度（规定的报告和例行的程序，譬如会议方式）、技巧（主要人员或整个公司的独特能力）、人员（公司内部重要人事分类的详细内容）、共同价值观（组织灌输给其成员的重要意义或指导观）、风格（主要管理人员为达成组织目标所采用的方式）等。

（2）模型二：六盒模型，如图2–58所示。

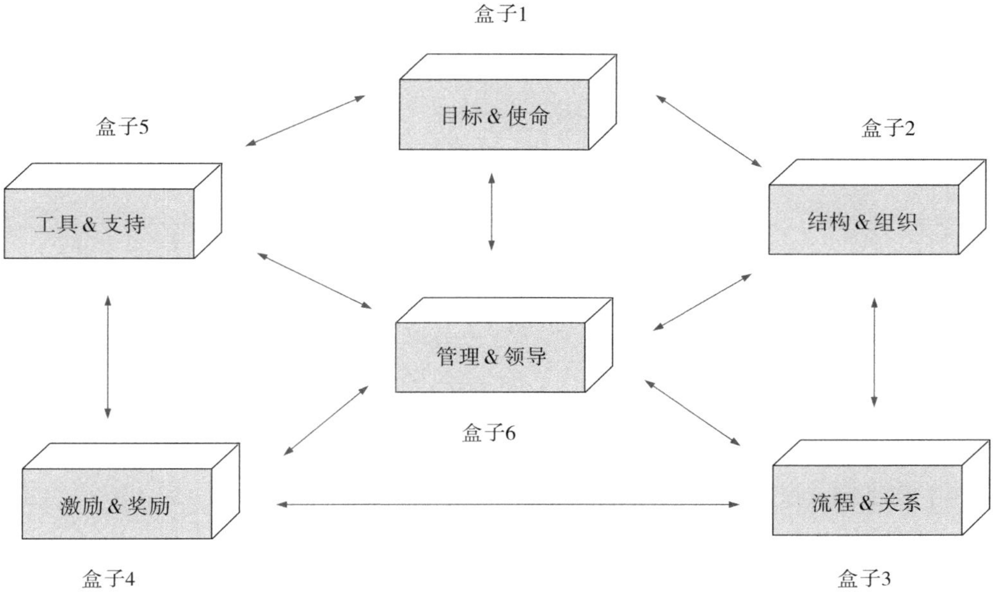

图 2–58　六盒模型

韦斯伯德六盒模型，可以帮助盘点组织现状，建立全面的组织视角，从解决单个问题到更全面看组织（由于阿里巴巴的使用而广为人知）。多用于诊断，韦斯伯德为每一个盒子都提供了诊断的问题，例如目标是否明确、一致（盒子1），组织与结构是否匹配（盒子2），等等。

（3）模型三：伯克–利特温模型，如图2–59所示。

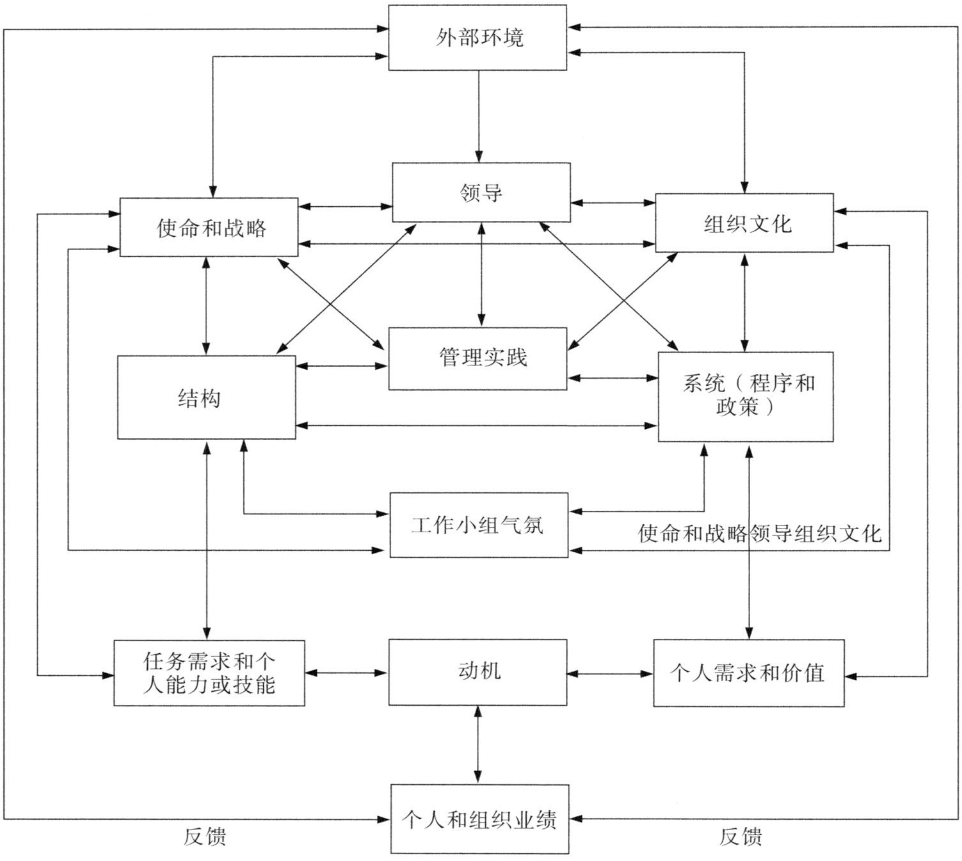

图2–59　伯克–利特温模型

该模型非常复杂，双向箭头代表一方的变革最终会对对方造成影响。读者若想了解更加详细的分析可以参考《组织变革：理论和实践》等书。

（4）模型四：星形模型，如图2–60所示。

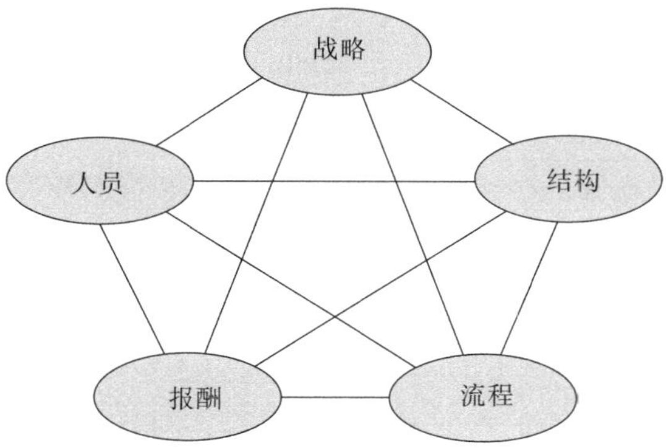

□ 在模型运用中，管理者需要针对不同的管理杠杆回答下列问题：

- 战略：组织的愿景是什么？长期目标和短期目标是什么？成功的关键要素是什么？竞争优势的主要来源是什么？
- 结构：怎样划分工作？有多少管理层级？
- 流程：哪些人需要沟通和协调？需要使用哪些系统和活动来协调、沟通和建立目标？
- 报酬：需要测量和奖励哪些行为、结果和价值观？如何测量？使用何种手段？
- 人员：需要具备怎样能力的人？如何开发他们？

图 2-60　星形模型

星形模型是由美国管理专家加尔布雷斯提出的，该模型中的五个顶点代表了管理者在进行组织设计和变革管理时可以使用的五个杠杆：战略、结构、流程、报酬、人员。该模型非常经典，BLM框架的组织一致性模型对其也借鉴良多。在星形模型中，设计要素分为五类：第一类是战略，它决定方向；第二类是结构，它决定决策权的分布；第三类是流程，它与信息流有关；第四类是激励与奖惩体系（报酬），它能影响人们的动机，并强调组织目标；第五类是和人员相关的政策（人员），它能影响职工的心态和技能。加尔布雷斯用线条把这五类要素连接起来，形成一个星形模型，给我们的启示是：对于一个高效的组织来说，所有的政策都必须协调一致；协调一致的政策能传达给员工一个清晰明确又一致的信息。星形模型由领导者可以控制并能影响员工行为的政策组成，它告诉我们管理者可以影响绩效和文化，但只能通过影响行为的设计政策来实现。

加尔布雷斯在20 世纪60年代成为麻省理工学院斯隆管理学院一名教师，之后先后在麻省理工学院斯隆管理学院、宾夕法尼亚大学沃顿商学院、南加州大学和位于瑞士洛桑的国际管理发展学院任教，具有40年组织研究与咨询的经验。目前，加尔布雷斯的中文翻译著作主要有《全球企业设计——从跨国企业到全球企业的转变》和《如何驾驭矩阵组织——像IBM与宝洁那样运作》，有兴趣的读者可以自行阅读。

（5）模型五：组织一致性模型。

组织一致性模型从战略（输入）、关键任务、正式组织、人才、氛围与文化、领导力等八个方面，进行经常性的组织设计。BLM框架中的组织设计源于组织一致性模型，其最早来自1980年纳德勒和塔什曼合著的《组织行为诊断模型》。组织一致性模型提出者塔什曼深受加尔布雷斯的影响。BLM框架就源自该模型，前面已经分析过，此处不再赘述。

笔者花一定篇幅对组织设计相关模型做较多介绍，除了想再次澄清BLM框架右侧是“组织设计”而非“战略执行”（更不是“执行”）之外，还想达到以下两个目的：一是不同组织设计模型各有优劣（要理解战略，必须理解组织）；二是上述组织设计框架都深受系统学派的影响，例如为人熟知的“六个盒子”就是把组织视为更大的系统的一部分，而强调一致性的组织一致性模型更是其中的代表。更进一步，系统学派又深受一般系统论（系统科学）的影响，诞生于20世纪30年代的系统科学对企业战略、组织设计、项目管理产生了深远的影响。

正如前文反复强调的，BLM框架中关键任务、正式组织、人才以及氛围与文化之间的协调（一致性）是战略执行成功的必要保证。下面，我们对关键任务、人才、正式组织以及氛围与文化（简称“四大构件”）进行深入的探讨，重点探讨如何才能让四者达到一致。

2. 关键任务

关键任务这个构件包含两层意思，一是关键任务，二是依赖关系，依赖关系是很多人忽略的部分。本部分先讨论关键任务，然后讨论依赖关系的定义与理解。

（1）关键任务相关概念

关键任务是指通过可视化的方式，将组织的战略转化为全体员工可理解、可执行的行为的过程，这个过程称为“战略分解”（严格来说这是第一次解码，是属于公司层面的）。解码作为无线电技术和通信等方面的工程术语，原意指用特定方法把数码还原成它所代表的内容或将电脉冲信号、光信号、无线电波等转换成它所代表的信息、数据等的过程；而以战争为例子，符合战争规律所制定出来的战略，需要通过同样符合战略意图的逻辑过程化解为若干的战役，并层层贯彻到部队各建制乃至每个士兵，再运用合理的战术实现战役目标，最终实现预定的战略意图。经营战略的“战略分解”，同样是将战略意图分解为若干战术，其关键在于“连贯性”。战略分解对于战略执行非常重要，战略分解的方法有很多，包括BEM（Business Execution Model，业务执行力模型）、平衡计分卡等，在后面会有更多讨论。

在更深入了解关键任务之前，我们不妨思考一下：企业战略执行的最大敌人是什么？战略执行的最大敌人是日常事务！因此，管理者需要运营管理与项目管理“两手一起抓”，且应当重视项目管理工作。为什么项目管理对企业绩效至关重要？项目管理与运营管理的关系是什么？当通过运营管理使组织发展到一定程度时，往往很难再以这种方式使组织能力得到更大的提升。在这种情况下，为了突破组织能力瓶颈的限制，企业需要以项目的方式（如组织变革项目、产品研发项目、工艺改进项目）将其能力在垂直方向上提升到一个更高的层次，如图2-61所示。

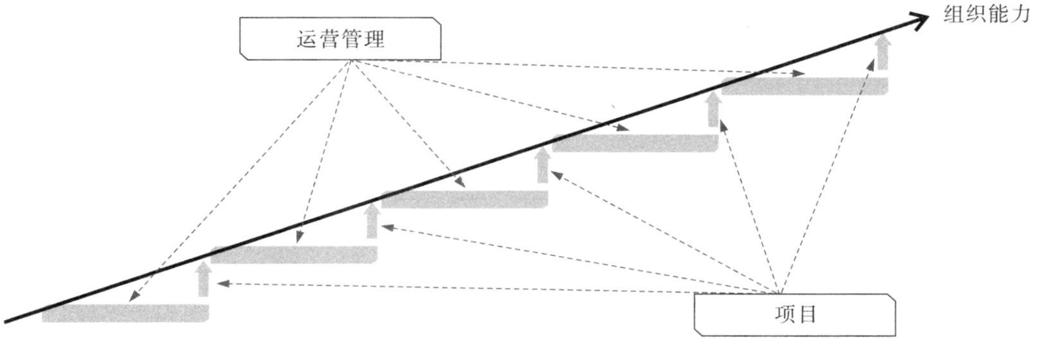

· 通过项目实施完成质变的纵向提升之后，需要再次通过运营管理来巩固和沉淀所获得的新能力

图 2-61 关键任务与项目管理

①关键任务的定义与特征

关键任务是基于项目的，这是正确理解关键任务的前提和基础。因此，我们需要了解项目管理的定义、特征以及项目管理和职能管理的区别。PMI（项目管理协会）在《PMBOK®指南》中对项目的定义：项目是为创造独特的产品、服务或成果而进行的临时性工作。这个定义反映了项目的本质，指出了项目具有临时性（注意："临时性"可以是很长时间，例如10年、30年等）、独特性和目标性。

作为连接战略设计和组织设计的桥梁的关键任务，具有以下特征：第一，聚焦"关键"，重点关注最重要、最集中、对战略目标绩效贡献最大的驱动因素，改善这些领域可提升组织亟须核心能力，进而消除主要差距。第二，强调"内在"，影响战略实现的有内在、外在各种因素，重点关注通过主观努力可以改善的因素，可以将重要运营流程的设计与落实包括在内。第三，彰显"个性"，关键任务是支持业务设计尤其是价值主张实现的战略行动。战略背景、管理重点和关键成功因素不同，聚焦差异化的核心要素形成关键任务，并由此构建不同的战略控制点。第四，符合ROOTS原则，具有可操作性、可管理性，便于对后续战略执行进行进一步分解和跟踪，可按年度和季度跟踪衡量（不一定是财务指标）。ROOTS原则：RO代表Result Oriented，即以成果（战略目标）为导向的，必须明确要取得的可交付成果；O代表Obsessive，即日思夜想的，目标必须是真正想要实现的（是高水平的，而不是轻易就能实现的）；T代表Time-bound，制定的目标具有时间限制；S代表Specific，即具体的，目标必须是明确且具体的、可测量的。对比SMART原则（S代表Specific，M代表Measurable，A代表Attainable，R代表Relevant，T代表Time-bound），后者具有较大的局限性。

②关键任务的推导

作为战略性项目，关键是要支持新的业务组合、业务设计尤其是使价值主张实现的连贯可执行的活动。关键任务是由BLM框架的差距分析、市场洞察、战略意图、业务组合以及业务设计等环节来决定的（图2–62）。

解释

- 支持业务设计，尤其是价值主张的实现
- 可将重要运营流程的设计 / 落实包括在内
- 是连接战略与执行的轴心点
- 是战略执行其他部分的基础
- 可按年度、季度跟踪衡量

关键任务是指持续性的战略举措（Ongoing Activity），从大的分类看，包括业务支撑举措与能力建设举措

- 关键任务具体包括七个方面：客户管理、产品营销、产品开发、交付平台、服务、风险管控和能力建设
- 关键任务来源：差距分析、市场洞察、战略意图与业务组合、业务设计

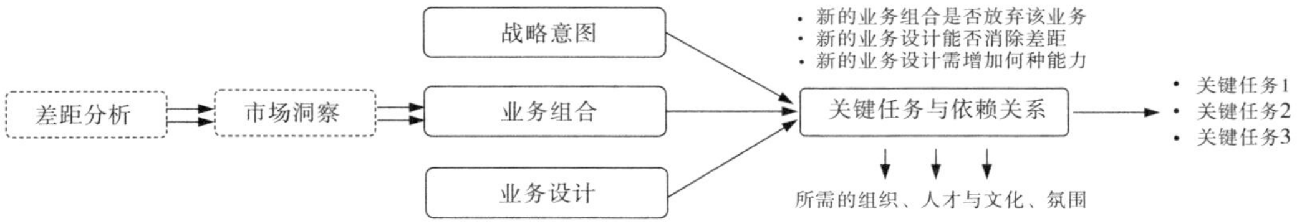

图 2–62　关键任务的推导过程

具体而言，企业需要思考战略规划中的战略要务的驱动因素是什么（即要想达成战略意图，需要采取的战略举措是什么）。理解战略要务是正确确定关键任务的重要环节，一个关键任务往往来自多个战略要务（图2–63）。所谓战略要务，就是影响战略选择的重要事项，可以是战略机会、价值主张、活动范围等。这里要强调的是，尽管可以通过多种方法从“技术”上获得企业未来3～5年的关键任务，但是对于关键任务之中“谁更关键”这个问题，笔者认为没法通过逻辑推理得到答案，而是只能通过“排序”来决定资源分配。这并非“拍脑袋”，而是我们不得不做出选择和取舍。

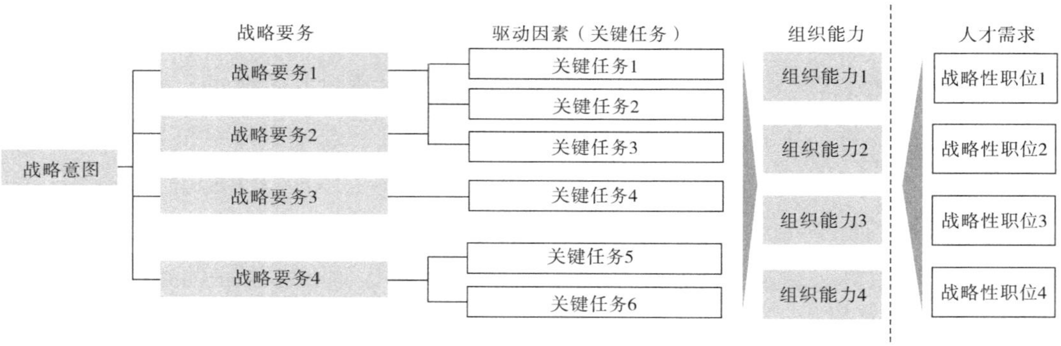

图 2–63　战略要务与关键任务

★案例分析

战略机会、价值主张、活动范围、战略控制点都可能成为公司的战略要务，某公司基于战略要务，筛选、设计和排序关键任务，如表2-11所示。

表2-11　战略要务与关键任务示例

战略要务	关键任务优先级标准
战略机会	极速抢占市场（10）
增长迅速的移动消费人群	
竞争尚不充分	
消费者能够且愿意为基于4.5G/5G的、有趣的个性化服务买单	支持战略价值主张的交付（9）
价值主张	
无线对目标客户群中年轻人有最大的穿透力	
利用母公司品牌优势拓展市场、惠及消费者价值创造	使用母公司品牌（5）
活动范围	外部伙伴价值最大化（7）
强大且多样化的合作伙伴	
近期目标	快速招聘部署合适雇员（7）
快速准确的资源配给	

关键任务能在战略执行中发挥关键作用，后续还作为连接战略规划与战略分解的桥梁。一般而言，企业需要三次解码——SP阶段的战略分解（第一次）、BP阶段的战略分解（第二和第三次），具体内容在相应章节展开。

③关键任务的描述

关键任务的描述十分关键，其目的是精准描述。关键任务的描述有两个关键点，关键点之一：描述语法，动词+宾语+状语；关键点之二：责任到人。此外，任务来源（来自战略规划的哪些战略要务）、完成时间、衡量指标，分别对应项目的独特性、临时性和目标性。描述关键任务的方法可以参考第七章相关模板。

关键任务是基于项目的，因此对关键任务的管理也就是对项目的管理（即项目管理），这是战略过程管理中至关重要的一环，相关内容在第三章“战略过程”中有进一步的阐述。

（2）依赖关系

为了生产产品或者提供服务，谁必须对谁或者与谁做什么事情，这就是本单元内部、本单元与其他单元之间关键任务的相互依赖性。一般而言，存在合并式、顺序式以及相对式三种类型依赖性，每种类型的相互依赖性都需要不同的人才、正式组织以及氛围与文化方面的能力。

迈克尔·塔什曼和查尔斯·奥赖利三世在《创新跃迁——打造决胜未来的高潜能组织》中提出了以下三种依赖关系，如图2-64所示。

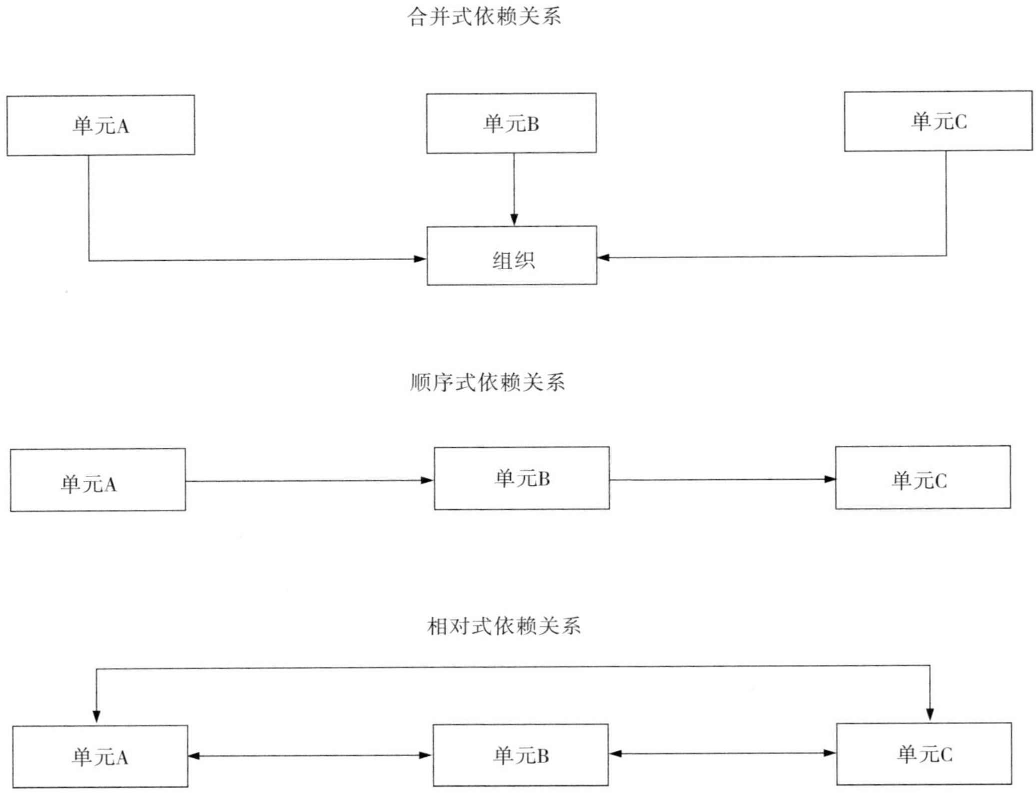

图 2-64　合并式、顺序式和相对式依赖关系

合并式相互依赖性出现在相互之间没有联系的子任务当中，每个子单元都各行其是，而上层系统的业绩就是单纯地将每个子单元的输出累加起来。合并式相互依赖性是最简单的依赖性，不存在跨单元的工作流程，基本也不需要用到协调行动所需的系统和结构。顺序式相互依赖性出现在以线形顺序相连接的子任务当中。在顺序的工作流程中，排在前面的子任务必须先于后面的子任务完成，这让每个单元都只依赖于紧挨其前面的单元。相对式相互依赖性出现在每个子任务都与其他子任务有着固有关系时，也就是说，一个子任务的完成不仅依赖于排在它前面的子任务，也依赖于排在它后面的子任务。相对式相互依赖性是其中最复杂的一种形式。

效率与创新是企业两大命题，创新管理之所以困难，其中一个原因就是其工作非常复杂且需要高度的相互依赖性。创新必须将客户需求、技术可行性和制造能力都连接起来，而这些连接往往存在于被组织和地理的边界隔开的不同职能部门之间；复杂的工作流程往往还必须与常规的工作共同完成，这又增加了创新管理的困难。

3. 人才

人才是战略落地的依靠，要使战略能够被有效执行，必须依赖于人才尤其是关键人才。此外，在“组织”和“人才”部分，企业还需要重点考虑“双元性”问题：一个企业要想基业长青，需要不同的业务交替接力，用麦肯锡“三层面模型”说明就是核心业务、发展业务和种子业务，这些业务由于所处产业生命周期不同，对组织和人才的要求也不同，因此不能用相同的组织管理模式、人才管理模式来管理。

接下来看BLM框架的第二个构件——人才。

美国康奈尔大学教授、全球人力资源领域的顶尖学者，提出“战略—核心能力—核心人力资本”模型的斯祭尔认为，人才是形成企业核心能力和竞争优势的根本源泉之一。因此，首先选择正确的人，然后让人更合理地工作、更高效地工作、更有动力地工作、更快乐地工作——这实际上是BLM框架组织设计模块的内在要求。

人才定义、人才盘点、人才供应是“人才”这一模块要完成的三件重要事项（图2–65），下面分别来探讨。

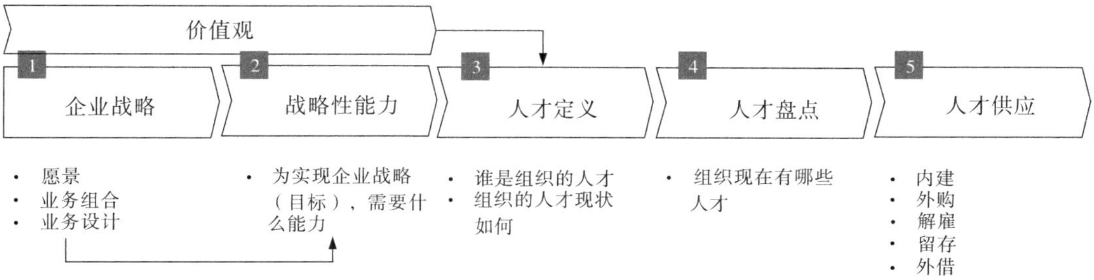

图 2–65　人才定义、人才盘点、人才供应

（1）人才定义

人才定义指的是在战略的牵引下，界定哪些是企业需要寻找的人才，如何选择正确的人。企业战略与价值观共同确定了人才标准，对人才做出了定义，如图2–66所示。

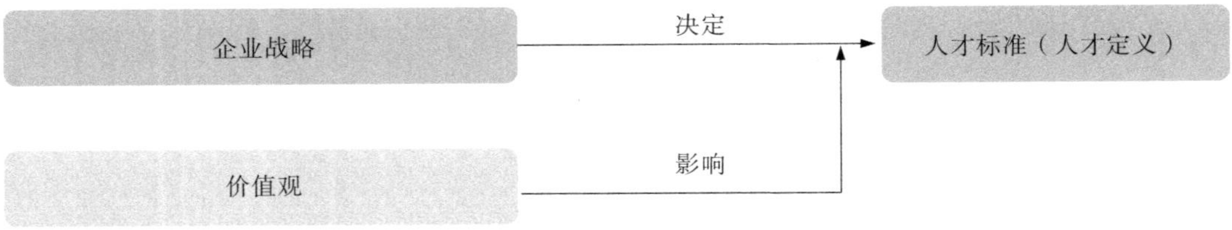

图 2-66 人才定义的逻辑

首先是战略。战略决定业务，业务落实到人才（这里的人才用“战略性岗位”来表示，下同），人才标准制定的根本依据是战略，即战略决定人才标准，这可以通过表2-12来说明。

表2-12 战略决定人才标准

战略意图、创新焦点	业务设计			战略性能力	战略性岗位
	价值主张	活动范围	战略控制点		
战略目标 发展业务 种子业务	卓越运营 产品领先 亲近客户	价值链（如从生产到研发） 区域 伙伴	品牌 成本 其他	列出所需要的战略性能力 审核战略性能力评估标准 确定企业3～5项战略性能力	战略性岗位

战略性岗位是企业实现战略目标的关键，它不但对公司的战略实现有直接影响，而且其绩效具有很大的波动性。绩效波动大是指特定工作的高低绩效水平之间有很大的差异（例如销售人员在绩效上存在巨大差异）。微软前CTO纳森·梅尔沃德曾经说过：“顶级的软件开发人员生产效率比一般的软件开发人员不是高出10倍或100倍，而是高出1000倍甚至10000倍。”

企业战略中的战略意图、创新焦点、价值主张、活动范围、战略控制点等都对战略性能力提出要求，进而对人才标准提出要求。以价值主张为例（表2-13），在战略规划中每一类价值主张的实现，都需要一系列战略性能力的支撑。战略调整可以以周计算，能力发育往往要以年计（文化变革时间跨度更长），两者往往因为时间差而错配。

表2-13 价值主张与人才选择

（客户）价值主张		
卓越运营	产品领先	亲近客户
高性价比产品设计能力 供应商优势采购能力 精益制造能力 …	领先产品研发能力 高端品牌营销能力 客户体验设计能力 …	全面解决方案的交付能力 客户引流与锁定能力 客户服务能力 …

其次是价值观，现代企业要求员工和企业价值观一致。这对创新创造极为重要。如果员工和企业的价值观不一致，即企业对“什么是有价值”的独特主张没有得到员工认同，员工自己有一套价值观体系，那么企业的运作需要管理手段的介入，管理者必须依赖职位权力才能推动员工做事，企业就会出现管理成本高、组织效率低的结果。相反，当企业的价值观得到了员工的充分认可，员工就会自觉地按照企业希望的方式做事，不需要管理手段的介入，企业就会呈现管理成本低、组织效率高的特征。好未来创始人张邦鑫曾经说过：“如果价值观做得好，就会让你如虎添翼：从茫茫人海中选出最优秀、最匹配的人形成合力，排异那些跟你气场不合、不匹配的人，价值观就是这样一个存在。”

（2）人才盘点

人才盘点不是库存盘点式地为过去而盘点，而是为未来而盘点——基于战略性岗位，分析组织人才充裕程度如何，未来是否存在严重缺口。人才盘点的目的与意义在于：第一，定义清晰人才标准，通过人才盘点，摸清“家底”，认清认准人才，为公司人才的“招培借留”与文化、绩效、薪酬建设工作奠定基础；第二，搭建人才管理平台，通过人才盘点，逐步建立系统性人才管理机制和平台，促进公司人才管理工作的规范化、例行化、标准化；第三，制定人力资源规划，通过人才盘点，分析特定岗位人才结构、质量、数量与业务发展、组织发展的匹配性，制定和落实人才战略，打造人才供应链体系，为建立人才驱动型组织奠定基础（尤其是战略性岗位）。

（3）人才供应

人才供应的方式，主要包括培养（Build）、招聘（Buy）、解雇（Bounce）、保留（Bind）、借用（Borrow）五种（简称“5B”）。培养是指内部培养人才，招聘是指外部招聘人才，解雇（是指淘汰不合格的人，保留是指保留关键人才，借用是指借用外部人才。

西方组织理论倾向于认为组织的基本组成要素是“人的协作活动”，这一对组织本质的看法表明组织由“人”和“事”两个部分组成。东西方对“事”和“人”的管理和组织侧重点有所不同，相比之下西方管理更加看重“事”的因素，而东方管理讲究“以人为本，以德为先，人为为人”，更加看重“人”的因素。虽然西方具有比较悠久的商业文明，企业现代化管理水平较高，但是组织能力的建构不仅需要西方成熟的管理理论、方法和工具，还需要结合东方管理智慧，让二者形成悖论性整合。这种悖论性整合不是东方与西方的简单结合，而是在两种文化观念的启迪下实现对两种管理理念的平衡和超越，并通过相互补充和促进，达到一种融洽的状态。

4. 正式组织

“战略决定组织，组织跟随战略”，这是钱德勒在《战略与结构：美国工商企业成长的若干篇章》中的重要论断。组织结构是支撑战略实施的“硬件”，是战略落地的执行实体。随着公司的发展，其组织结构往往越来越无法适应企业日益增长的经营规模，因此在适当的时候应该进行调整以匹配未来战略规划的实施，要不断完善组织结构，在明确各部门职能和岗位职责的基础上，合理设置部门，避免出现各部门工作职责、权限存在重叠、模糊和缺失的现象。

现在来看BLM框架的第三个构件——正式组织。什么是正式组织？正式组织也是巴纳德最早提出来的，他认为正式组织是由两个或以上的人自觉协作的活动或者力量所组成的一个体系。下面分别对结构体系、流程体系和激励体系进行介绍。

（1）结构体系

正式组织是为了确保关键任务和流程能够被有效执行而建立的相应的组织结构、组织流程和组织激励三部分。1938年组织理论奠基者之一的巴纳德在《经理人员的职能》中提出，组织设计需要解决两大问题：一是信息处理，二是权力分布。尽管《经理人员的职能》已经出版多年，但是组织设计要解决的这两个本质问题仍然没有得到任何的进展。“让听见炮火的人做决策”，说的就是将决策权力下放给前线人员。

①基于战略选择角度的结构设计

艾尔弗雷德·D. 钱德勒在其传世之作《战略与结构：美国工商企业成长的若干篇章》中提出：战略决定组织，组织跟随战略。此外，《华为基本法》第三章“组织政策”第四十条提出：战略决定结构是我们建立公司组织的基本原则。具有战略意义的关键业务和新事业生长点，应当在组织上有一个明确的负责单位，这些部门是公司组织的基本构成要素。组织结构的演变不应当是一个自发的过程，其发展具有阶段性。组织结构在一定时期内的相对稳定，是稳定政策、稳定干部队伍和提高管理水平的前提条件，是提高效率和效果的保证。

从战略角度（尤其是业务组合）看，单一业务适合采用职能式结构形态，同时，不同的价值主张要求选择更加合适的结构形态与之匹配：“卓越运营”适合通过构建传统层级结构实现总成本领先、维持低运营成本，“产品领先”适合通过构建弱矩阵结构维持以及加强技术专业化，“亲近顾客”适合通过构建强矩阵结构快速适应客户的需求变化（图2–67）。

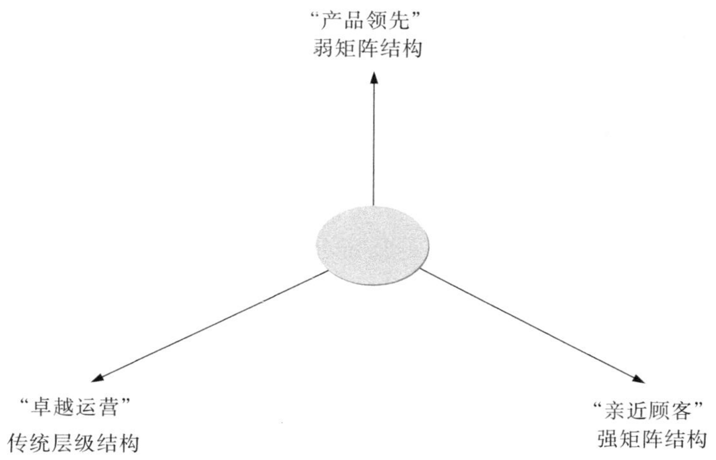

图 2-67　价值主张影响组织结构

②基于信息处理角度的结构设计

BLM框架提出者塔什曼认为，应该将组织设计成能提供实现组织总目标所必需的所有纵向和横向信息流的结构形态。如果结构不能满足组织对信息流的需要，那么组织中的成员不是无法得到足够的信息，就是花费过多时间处理其工作中并不怎么需要的信息，这些都会影响组织的效果。他进一步指出：“对现代组织最为重要的是：组织设计决定了信息处理的方式。从某种意义上说，信息处理已经成为任何组织中最为重要的功能。在一些大公司，只有不到10%的员工能真正接触公司的最终产品或直接与公司的顾客打交道。只有一种东西是每一个人在日常工作中都需要、使用、消耗或生产的，那就是信息，关于市场、资源、产出、行为、程序、流程及绩效的信息。任何形式的组织安排都要通过一定的方式收集、传送及发布信息。因而，设计的关键就是在组织中建立与工作的信息处理要求最相适应的信息处理模式。”从塔什曼的论述中，我们不难得出一个重要推论：不同的组织设计提供了不同类型的信息处理能力，当组织的信息处理能力与关键任务的信息处理要求相适应时，组织是最有效的。值得注意的是，关键任务是由战略推导出来的，我们基于战略实施角度谈关键任务时，实际谈的就是战略设计。下面，我们首先来讨论组织设计过程中最重要的步骤——战略分组，以及战略分组对组织信息处理究竟意味着什么。

战略分组是指将某些任务、职能或者学科集中在一起，同时将它们与另外的任务、职能或者学科分开。从信息处理角度看，被分到同一组的人员能够更好地讨论、计划和执行必要的任务。随着员工把更多的精力放在有限的行为上，他们也就变得更加熟练、更加专业。战略分组的结果影响了组织处理信息的能力，使在一个群体内部信息的处理变得更容易，但是在各个群体之间信息的处理则变得更困难。

战略分组决定了组织的基本形式以及组织组件的专业化或差异化程度，同时规定了所有其他有关组织设计的决策的基本框架。一般而言，战略分组存在以下四种形式：活动、产出、用户/客户/区域以及复合分组（多目标组织）。传统组织通常采取单一的分组形式（或在不同级别上采取不同的分组形式）；但是随着竞争日益复杂，组织面临更多需求，单一分组形式无法满足其需求，混合分组和矩阵型分组（同时强调多个战略优先级的分组组合）越来越多。

组织（不同层级都是类似的逻辑）决定分组形式的基本思路——由战略确定组织优先事项（在业务单元层级上，分组形式也为每个业务单元的战略目标所驱动）。在每一个层级上，分组形式驱动因素都是公司的战略和愿景。组织的不同层级可能适用不同的分组形式，但是任何单一层级都应该专注于活动、产出、用户/客户/区域的其中之一。例如，如果市场存在不确定性，竞争激烈，客户需求各不相同，那么按用户分组最为合理。如果某些产品细分领域的创新是优先事项，那么按照产出分组可能最为有效。如果公司最紧迫的战略问题是成本和效率，那么按活动或职能分组可能最为合适。对于任何一种战略，管理层必须权衡其基本形态的优缺点，然后选择最符合公司战略的一种形式或组合。

随着竞争的日益复杂化，单一的分组形式越来越难以满足组织的需要，同时强调多重战略的优先次序的矩阵型分组形式（弱矩阵、平衡矩阵与强矩阵）日益流行。矩阵型组织结构是为了最大限度地利用组织中的资源而发展起来的，是由职能型组织结构和项目型组织结构结合而成的一个混合体。矩阵型组织结构在职能型组织的垂直层次结构中叠加了项目型组织的水平结构，因此它兼具职能型组织结构和项目型组织结构的特征，如图2–68所示。

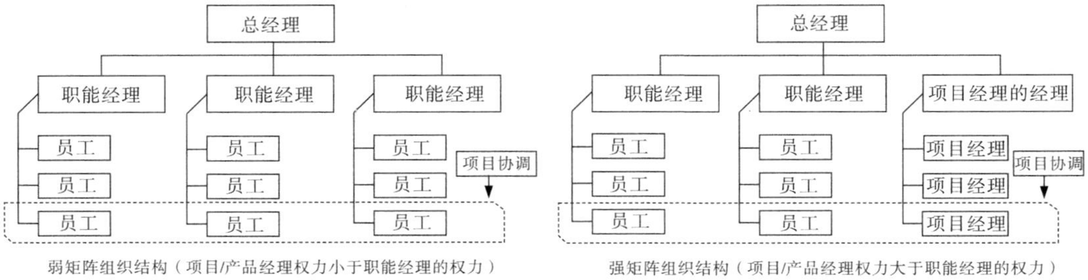

图 2–68　弱矩阵与强矩阵

根据项目型组织中项目经理（产品经理）与职能型组织中职能经理权限的大小，可以将矩阵型组织结构分为弱矩阵式、平衡矩阵式和强矩阵式三种类型。

★案例分析：华为组织变革演变历程（图2-69）

华为从成立到现在的组织结构演变与一般企业根据顺序成长的组织结构变化略有不同，更多的是根据战略的制定来调节。

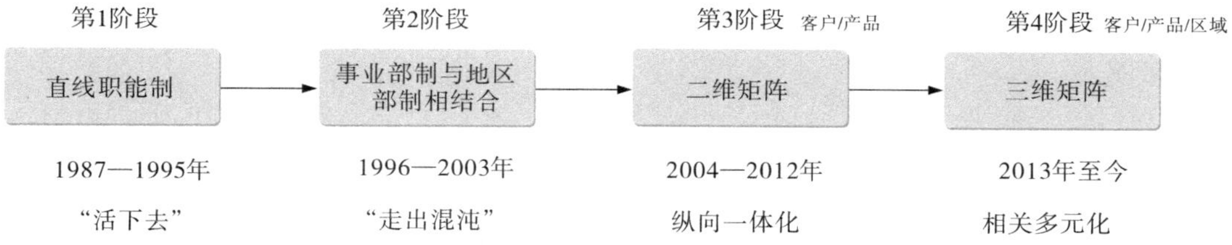

图 2-69　华为组织架构的演变

2014年12月31日华为轮值董事长胡厚崑在新年祝词中提到，拥抱未来，共建全连接世界，再次强调要牵引公司组织结构逐步从“以功能为主、项目为辅”的弱矩阵结构转向“以项目为主、功能为辅”的强矩阵结构，逐步实现管理运作从“以功能为中心”转变为“以项目为中心”，使客户项目和产品项目成为公司未来业务运作的主要形态。

与战略分组相关的概念是“战略连接”。从本质上讲，战略连接就是要设计正式的结构和流程，将被战略分组分开但又彼此相关的运营活动连接起来，提供必要的机制以协同彼此的工作。这些机制包括成本和资源利用、对非正式组织的依赖程度，以及处理信息的固有能力。制定有效连接机制的关键，是根据需要连接的分组之间的工作的相互依存程度，选择最为一致的正式结构。

③基于权力分布角度的结构设计

从权力分布角度看，不同的权力分布对应四种典型组织结构——职能式、事业部式（含地区式）、矩阵式和母子公司式，职能式的权力最集中，母子公司式的权力最分散。权力分布的差异在一定程度上决定了组织的灵活性。

2023年3月28日，阿里巴巴集团董事会主席兼首席执行官张勇发布全员信《唯有自我变革，才能开创未来》，拉开了新一轮变革的序幕，未来业务集团和业务公司将分别成立董事会，实行各业务集团和业务公司董事会领导下的CEO负责制。此次变革后，六大业务集团、多家业务公司将独立面向市场。对于此次备受市场瞩目的深刻变革，张勇回应：“让组织变敏捷，让决策链路变短，让响应变快，是本次变革的初衷和根本目的。”从这个角度看，阿里巴巴在集团之下设立阿里云智能、淘宝天猫商业、本地生活、国际数字商业、菜鸟、大文娱六大业务集团和多家业务公司，本质上是采取了“母子公司制”，也就是说六大业务集团已经高度自治，权力充分下放。

效率和创新是任何组织永远面临的两个主题，正因为如此，当今逐渐普遍的“二元性组织”——讲究效率与创新平衡的组织设计，值得引起我们的高度重视（在组织架构设计时应当考虑）。现实的组织设计，都考虑了效率与创新的双重要求。目前大量出现的所谓“前中后台组织”“平台型组织”“市场化组织”等，都是基于上述背景的产物。

以上讨论的是组织的基本形态，企业除了改变组织基本形态，还可以进行组织结构调整（局部优化）。组织结构调整包括：第一，职能转变，部门职能转变主要是针对核心流程中的上游部门以及支持流程中的部门，其目的是实现上游部门向下游部门提供支持和服务，支持流程向核心流程提供支持和服务；第二，职能调整，职能调整是组织结构调整最为常用的方式，有撤并、分设职能部门以及调整二级职能在不同部门之间的分配这两种方式；第三，职能集中，职能集中主要是针对经营职能和部分专业管理职能，这些职能是指能够共享，而且有条件共享的职能，集中化的职能构成企业的管理平台，职能集中有利于在专业化领域内实现规模经济。

（2）流程体系

流程是什么？本书将“流程”描述为为达到某一共同目标，各群体及个人的劳动在不同的组织层级或不同的部门之间得以进行的程序。第一类是战略性管理程序，指在整个组织层面为组织行为设定框架并对组织行为进行指导与控制的程序；第二类是业务管理程序，这一类程序的目的在于协调工作流程（即产品、服务、资源在组织内各群体之间的流动程序），使组织提供的产品或服务对顾客有一定的价值；第三类是支持管理程序，包括人力资源管理、公共关系管理及信息管理等行为，这些程序为保证组织有条不紊地运行并且保持它明确规定的标准和价值提供了政策与惯例。

与结构体系类似，组织流程也和价值主张息息相关。像苹果这种追求产品领先的公司所关注的流程应该包括研究与创新，像沃尔玛这种追求卓越运营的公司会重点关注供应链，而像OPPO和VIVO这种追求亲近客户的公司则会聚焦于客户理解和客户保持这样的流程。设计组织流程首先需要设计公司的流程框架，主流的流程框架包括APQC（含跨行业与分行业）等，实际应用中可以根据企业自身情况“裁剪”。目前，主要采用的流程框架是APQC等，如图2-70所示。

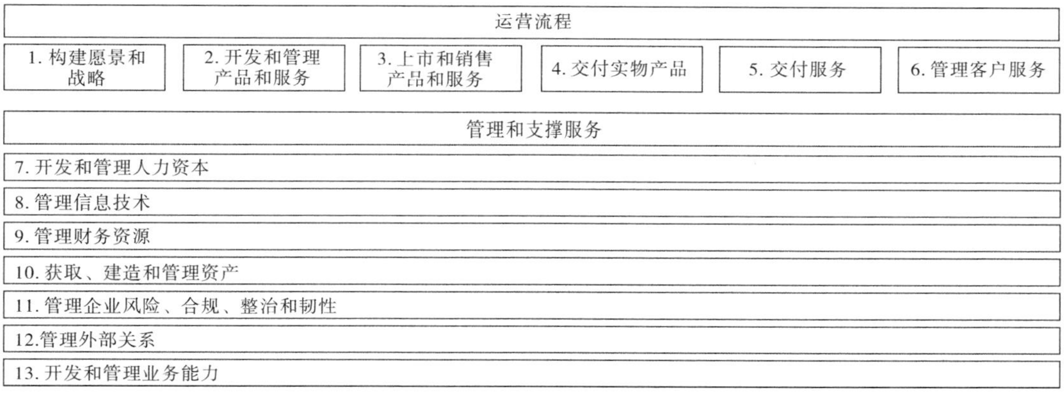

图 2-70 APQC 流程框架

除了APQC以外，OES（执行、使能、支撑）也是常用流程框架，APQC和OES两种流程框架在思维起点、具体流程等方面存在较大的差距。对于负责战略工作的人来说，除了制定公司整体流程框架以外，更重要的是制定战略管理流程框架。图2–71展示了某企业“开发战略到执行”的一级流程框架，可供读者在构建战略管理流程框架时参考。

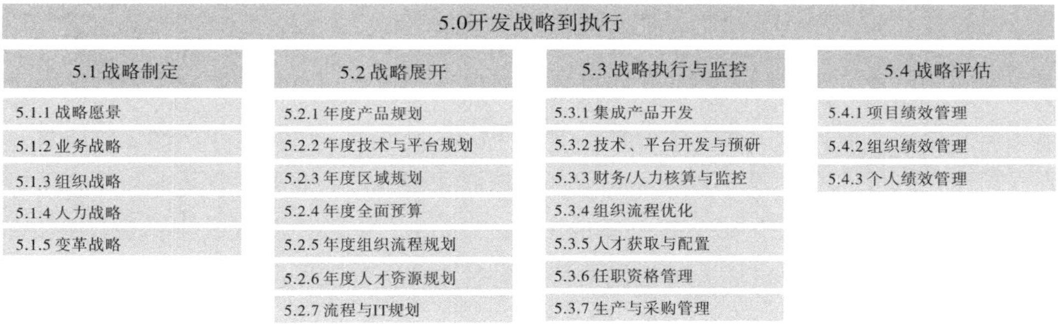

图 2–71 战略管理流程框架示例

企业需要构建的战略性能力，确定了企业的战略性流程（这与“战略性岗位”类似）。例如，如果公司聚焦于提供全面解决方案，那么它应该在选择目标客户并加深与目标客户关系的流程上精耕细作。这意味着什么？不妨回到波特的《什么是战略》。波特认为：“竞争战略探讨的是有关差异性的问题，这就意味着企业要选择一套不同的活动以创造一种独特的价值。”相同业务的企业，其内部运营活动从类型上看是大同小异的，“不同的活动”指的不是类型不同，而是做法不同，而做法就是流程。

活动的不同由战略决定，战略相关性高（即战略性流程）且成熟度低的流程，是公司未来需要重点优化的流程。

那么，战略、流程、岗位之间的关系是什么呢？一般而言，一级部门设计基于战略与高阶流程，岗位设计基于流程（组织架构与组织流程息息相关），在流程框架设计完成之后，与一级部门共同作用形成对岗位设计的指导。因此，部门、岗位设计的基本思路是：基于流程框架，横向分解出部门，纵向分解出岗位，如图2-72所示。

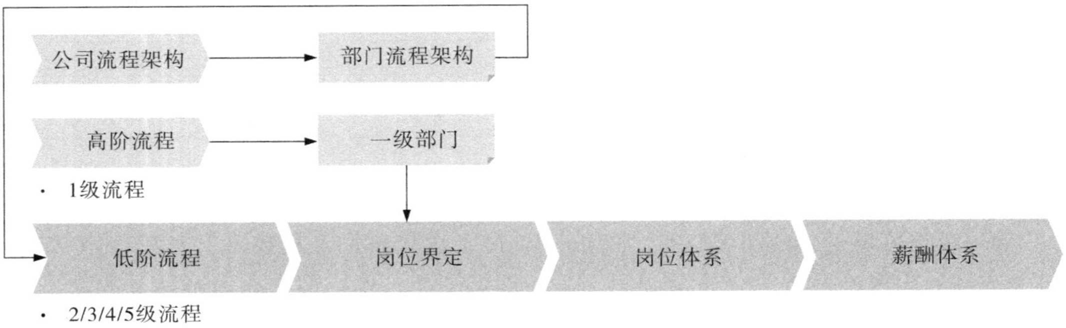

图 2-72　组织架构与组织流程

上述主要针对单体企业，对于集团企业组织架构设计，应该考虑更多参数设置。

企业规划、执行好流程之后，还需要进行监控——监控在流程生命周期管理中扮演着重要角色。在流程效率与管控之间寻求平衡是流程管控的根本目标。企业制定好流程规则和标准，日常的业务及常规事项由流程自动触发和控制，领导负责审批和决定非常规事项，通过岗位职责和考核标准定期检查和考核工作效果和流程执行质量。流程管理（执行/监控）基本规则：业务部门按照流程执行，业务主管是执行的直接责任人；流程责任人通过稽核、CT（Compliance Testing，一致性测试）等手段监控和管理流程执行情况。流程责任人可根据执行情况对业务主管就干部任命、人岗匹配、绩效评议、奖金评定等行使建议否决权和弹劾权。

（3）激励体系

激励体系包括薪酬、晋升、股份和荣誉等体系，这里仅简要探讨薪酬体系和晋升体系。

①薪酬体系

首先应当明确的是，薪酬体系的组成可以表达为：全面薪酬体系=薪酬体系+福利体系+工作体验。

薪酬体系就是组织衡量和奖励的东西，因此，与其他构件类似，薪酬体系必须与其关键任务的要求保持一致，然而遗憾的是，绝大多数情况下组织衡量的东西与关键任务的要求并不相符。所以，薪酬体系的基本原则是战略相关性、外部竞争性以及内部公平性：战略相关性是指关键任务与薪酬体系保持一致，如果关键任务不同，那么薪酬体系也应当不同；外部竞争性是指薪酬对外具有竞争性，这需要每年做薪酬调查，对标同行业、同规模企业、同岗位人员的薪酬水平建立薪酬宽带，同时确定公司薪酬调整总额；内部公平性是指薪酬对内具有公平性，依据岗位、能力、业绩付薪，同时参考市场薪酬水平，体现多劳多得的原则。

②晋升体系

与关键任务相一致的要素还包括晋升体系。员工都密切关注着晋升阶梯，而它也能反映出关键任务的要求。图2–73展示了某企业的激励体系的某些实践，供读者参考。

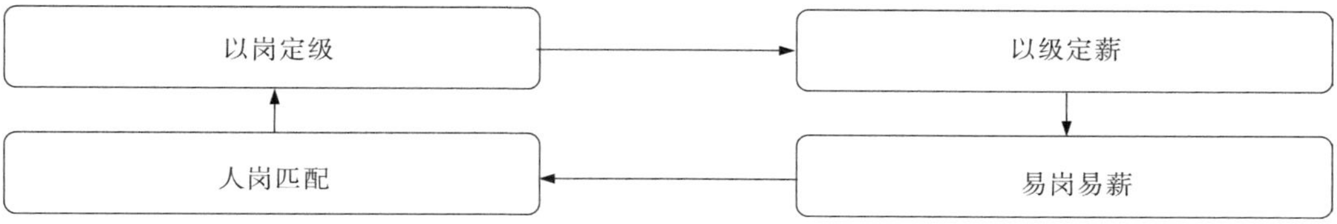

图 2–73　某企业薪酬管理“十六字”原则

以岗定级——给岗位定职位级别（需要思考：职位级别应当多久调整一次？）。

以岗定级是一个十分关键的问题：如何识别关键岗位？哪些是关键岗位？关键岗位显然是根据企业战略（尤其是当前的价值主张）而定的，具体方法有岗位作用判定法、岗位内外部价值判别法、基于战略的关键岗位识别法则。

以级定薪——确定每个职级的薪酬范围（需要思考：应当采取宽带薪酬还是窄带薪酬？）。

人岗匹配与易岗易薪——给岗位上的人确定工资，人的工资随岗位变动而变动（需要思考：应当多久调薪一次？）。

此外，薪酬战略不一定与一般性经营战略（例如价值主张）保持高的匹配度；但是，实施新的战略往往意味着需要新的薪酬战略。许多年来IBM高度重视内部一致性。当公司控制了利润丰厚的大型计算机市场时，其成熟的职位评价计划、清晰的决策结构、平衡工作与生活的福利、无裁员的人力资源政策都在其中发挥了重要作用。到了21世纪初，这种对内部一致性的强调并不能为适应竞争变化提供足够的灵活性。转型后的IBM不再销售它所推崇的个人电脑，相反，IBM把它的当前战略描述成“关注IT行业增长快、价值高的业务板块”。例如IBM提出“已经实现了诸如个人电脑和硬盘驱动器业务的商品化”。IBM称其当前的全球业务包括服务、软件、硬件、基础研究和融资，而且这些业务和能力的广泛组合共同为公司经营提供了洞察力，为公司客户提供了解决问题的方案。

5. 氛围与文化

约翰·科勒通过实证研究表明：企业文化对企业长期的经济绩效有重要的影响。氛围与文化是组织的行为方式，有效的组织文化与氛围将促进、激励以及强化关键任务的有效执行。氛围与文化的区别在于：组织氛围是企业文化的外在表现，组织文化是企业的内在灵魂。具体而言，组织氛围是笼罩在企业整体环境中，体现企业所推崇的特定传统、习惯及行为方式的精神格调（环境氛围、精神氛围和制度氛围）；而组织文化是企业在经营活动中形成的经营理念、经营目的、经营方针、价值观念、经营行为、社会责任、经营形象等的总和。总的来说，组织文化是组织成员共同拥有的有关组织的深层的基本假设和信念，组织氛围是组织成员对组织要素的直接的感觉。组织氛围直接与职员的行为、表现相联系，而组织文化则更多地涉及价值观等深层的观念。

下面我们来看BLM框架的第四个构件——氛围与文化。

（1）氛围与文化的相关概念

国外学者自20世纪60年代开始研究组织氛围，研究焦点之一是组织氛围对组织效能的影响，很多研究已经证实组织氛围是组织效能的一个有效预测因子。研究表明，组织氛围与组织绩效（比如销售额、效率、生产率以及顾客满意度）之间存在正相关关系。国内也有学者就组织氛围与组织效能之间的关系展开研究，并认同两者之间存在正相关关系。同时，在组织氛围的影响因素方面，学者对影响组织氛围的各个因素，如职位需求、动机曲线、价值曲线、人格特质、管理风格也进行了研究。研究者从人与环境的交互作用方面研究组织氛围，认为组织氛围是由管理者的个人素质（尤其是动机）、管理风格与员工工作动机以及工作表现相互作用而形成的。

企业文化可以分为三个层次，如图2–74所示。

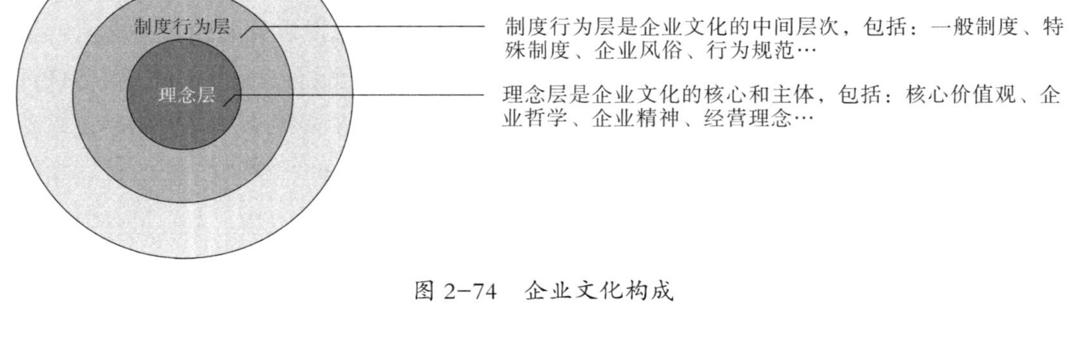

图 2–74　企业文化构成

①理念层是企业文化的核心和主体

理念层是决定制度行为层和符号层的前提和关键。价值观是所有企业文化的基石。价值观作为经营理念的核心，为所有员工提供了一个共同的目标，并成为他们日常工作中的行动指南。特伦斯·迪尔、艾伦·肯尼迪在《企业文化——企业生活中的礼仪与仪式》中指出：企业能成功是因为它们的员工能够认同、信奉和实践组织的价值观。

价值观是一种特定观念，关系着人们的价值选择，在很大程度上是人们对价值选择的认识、理解和判断，是人们对待问题的态度和处理问题的方法，它并不是简单地在矛盾的双方中肯定一方而否定另一方，而是表现为看待、处理矛盾时的一种优先顺序。价值观是关于价值选择的优先次序的观念系统，所谓不同文化和价值观的区别，就是排序的区别，是人们把什么东西（价值）排在更优先的位置。

②制度行为层是企业文化的中间层次

制度行为层是指对组织及其成员的行为产生规范性、约束性影响的部分，需要得到成员的认可。制度行为层集中体现了企业文化的符号层和理念层对组织中个体行为和群体行为的要求，主要包括：

一般制度和特殊制度。一般制度是指企业中普遍存在的、成文性的工作制度、管理制度以及责任制度，对企业成员的行为起着约束作用。特殊制度是指本企业中的一些独有的、个性化的制度。特殊制度更能够反映一个企业的管理特点和文化特色。例如海尔“OEC”制度（即日事日毕、日清日高制度）、中兴通讯领导班子“月学习日”制度、奥康集团的“思考周”制度等。

组织风俗是指组织中长期沿袭、约定俗成的典礼、仪式、节日、活动等，如歌咏比赛、体育比赛、集体生日等。组织风俗与一般制度、特殊制度不同，它不表现为准确的文字条目形式，也不需要强制执行，完全依靠习惯、偏好的势力维持。组织风俗由组织文化理念层主导，又反作用于组织文化理念层。组织风俗可以自然形成，也可以人为开发。一种活动、一种习俗，一旦被全体成员所共同接受并沿袭下来，就成为一种风俗。

行为规范是指组织对各级领导者、管理人员和各类工作人员的言行举止提出的基本要求和具体规范。行为规范一般反映企业理念对组织成员个体的外在要求，越具体越容易执行；通过行为规范的有效执行，可以促进组织成员对组织理念的认同。

在实践中，制度行为层往往被首先建立和重视，在文化基础薄弱的企业中表现尤为明显。

③符号层是组织文化在物质层次上的体现，是组织文化的表层部分

符号层是组织创造的物质文化，是形成组织文化理念层和制度行为层的条件，是组织核心价值观的物质载体。它通常包括下述几个方面：

· 组织基本标识，主要指组织的名称、标志、标准字、标准色。这是组织文化最集中的外在体现。

· 组织的徽标、旗帜、歌曲等。例如，厂徽、厂旗、厂歌、厂服、厂花。这些因素中包含了很强烈的组织物质文化内容，是组织文化较为形象化的反映。

· 组织的自然环境和建筑。例如企业的自然环境、建筑风格、办公室和车间的设计和布置方式、绿化美化情况、污染的治理等，是人们对企业的第一印象，这些均反映了不同企业文化的特点。

· 组织的文化体育生活设施。这些设施是组织群体活动的载体，反映了组织的价值观和管理理念。

· 组织的纪念建筑物和造型。包括厂区雕塑、纪念碑、纪念墙、纪念林、英雄模范塑像等。

· 组织的纪念品和公共关系用品。它们是反映和传播组织文化的重要载体。

· 组织文化传播网络。包括自办的网站、自媒体、报刊、广播、闭路电视、宣传栏、广告牌、招贴画等。

企业文化包括理念层、制度行为层、符号层，它随着企业自身的成长和外部经营环境的变化而变化（频率不高）。企业文化的性质之一就是相对稳定性，只有保持稳定，才会发挥作用，但“相对”的限定又说明企业文化是会发生变化的，引起企业文化变革的原因主要是企业经营危机、企业主文化与亚文化的冲突、群体文化与个体文化的冲突等。

总的来讲，企业文化变革的核心是理念层的变革，包括核心价值观、经营哲学和经营思想的变革，制度行为层和符号层是配合理念层改变的，是理念层变革的外在表现。

（2）企业文化管理的步骤：测量、设计、实施

企业文化管理，就是根据企业发展需要和企业文化的内在规律，在对企业现实文化进行分析评价的基础上，设计制定目标企业文化，并有计划、有组织、有步骤地加以实施，进行企业文化要素的维护、强化、变革和更新，不断增强企业文化竞争力的过程。

①企业文化测量

对企业文化现状的测量，是了解、管理以及改变企业文化的基础工作。文化测量

模型主要有竞争性价值模型、丹尼森模型、霍夫斯特德模型等，其中用得最多的是奎因的竞争性价值模型和丹尼森模型；霍夫斯特德模型主要应用于跨文化（跨国公司、国家文化比较）。“企业文化理论之父”沙因比较反对测量。

②企业文化设计

企业文化设计，基于文化的三个层次概念，需要遵循历史性、社会性、个异性和一致性以及可操作性等原则。在企业文化设计中，要有所侧重，有所取舍，确保企业文化的理念层、制度行为层和符号层的内在关系。

③企业文化实施

对于价值观与企业文化的关系，国内外管理学界和企业界形成了比较一致的看法——企业价值观是企业文化的核心。沙因在《组织文化与领导力——如何以最有效的方式认识和打造组织》中甚至说：“领导者所要做的唯一重要的事情就是创造和管理文化，领导者最重要的才能就是影响文化的能力。企业家的这种影响力，主要是对企业核心价值观的影响。”[①]

（3）企业文化与企业战略的匹配分析

在分析企业文化与企业战略之间的匹配关系时，可以将企业内部各种组织要素的变化与企业文化潜在的一致性作为分析变量，得出企业文化与企业战略之间的四个关系，如图2–75所示。

组织要素的变化 \ 潜在的文化一致性	高	低
多	以企业使命为基础	变革企业文化
少	加强协作作用	重新制定战略或根据文化进行管理

图 2–75 企业文化与企业战略的匹配检验

最后，笔者想简略谈谈“亚文化”的问题。在笔者的咨询经历中，拥抱“亚文化”的企业家并不多见。然而，“亚文化”是客观存在的，不以人的意志为转移。以华为为例，不同业务部门有不同的“亚文化”，比如研发体系相对强调工程师文化，强调谨慎细心、拥抱创新；而销售服务部门强调服务文化、军队作风、狼性文化、执

① 埃德加·沙因. 组织文化与领导力——如何以最有效的方式认识和打造组织[M]. 中国人民大学出版社，2011.

行力等；与运营商业务、企业业务不同，消费者业务相对崇尚时尚、年轻、叛逆、商业文化等。

6. 数字化建设

如今，数字技术正在日益改变经营环境、战略思考以及战略规划。为了解释数字技术为什么、如何改变战略制定，在过去二十年中，信息系统学者研究了数字技术在战略制定中对企业战略、创新和商业模式所起的作用。其中，亨德里克森认为："普及数字技术的一个定义特征是将数字能力整合到以前具有纯物理实质性的对象中。"数字创新源于日常物理产品的数字化，例如为书籍、服装、家用电器、汽车等添加软件应用程序以及提供新颖的功能，显著改善产品的设计、生产、分销和使用。此外，他还解释了数字技术的独特特征：完全可重编程性、数据同质化以及自参考性。这三个特征为商业模式创新提供了很大的可能性，具有这三个特征的数字技术为分层模块化架构铺平了道路，该架构为将数字组件嵌入物理产品创造了机会，代表了寻求数字创新的公司的战略选择。值得注意的是，数字技术分层模块化架构的组织逻辑是，数字化产品可以同时成为产品和平台——例如苹果的iPad和亚马逊的Kindle——这导致了不同层面的战略选择，两家公司可以在一个层面上竞争，如设备；也可以在另一个层面上合作，例如内容或服务。"竞合思维"由来已久，在数字时代，由于人工智能、区块链、云计算和大数据的广泛应用，两家或者多家企业既合作又竞争的情况将变得越来越普遍。

这意味着，分层模块化架构是一种混合技术，它将数字技术的分层体系结构嵌入物理产品的模块化体系结构中，从而可以在企业的组织逻辑和创新中产生深刻的变化。数字技术的完全可重编程性和数据同质化使数字创新得以融合和产生，从而产生了新的产品、服务、商业模式、战略和组织形式。笔者认为，数字化转型从根本上讲与技术无关，而与战略规划、组织合作、企业文化有关。

数字能力是组织能力的重要组成部分，也是企业数字化转型的重要基础。数字化浪潮席卷了包括初创企业和在位企业在内的所有企业，初创企业尤其是数字原生企业往往将数字技术应用作为竞争优势的重要来源；与此同时，在位企业的数字化转型也日渐成为战略议程上的一项关键任务，以保护其在传统行业中的现有优势。一般而言，随着企业的发展，战略变革往往成为企业不得不面临的重要挑战。但是，数字化转型不同于传统形式的战略变革，因为数字技术加快了变革的速度，从而导致更多的环境波动、复杂性和不确定性。进一步，数字化转型必须考虑数字技术的进步如何改变公司的商业模式、组织结构和过程。

综上所述，笔者认为，数字化转型包括以下三个内涵：第一，以价值创新为目的。改造和优化研发、采购、生产、销售等价值创造和传递环节，挖掘新的价值增长点，不断延伸价值链，为客户提供高附加值的产品服务和解决方案。第二，以业务变革为核心。数字化转型的核心是管理与业务再造，通过信息化、数字化再造企业管理体系，打造企业数字化的新模式、新业态，变革企业文化、组织、管理、技术等。第三，以数字技术为驱动。推动业务数字化和流程数字化，促进数字技术与化工实体业务深度融合，推动企业数字化运营和智能化制造，激发创新驱动潜能。

IDC（国际数据公司）的报告显示，全球排名前1000的大企业中2/3的企业已经或正准备把数字化转型作为公司战略的核心组成。国内美的、华为及其他领先企业也用实践给出了答案：唯有将数字化转型升级为企业核心战略（而非职能战略或者承接企业战略），数字化转型才有用武之地。因此，在数字化转型成为中国企业一种新常态的环境下，企业要想持续成长需要开启数字化转型之旅，从企业战略方向和业务发展目标出发推动数字化转型；然而，也有不少企业转型失败。在数字化环境下，三个要素发生了重大改变：第一，万物互联不仅支持全业务流程的数字化，还支持产品数字化和服务数字化，连接的范围从企业内部扩大到企业外部，从企业自身扩大到企业所在生态。第二，与消费者的紧密连接改变了供需关系的内在逻辑。对互联网和移动互联网的接纳和广泛使用，使消费者和客户在产品价值链中占据了主导地位，只有打造以满足需求为核心的产品/服务供应体系的企业，才能在激烈的市场竞争中保持优势地位。第三，数字原生企业的商业模式对传统企业提出了强劲的挑战。对传统企业来说，数字化战略不仅要关注企业内部，还要关注企业与客户、合作伙伴交互的方式，并且要获得销售渠道中线上、线下的配合与支持。

笔者想特别指出的是，数字战略或者数字化战略并非单独的一个战略。组织需要的不是一个数字化战略，而是适应数字时代的商业战略。许多组织在开始处理数字化变革问题时，过于强调数字化（即技术），而对变革（即与组织和业务相关的变更部分）的重视程度不够。数字化变革的最大挑战是组织本身必须经历变革。技术本身并不能给组织带来价值，只有当组织因新技术而改变其商业模式时，技术才能带来价值。企业必须认识到商业战略和数字化战略是一体的，它们不是两个独立的策略。每个企业最终都将成为数字化企业——商业战略和数字化战略正在内化为组织的数字化商业战略（事实上，“数字化战略”这个术语正在误导人，因为它不是一种可以单独实施的战略）。总之，我们需要做的是适应数字时代的商业战略，将数字化变革过程视为一个漫长的旅程，在这个过程中使商业战略和数字化战略合为一体，成为组织的数字化商业战略。

值得一提的是，国内企业也逐渐重视战略管理的信息化/数字化。海波龙提供的Hyperion® System™9平台，是当今市场上最完整和最灵活的企业绩效管理系统之一。作为一个整合的系统，其核心模块充分体现了企业绩效管理循环的六个核心活动（设置目标、建立模型、计划预算、监控运行、分析评估及结果报告）。在国内，有识之士也发现了其中的蓝海，例如iDSTE战略管理系统、战略云等。iDSTE战略管理系统借鉴国际领先的EPM系统，历时五年完成，在国内属于首创，包括十个功能模块，按应用领域可划分为五大应用系统。iDSTE战略管理系统的背后是先进的战略管理思想，最佳实践总结的DSTE流程，业界领先的BLM、MM、BEM三大战略方法论。因此，iDSTE战略管理系统融合了BLM框架的差距分析、市场洞察、战略意图、创新焦点、业务设计、关键任务等要素，同时帮助制定组织（按照BLM框架的正式组织、人才、文化及氛围）的战略及规划。在战略执行上，iDSTE战略管理系统帮助企业把战略转变为日常行动，打通从战略到执行的完整链条。

至此，我们分别讨论了构成组织能力的关键任务、人才、正式组织、氛围与文化、数字化建设。迈克尔·塔什曼认为：组织能力是竞争优势的最重要的、持续的来源。笔者深深认同这一看法，公司可以通过各种各样的方式保持竞争优势，这些方式包括：特殊的获得用户或资本的方式、高效率的生产线、独特的技术、优越的生产工艺、卓越的分销渠道等。然而，信息技术、全球市场和已经改变的客户需求，改变了所有这些可以保持竞争优势的条件。在这个雇员对雇主的忠诚度日益降低的时代，最有才能的人有可能刹那间就从企业中消失，组织能力才是竞争优势的最重要的、持续的来源。

仅有理论、方法是不够的，战略规划（包括战略设计和组织设计）还有赖于基于理论、方法的模板，为此本书第七章提供了战略设计和组织设计的实用模板。读者在理解BLM框架及其方法的基础上应用这些模板，可以大幅提高战略制定的效率。

第四节　领导力与价值观

BLM框架中有两个容易被忽视的模块——领导力与价值观（从BLM框架发展历程看这两部分内容也是IBM后期加上的），以下简要介绍领导力与价值观对于战略管理的重要意义。

1. 领导力

领导力是根本，有效的战略领导力是成功战略管理行动的根本。

在笔者看来，战略领导力就是统筹、整合BLM框架诸多要素的能力。一个企业的失败，往往是组织之间不同要素之间惊人的脱节造成的（领导≠管理）。因此，领导力是达到和保持、校准组织之间不同要素协调一致所需要的一种组织能力。

1971年，战略历史上被誉为“三安”之一的肯尼斯·安德鲁斯出版了《公司战略概念》，该著作明确指出机会、威胁、优势和劣势是公司战略制定的重要变量，这也是后来SWOT模型的原型。尽管近年来争议极大，但SWOT模型影响深远。长期以来，人们高度重视“机会”（这是无可厚非的，本书也倡导机会导向），在战略上大量的工具都用于机会研判，对“战略机会窗”的到来异常敏感。例如，任正非曾经说过：“华为不在非战略机会点上消耗战略竞争力量。”今天，随着黑天鹅事件和灰犀牛事件的频繁出现，也需要重视“威胁”这个维度以及重视危机领导力。

★案例分析：韦尔奇与危机管理

韦尔奇非常重视危机管理，他在《赢》这本书里专门辟出一章写危机管理。韦尔奇提出面对危机，领导者需要做以下五个方面的假设。

①假设问题本身要比表现出来的更糟糕；

②假设这个世界上并不存在秘密，每个人最终都会知道事情的真相；

③假设你和你的组织对危机的处理，将被别人以最敌对的态度描述出来；

④假设在危机处理过程中，有关的人和事会产生变化，没有一次危机不是以付出血的代价而告终；

⑤假设你的组织将从危机中挺过来，而且会因为经历了考验而变得更强大。

第一，“假设问题本身要比表现出来的更糟糕”是说要充分估计危机的严重性。面对危机，管理者必须具有相当的预见力，对危机可能发生的多种情况进行情景规划。韦尔奇建议，在处理每一次危机时，都要假设自己的组织里发生了最坏的事情，而你必须解决它。

第二，“假设这个世界上并不存在秘密，每个人最终都会知道事情的真相”是说要主动和利益相关方沟通。韦尔奇说：“你设法封锁的消息最终都会被泄露出去，而且在消息散播的时候肯定会走样、扭曲和混淆不清。唯一的解决办法就是你自己把问题揭露出来。”在当今的媒体传播环境中，企业如果不能做到坦诚沟通是非常危险的。有很多事情，即使你不说，也会有人说，而且到最后，你不得不说，甚至可能说了也白说。

第三，“假设你和你的组织对危机的处理，将被别人以最敌对的态度描述出来”说的是身处危机之中，企业要密切关注和高度重视利益相关方的情况和态度，不能充耳不闻。身处危机之中，企业要保持对外界反馈的感知力，就算你不听，别人还是会说，而且会有更多人说，到了最后你还是得听。

第四，“假设在危机处理过程中，有关的人和事会产生变化，没有一次危机不是以付出血的代价而告终”说的是，需要用动态的视角来看待危机，在危机过程中因地、因时调整处理方式，并力争利用危机进行组织变革，不要让危机中的损失白白浪费。韦尔奇说：“危机呼唤改革。有时候，对工作流程进行适当的改进就足够了，但这经常都不足以解决根本问题。”因此，处于危机之中需要保持敏捷的行动力，不能被危机吓得手足无措。

第五，“假设你的组织将从危机中挺过来，而且会因为经历了考验而变得更强大”说的是，虽然很多时候危机比你想象的更严重，但即使在最严重的危机中，也需要假设你可以挺过来，而且要从危机中学习，这种学习在经历危机过程中就应该开始了。韦尔奇说：“所有危机，不管你再怎么讨厌它，都能给人提供很好的教训。你应该尽最大的可能挖掘每一次危机的价值，并且一有机会就同他人分享。”因此，危机是宝贵的经历，企业必须在危机中不断学习和成长。比在危机中失败更可怕的是在危机后失忆。

当今世界危机频发的另一个重要原因是数字时代已经到来，企业内部和外部的利益相关方以前所未有的更紧密的方式连接了起来，一个传统意义上的小危机，可能会因为数字化传播演化成一次大危机。在《商业的本质》这本书里，韦尔奇就“大数据时代的危机管理” 专门进行了论述，提出了大数据时代危机管理的四个原则，具体是：

第一，在卷入危机之前就积累商誉，以备不时之需。

第二，利用多渠道向公众发出响亮的声音，即便没有紧急的事情要讲，也要这么做。

第三，善待离职员工，不要让自己的愚蠢之举引发危机。

第四，一切终将过去，事情还会好起来的。

2. 价值观

价值观是基础。企业员工认同、信奉和实践组织的价值观，是企业战略实施的必要条件。特伦斯·迪尔、艾伦·肯尼迪在《企业文化——企业生活中的礼仪与仪式》中做过这样的论断：价值观是任何企业文化的基石。

吉尔特·霍夫斯泰德在他与别人合著的《文化与组织：心理软件的力量》一书中提出了企业文化的“洋葱头模型”，其中价值观是企业文化的内核，而仪式、英雄（人物）和符号则通过实践活动来强化价值观。与领导力类似，价值观也具有校准战略、结构、流程和人员的作用。价值观就像润滑剂一样，能够推动组织内部积极能量的持续转换，促进组织内部关键因素与环境的和谐互动。

韦尔奇在《赢》中提出了企业管理的四条基本原则，即要有强烈的使命感和切实的价值观，在经营管理的任何环节都保持坦诚的态度，发挥业绩甄别的力量并建立精英化的组织，捍卫每个个体的尊严与发言权。韦尔奇在《赢》正文中的第一句话是：“我又要谈论使命和价值观了，读者们，原谅我吧。”使命和价值观在很多管理图书中都可以看到，但韦尔奇的过人之处，在于他对几乎用滥的词有着异乎寻常的理解。

对于使命，他认为很多公司经常挂在墙上的“重视产品质量”“重视售后服务”“顾客至上”都是陈词滥调，商学院对这种错误做法也起着推波助澜的作用。韦尔奇提出，使命应该回答一个问题：“我们的业务如何才能赢？”；价值观则需要在实践中得到贯彻，如果价值观不能在实践中被坚决贯彻，那就“没多大用处”。对于使命和价值观的关系，韦尔奇进一步认为公司的使命和价值观必须融为一体、相互促进、共同发挥作用，而不应相互背离。

从韦尔奇的论述中，我们可以发现企业使命的贯彻和价值观的落实不会一蹴而就，而是需要经过日积月累的。所以说，使命和价值观与时间（“月”）有关。

华为的案例可以用来说明韦尔奇的深刻洞见以及其提出的四条基本原则的精深之处。众所周知，华为的核心价值观是“以客户为中心、以奋斗者为本，长期坚持艰苦奋斗”，而华为使命的核心是“为客户创造最大价值”。华为是很多企业的标杆，很多企业也把“以客户为中心”作为自己的核心价值观，编进企业文化手册并把它挂在墙上。但是，华为不是把“以客户为中心”作为一种口号，而是建立了以客户为中心的一整套战略、组织和营销体系，把“以客户为中心”渗透到整个组织和管理过程之中。因此，华为公司的核心价值观承接着它的愿景、使命和战略，彼此之间保持着高度的一致性。

第五节　战略协同

第一章讨论了战略分为三个层面（公司层面战略、业务层面战略和职能层面战略），并指出三个层面战略规划都可以采用统一框架——BLM。本节主要讨论如何协同不同层面战略从而实现“力出一孔”。本节还介绍了如何应用BLM进行职能战略规划。

1. 概述

战略的最终目的是赢得竞争优势，前文提出战略可以区分为三个层面，而三个层面都能为企业赢得竞争优势（表2-14），但是不同层面的战略对竞争优势的关注点不同，过去企业相对注重公司层面战略，目前对业务层面战略以及职能层面战略的关注度逐渐提升。

表2-14　不同层面战略所形成的竞争优势

战略要素	公司层面战略	业务层面战略	职能层面战略（以营销为例）
范围	公司范围——我们应该进入哪些业务领域 公司发展战略	业务范围——在本业务或行业中我们应该进入哪些产品市场 业务发展战略	定义目标市场 产品线的深度和广度 品牌策略 产品市场发展计划 产品线扩张和淘汰计划
目标	综合业务单元的总公司	受公司总体目标的限制 综合产品市场的业务层目标	受公司层和业务层目标的限制 特定产品市场进入的目标
资源配置	在各业务单元间分配，在各职能部门间分配，与多元业务共享资源（公司研发、管理信息系统）	在业务单元内各产品市场间分配，在业务单元内各职能部门间分配	在某个特定的产品市场中分配，在营销计划的各要素间分配
竞争优势来源	充足的公司财力和人力资源、大量的公司研发、顺畅的组织流程以及更出色的协同作用	竞争战略，相对同行业中竞争者更好的业务设计（更好满足特定消费群的需求）	有效的产品定位，在特定产品市场中相对竞争者拥有一个或多个更好的营销组合

2. 通过公司层面战略建立竞争优势

通过公司层面战略建立竞争优势是指选择有吸引力的产业。20世纪70年代末到80年代中期，波特提出三大战略工具（五力分析模型/三大一般战略/价值链），以其为代表的竞争战略理论占据当时主流地位。波特认为，企业战略的核心是获取竞争优势，影响竞争优势的因素有两个：一是选择有利可图的市场；二是企业在选择的市场上进行自我定位，这就是“定位学派”（产业基础观也称为定位学派）一词的来源。显然，定位学派更加看重产业环境。波特的竞争战略理论的基本逻辑是：产业结构是决定企业盈利能力的关键因素，企业可以通过选择和执行一种基本战略影响产业中的五种作用力量（即产业结构），以改善和加强企业的相对竞争地位，获取市场竞争优势（低成本或差异化）；而价值链活动是竞争优势的来源，企业可以通过价值链活动和价值链关系（包括一条价值链内的活动之间及两条或多条价值链之间的关系）的调整来实施基本战略。

3. 通过业务层面战略建立竞争优势

业务设计是组织如何为其客户创造价值和如何赚钱并实现其目标的一种结构性设计，客户选择与价值主张是业务设计的核心要素，其本质上是对价值选择、主张、创造、获取和保护的一种结构性设计。业务设计包括客户选择与价值主张、活动范围、盈利模式、战略控制点等要素，这一层面的竞争优势需要精心设计，并最终依赖职能活动的实施来达成。因此，企业通过对业务层面和职能层面竞争优势来源的分析，发现职能战略规划受到上位战略规划尤其是业务战略规划的牵引（这是职能战略规划的关键所在）。

4. 通过职能层面战略建立竞争优势

大多数公司无法改变其所处行业，所以主要改善业务和职能层面战略。公司层面竞争优势、业务层面竞争优势、职能层面竞争优势需要进行联动（即波特所说的“战略配称”），前面展示了西南航空竞争优势的构建过程，读者不妨回顾该案例中西南航空是如何通过环环相扣、遥相呼应的因素实现职能层面战略与业务层面战略的联动并赢得竞争优势的。

核心竞争力的本质是综合竞争力：西南航空的案例表明，竞争优势不是单一因素在发挥作用，而是每个因素都重要。从职能层面竞争优势角度看，企业的所有职能（包括研发、生产、营销、库存、物流、人力、信息、基础设施等）都在为降低结构成本以及提升感知效用发挥作用，如图2–76所示。价值链是研究职能活动的重要工具。波特在《什么是战略》中虽然没有明确指出核心竞争力的不妥之处，但是明确指出："战略的成功，依靠的不是仅仅完成几件事情，而是要完成许多事情，并对各项运营活动进行统筹兼顾。如果这些活动之间缺乏配称，那么战略也将失去独特性和可持续性。"

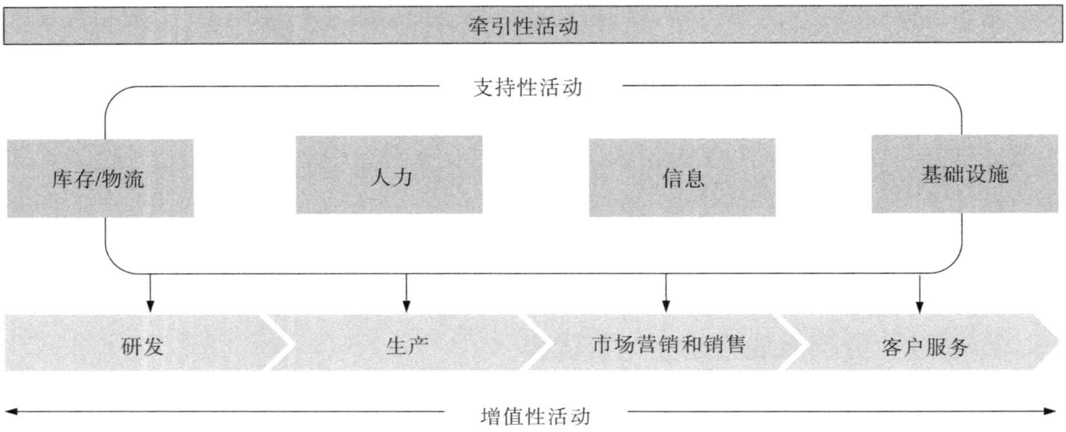

图 2–76　理解核心竞争力

总之，职能层面战略是职能活动的战略规划（而不是职能部门的规划），其目的在于为公司赢得竞争优势。职能层面战略、组织能力、价值主张、价值创造与竞争优势的关系如图2–77所示。

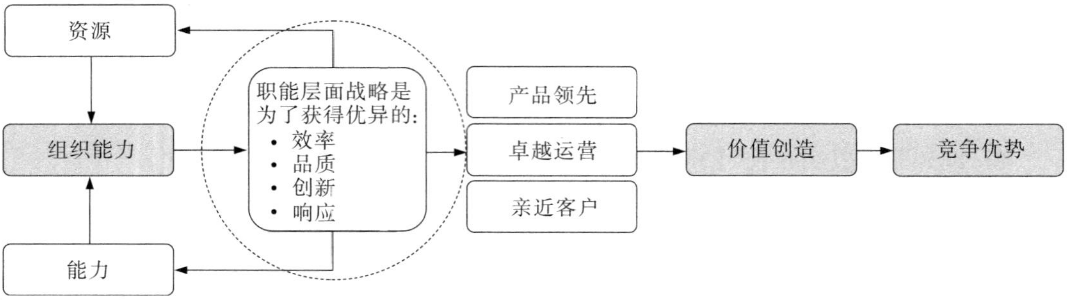

图 2–77　职能层面战略、组织能力、价值主张、价值创造与竞争优势的关系

进一步说，竞争优势的持久性，取决于模仿壁垒、竞争对手能力以及行业动态性（这是战略控制点的问题，需要同战略控制点模块一并考虑）这三个因素。

5. 公司、业务层面战略牵引职能层面战略

前文提出，最终实现竞争优势的是职能层面战略。那么职能层面战略到底是如何被业务层面战略所牵引的呢？具体而言，职能活动受业务设计的牵引，业务设计中的价值主张、活动范围等为不同职能活动的发展提供了指引和方向（图2–78）。下面通过案例进行进一步的分析。

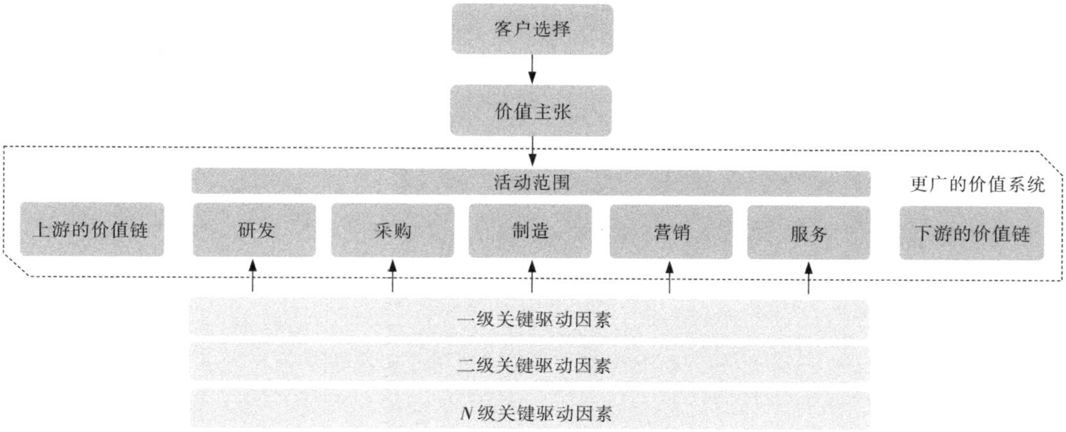

图 2–78　业务设计牵引职能活动

★案例分析

ZARA通过业务战略规划与职能战略规划的联动来实现竞争优势（以研发环节为例，如图2–79所示）。

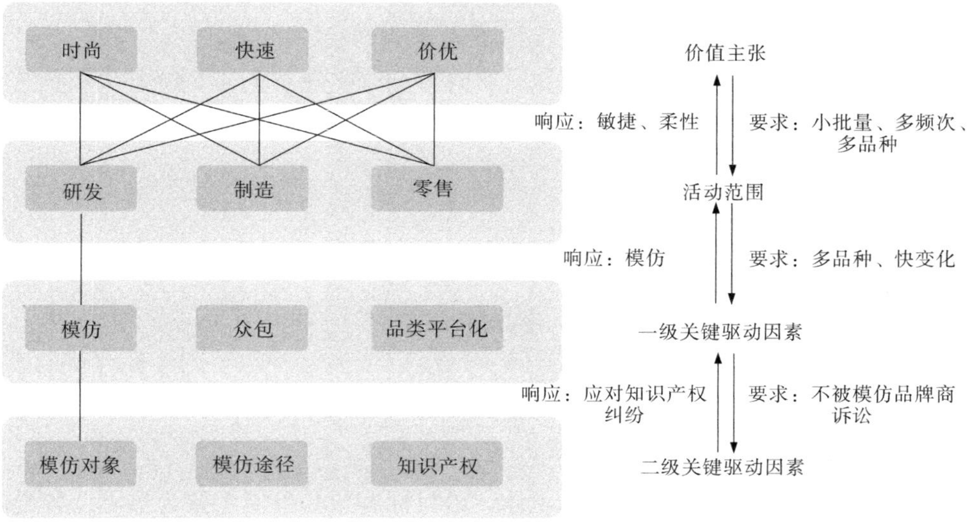

图 2–79　ZARA 竞争优势的实现（研发环节）

活动范围三个环节都需要与价值主张匹配并受其驱动（制造环节也是如此，如图2-80所示）。

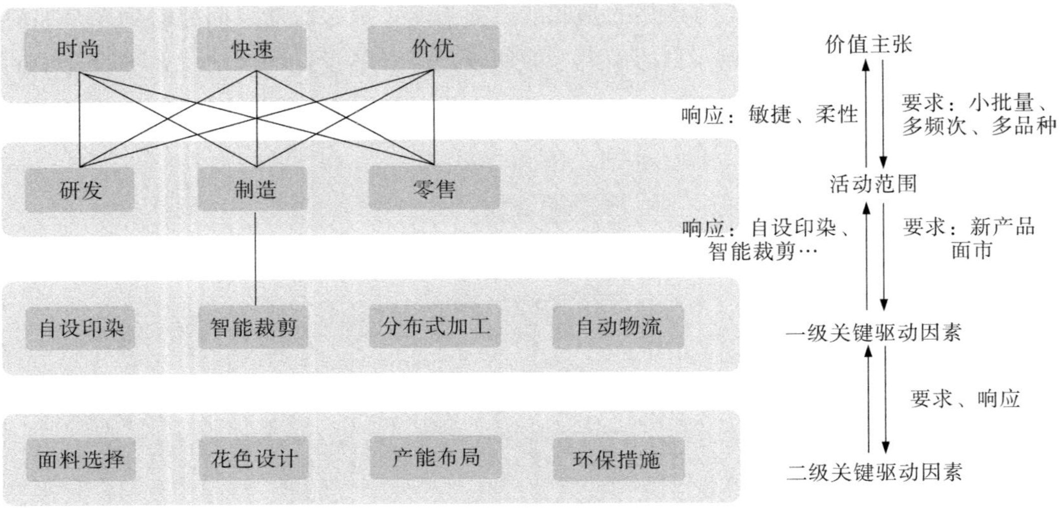

图 2-80　ZARA 竞争优势的实现（制造环节）

ZARA零售环节也类似，如图2-81所示。

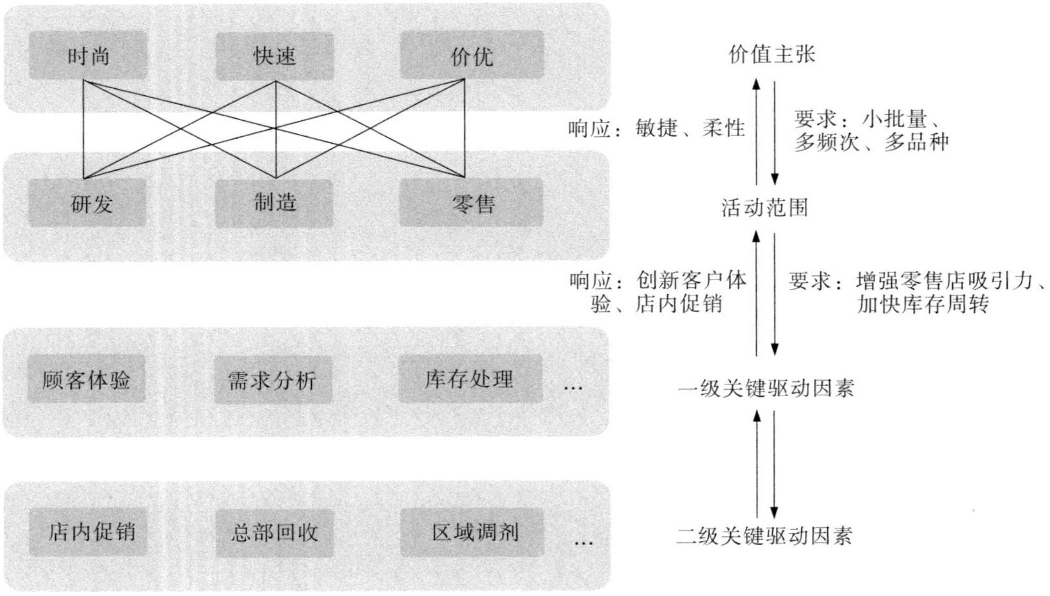

图 2-81　ZARA 竞争优势的实现（零售环节）

企业的全部价值创造活动是一个整体，以目标客户和价值主张为核心，各类职能活动相互关联、相互对齐（这是“战略对齐”的根本原因）：第一，研发、生产、市场营销和销售、客户服务（增值性活动）以及各自的关键驱动因素，与支持性活动紧密关联，前者需要后者提供保障；第二，增值性活动四大关键环节的关键驱动因素向支持性职能（子）活动提出要求，进而影响这些（子）活动的关键驱动因素的设定。例如，研发环节中模仿性开发需在世界主要时装之都设立信息窗口，这就与国际化人力资源配置有关，而这又引发国际化人力资源的引进和开发；制造环节中智能裁剪需以信息技术为基础和依托，这会牵引支持性活动中的信息流（信息系统开发、建设、运行、维护等）做出响应，信息流根据智能裁剪的要求，在物联网、操作系统、数据传递、信息界面等方面（这些均可视作信息流的驱动因素）做出相应的安排；零售环节中顾客体验、需求分析、库存处理等关键驱动因素，严重依赖于高素质零售店长、店员的思考和实践。因此人力资本流中高素质店长、店员的招聘培养则成为其关键驱动因素。

上述职能活动对齐，关键是“目标—策略—行动”等的相互对齐。

多层次的驱动因素被视作围绕战略目标的多层次关键任务和重点工作。关键任务是重点工作的方向和目标，重点工作是实现关键任务的动作和途径。上一层级的驱动因素相对于下一层级的驱动因素是关键任务；下一层级的驱动因素相对于上一层级的驱动因素（关键任务）则是重点工作。为了实现时尚、快速、价优的价值主张，企业必须在敏捷、柔性价值流总体要求下优化制造系统（相对于价值主张），这是一项重点工作；同时这也是统领一系列优化制造系统动作、行为的关键任务，这些动作和举措包括自设印染、智能裁剪等。

为了实现自设印染，企业需在面料选择、花色设计、产能布局、环保措施等方面下功夫，这又构成了关键任务—重点工作关系……层层类推。这种递进的过程，就是最重要的战略分解（战略执行方案深化）。

6. 三层面战略之间的协同

协同（或者称为对齐、校准）是战略的核心要素，要求企业战略满足内外部对齐、长中短对齐、上下对齐、左右对齐（四对齐）。从“内外部对齐”看，企业战略要求与宏观环境、产业环境、市场（客户）环境、竞争环境、组织环境保持一致（完善市场洞察体系职能，这有助于企业战略规划内外部对齐程度提升）；从“长中短对齐”看，企业战略要求考虑核心业务（H1）、发展业务（H2）和种子业务（H3）的协调一致（确定业务组合，是为了使企业提前布局以保证持续增长）；从“上下对齐”

看，企业战略要求考虑公司层面、业务层面和职能层面的战略计划并保持同步（组织的不同层级对应战略的不同层级，因此战略一般可以分为公司层面战略、业务层面战略和职能层面战略）；从“左右对齐”看，企业战略必须考虑事业部之间、事业单元之间尤其是职能部门之间的协调，“左右对齐”是公司价值链和客户价值链的对齐。总之，公司层面战略、业务层面战略和职能层面战略三者之间内外部对齐、长中短对齐、上下对齐、左右对齐（牵引与支撑关系），是战略对齐的基本要求，也是战略规划的难点所在。

第二章分别基于差距分析、战略意图、市场洞察、创新焦点、业务设计、关键任务、人才、正式组织、氛围与文化等要素对BLM框架进行了阐述。下面，我们总结一下BLM框架（包括战略设计和组织设计）。

第一，BLM框架帮我们建立了完整的战略思考框架（图2–82）。

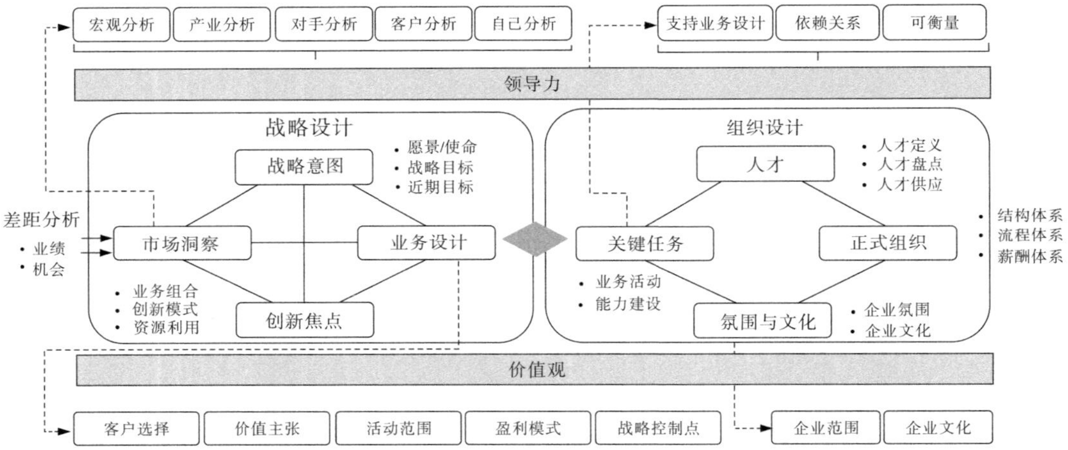

图2–82　BLM框架体系性

任何一个系统包括三个构件：要素、连接、目标。我们不仅要看到要素（BLM框架是“要素模型”，要素模型没有明显的先后顺序），还要看到要素之间的连接关系：系统不仅是一些事物的简单集合，还是一个由一组相互连接的要素构成的、能够实现某个目标的整体。例如，战略对关键任务的决定作用，战略对企业文化的决定作用，价值主张对人才的决定作用，价值主张对组织结构类型的决定作用，等等。

第二，BLM框架是战略、组织和创新理论的结合体，战略规划需要考虑战略、组织和创新问题。进一步说，战略管理是战略、组织、创新、传播、控制等理论的结合体，构建战略管理体系需要考虑战略、组织、创新、传播与控制等问题。

第三，战略管理与组织发展学的结合不是趋势，而是必然。

为什么战略管理（变革）和组织发展学要整合在一起？战略管理可以通过和组织发展学原则相融合得到提升，战略和组织发展不再是两个独立且对立的角度。以前组织发展学的原则很少应用在战略执行上，然而这一情况正在逐渐改变，两方面开始相互融合，相同之处越来越多。

企业所有的事都围绕一件事——制定和实施战略！战略（规划）决定了组织能力、人才配置、组织学习、组织架构、组织流程、文化建设、年度经营计划、预算、绩效等，其相互之间的关系如图2-83所示。

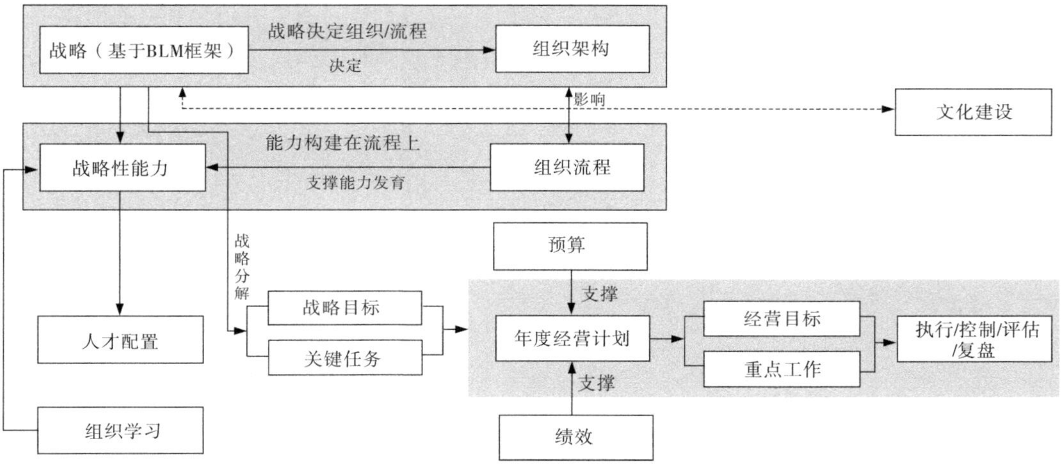

图 2-83　制定和实施战略

至此，我们的战略规划之旅达到一个里程碑了，但是这绝不是终点，接下来的挑战更大：我们将要在承接战略规划（认知之战）之后，在实践之战（这是和认知之战截然不同的另一个战场）中继续前行，在年度经营计划（战略分解）、预算、绩效方面继续前行。

补充说明：理论、概念性框架、模板是相辅相成的，战略设计、组织设计相关模板详见第七章；BLM框架背后的理论基础（图2-84）详见笔者拙作《战略参谋——写出管用的战略报告》，该书较为详尽地介绍了相关战略理论，有兴趣的读者可以阅读。

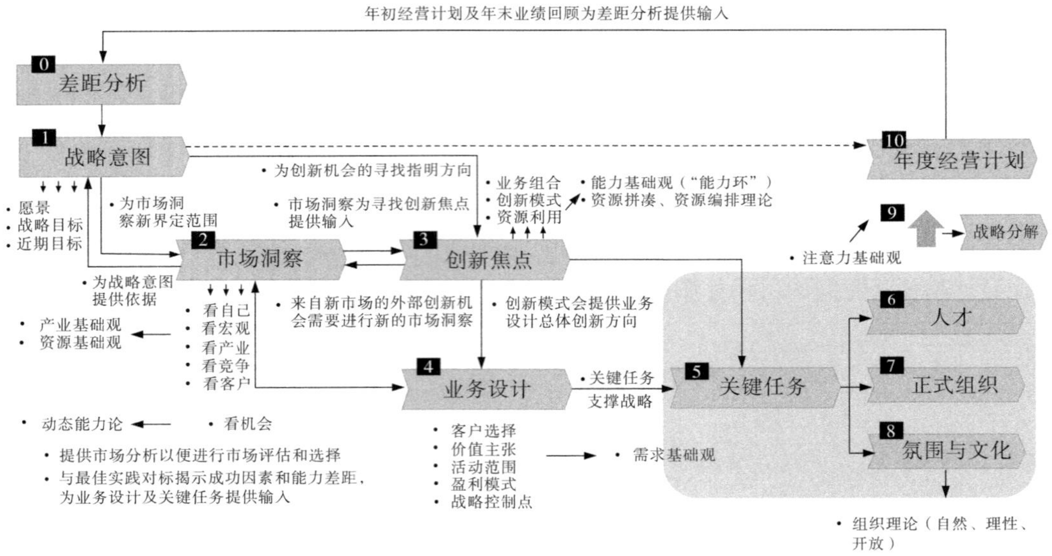

图 2-84 BLM 框架的理论支撑

第三章 战略过程

本章讨论的主要内容是广义战略过程。在此之前，我们先来讨论狭义战略过程。

（1）狭义战略过程

狭义战略过程是指，我们应该采用什么方式来制定战略？如今，战略规划面临重重问题，核心问题离不开传统战略规划过程的一个根本缺陷是：为什么战略规划和战略执行落地难？笔者认为有两个原因，一是战略未能衔接部门、团队和个人，以及战略未能衔接长短期资源分配（这一问题的解决方法在本章第三节）；二是战略决策过程本身出了问题。正如变革大师约翰·科特在《变革正道》中所说的："战略规划很大程度是以管理为中心的活动，而不是以领导力为中心的活动……不是激发更多人的参与。"

因此，近年来一种称为"共创式战略"的战略形成过程引起了人们强烈的关注。从表面上看，共创式战略之所以引起大家的强烈关注，是因为越来越多的企业意识到相比战略内容，战略过程（这里指的是狭义上的战略决策过程）需要更加彻底的改进。战略决策过程存在两种方式：一种是传统的自上而下的方法，特别是实行战略型管控模式的集团公司，子公司的战略制定自由度较低，下属企业负责执行即可；另一种是自上而下和自下而上相结合的方法，下属企业提出战略规划并由上级单位审批。但是这两种方式都存在较大的问题，在《战略规划的兴衰》一书中，明茨伯格对安索夫"计划学派"进行了猛烈抨击；此后他在《战略手艺化》中进一步明确自己的观点：手艺式战略与计划式战略非常不同，其区别就像手艺与机械化之间的区别一样，就像很多陶艺人不得不掌握手艺一样，管理者们也必须把战略手艺化。在这个比喻中，管理者就是陶艺人，战略就是他们的陶土。管理者处在过去的公司能力与未来的市场机会之间，作为一个"手艺人"，他是在感觉这些东西，而不是分析；他的知识是默示的。

从深层次上看，"共创式战略"的兴起是因为知识经济的兴起以及组织知识形成、积累和传递方式的改变（从知识角度看，战略规划的形成可以看作团队成员宏观、产业、竞争、客户以及企业自身知识的相互传递）。“知识管理之父”野中郁次郎认为，如果知识只在个体的头脑中形成，而没有通过相互作用被放大或完善，那么就会产生一个严重的问题：在自上而下的管理模式中，存在少数高层管理人员的命运可能成为公司命运的危险；在自下而上的管理模式中，给予优越性和自主权使知识创造更加耗时。因此，野中郁次郎认为，在知识创造的过程中，建议采用“自中向上而下式”的管理模式来达成这一目标。

一位阿里巴巴前管理人员讲过：“战略一定不是讨论出来的，但是没有讨论的战略都是胡扯。”由此看来，“共创式战略”的兴起本质上是组织学习方式的改变（行动学习的兴起）以及在战略决策质量要求不断提高背景下战略决策方式的改变。在组织学习方式上，行动学习自从发扬光大后，被验证为行之有效的解决现实问题、开发组织成员技能的学习方法论。1981年英国关系学家雷格·瑞文斯提出，为了生存，组织学习的速度必须大于或等于环境变化的速度。“中子弹”杰克·韦尔奇曾说：“GE向全世界宣布：行动学习是GE变成‘全球思想快速转变组织’的主要策略。”

实证研究也为上述观点提供了支撑。在战略决策过程中，大量研究和案例显示团队沟通对战略决策质量至关重要。相关研究已经证明：群体的信息包容量大于个人，因为在群体中每个人的能力、兴趣、看待问题与记忆信息的方式各不相同，即使对于同一信息，每个人都有自己独特的记忆方式，因而使得群体对问题的记忆在内容、范围及深度上都会远远地超过个人；同时，在群体决策过程中，群体内部的讨论给个人修正错误提供了机会。因此，团队沟通将有助于最终战略决策质量的提高：在决策过程中，战略决策团队所需要的决策信息往往比较全面且复杂，这必须依赖于团队成员的群策群力。沟通可以使决策信息更加全面、准确，从而提高决策效率与决策质量。除此以外，团队沟通有利于消解矛盾和冲突，使团队成员从整个团队的利益出发，在决策过程中更好地相互理解与合作，从而做出更高效和更高质量的决策。

总之，只有参与度与共识度“双高”的战略规划，才是有效的战略规划。结构化战略规划工作坊是一种打通团队学习与个人学习的方法，其目的是提高战略决策质量从而形成“双高”战略。当然，从传统的一人决策制向合作式的群体决策制的转变也会带来明显的挑战，合作式的群体决策制更复杂，决策速度和灵敏度会降低，但是“共创式战略”已经越来越为企业所接受和采纳。在初期阶段，实行结构化战略规划工作坊时可以引进具有丰富引导知识的专业引导师。经验丰富的专业引导师会带来一系列高度结构化的流程，帮助企业创建战略规划框架（专业引导师能够帮助参会人员形成一个团队并出色地完成以下工作：聚焦关键问题、构建共同愿景、做出实现这一愿景的行动承诺）。在成熟阶段，具有丰富引导知识的引导师一定是企业的首席战略官。笔者大胆预测，未来战略主管、战略经理、战略总监乃至首席战略官知识结构中必备的是引导知识。

实际上，咨询公司输出方法与工具，辅导并组织企业“自己做战略”，既发挥了咨询公司的方法和工具的强项，又发挥企业内部专业人才的优势——其实这种做法很多年前华为就在用了。华为对于咨询公司的态度一贯是买它的方法和工具，但是不买内容。因此，华为每年做战略的时候都由战略部出流程、工具、模板等，具体的内容由专业的人完成，最后输出汇总到战略部，战略部在这个基础上进行总结和拔高。这样做的好处是既发挥了战略部的专业优势，又提高了业务部门的积极性和专业度，也为战略落地打下了一个非常好的基础。“群众的力量是无穷的”，现有的组织智慧应用不充分对公司来说是极大的浪费，没有全员参与并承诺的战略，也注定是假大空的战略。

成功的战略规划工作坊可以从以下几个方面进行设计。

①整体思路：

传统自上而下的战略过程在很多时候已经不合时宜，在这种情况下，战略规划研讨会逐渐兴起，背后的理念是“企业自己做战略”，战略是不能授权的（可以学习方法论，但是不能完全假手于人进行战略规划）。举办战略规划工作坊的意义在于引导和启发员工，因为“群众的力量是无穷的”，在实际的战略规划工作坊中，中层员工往往迸发出无穷的智慧。因此，企业可以借助“4D模型”“3O模型”群策群力等方法和工具，自中间而上下形成战略规划，并通过过程管理（规划、宣导、分解、执行与控制、评估与复盘）形成管理闭环。

②项目设计工具

企业在研讨的过程中会遇到不少的难点，这是考验引导师功力的时候。部分难点列举如下：第一，业绩差距和机会差距的区别是什么？如何确定机会差距？差距分析如何全程体现在战略规划中？第二，价值观、使命、愿景的区别是什么？三者顺序如何？战略意图对市场的输入是什么？第三，战略转折点是什么？如何形成战略机会点、如何描述战略机会？市场洞察的研究结论如何为其他环节提供输入？第四，机会、产业、业务的区别是什么？如何构建基于机会的业务组合？业务组合如何影响组织设计？第五，机会在业务设计中如何体现？业务设计各环节如何环环相扣？战略风险管理如何在业务设计中体现？第六，战略（尤其是价值主张）与价值观对人才的决定作用是什么？第七，组织架构的决定因素是什么？战略如何影响组织架构、组织流程？为了更好地进行现场引导，可以借助一些引导工具。常见的引导工具有焦点讨论法、世界咖啡、漫游挂图、时间画廊等。

③需求把握工具

基于BLM框架的战略规划工作坊，主要产出包括以下十个方面（这些产出为后续经营计划、全面预算、绩效管理等提供输入）：一是差距分析（我们的业绩差距、机会差距是什么？当前存在的核心障碍是什么？如何关闭/规避？）；二是战略机会（我们面临的战略机会是什么？机会窗口什么时候关闭？）；三是产业链及其利润池（我们所从事的业务利润分布如何？是否占据最有利润的环节？）；四是价值链（包括客户价值链）、竞争优势（我们的核心竞争力是什么？现在还是我们的核心优势吗？在这方面对手是否已经接近甚至超越我们？）；五是战略意图（核心价值观、使命、愿景是什么？它们是如何真实、切实地影响我们的经营管理的？战略目标、近期目标的设立依据是什么？如何拆解战略目标？）；六是业务组合（未来我们的核心业务、发展业务和种子业务是什么？业务组合是否健康？业务布局与战略机会点的关系是什么？）；七是创新模式（为了赢，我们还能进行哪些业务模式创新？包括运营、服务、产品、客户等维度）；八是业务设计（我们最有价值的客户群体是哪些？价值主张应当是什么？如何赚钱？“一盘棋”的考虑是什么？）；九是关键任务（未来3～5年，为了实现战略目标我们应该去做哪些“难而正确”的事情？）；十是现有组织障碍以及未来改善方向（现有架构、流程、人力、文化中有哪些严重制约战略实施的问题？）。

可以看出，战略规划工作坊的产出实际上是缩小版的“BLM框架战略规划”。

此外，还有以下三点需要注意：第一，战略研讨会期望参与者能对会议成果达成共识，而这个过程需要较长的时间。根据专家组多年在引导会议的经验，及对国内外文献研究发现，当人数超过36时，达成共识耗时较长；建议参会总人数不超过40（参与者在组织内部的影响力与对信息搜集的权限，会影响会议的成果与结果）。第二，在战略规划工作坊中，为了更好地引导参与人员思考、分享，富有经验的过程引导师和思想引导师（可以是战略讲师兼任）是必备的。第三，更重要的是，BLM框架不是必需的（任何战略框架都可以用于战略规划工作坊），只是BLM框架在结构化、全面性等方面具有优势，更适用于战略规划工作坊。

（2）广义战略过程

接下来，我们深入讨论广义战略过程。

广义战略是艺术、科学和手艺的结合，如果说战略规划（战略内容）更多地体现了艺术的一面，那么广义战略过程科学的一面更为突出。本书反复强调战略管理不仅是战略规划，它的本质是“管理”；从管理角度看，战略管理和生产管理、财务管理没有本质的区别，应当进入企业日常活动中。广义战略过程包括战略设计、组织设计、战略宣导、战略分解、战略执行、战略控制和战略评估环节，如图3-1所示。

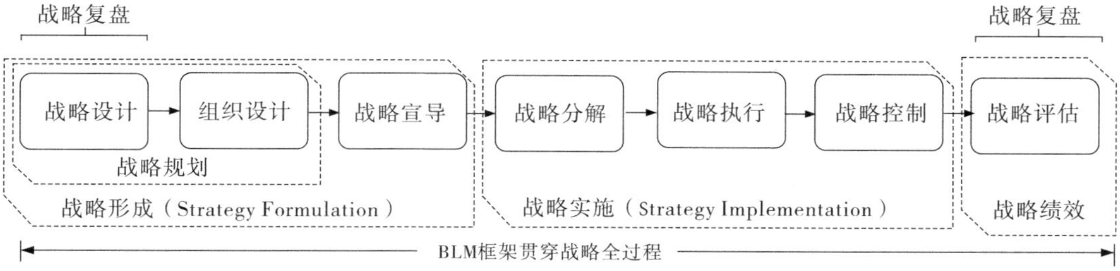

图 3-1　广义战略过程

第一，战略设计：形成企业战略规划，一般在上半年进行，也叫春季规划，制定未来3～5年的战略规划；第二，组织设计：使关键任务、正式组织、人才、氛围与文化等因素和战略设计相匹配；第三，战略宣导：将一个已经清晰、明确的战略，在不同层级和环境中进行宣讲；第四，战略分解：通过分解形成业务计划，一般在下半年进行，也叫秋季规划，制定下一年度经营计划和预算；第五，战略执行与监控：持续进行，定期（季度或月度）对SP和BP进行审视和更新；第六，战略评估：对战略执行情况进行评估和总结，包括组织和团队绩效、个人绩效、项目绩效、管理体系评估等；第七，战略复盘，顾名思义，是指对战略进行回顾。值得注意的是，一些研究将战略评估和战略复盘放在一起，对此笔者并不认同。战略复盘可以发生在战略过程中的任何阶段。与此类似的理解偏差是"差距分析"，很多人认为差距分析只发生在SP制定之前（例如在市场洞察之前），但实际上差距分析可以发生在任何阶段，因为差距分析本身也包含了"执行差距"。此外，一些企业在战略分解之后进行战略宣导，并把战略分解作为战略宣导的主要内容。笔者认为这种做法也无可厚非。

最后还需要指出的是，根据管理方式的不同，人们把战略管理分为常规型战略管理和涌现型战略管理，常规型战略管理的重要特征是先有组织目标。尽管常规型战略管理具有一定的优点，但是也受到了大量的批判，其中的代表是加拿大麦吉尔大学的亨利·明茨伯格教授（近几年明茨伯格已经修正了他的观点，并接受了一些战略规划有利于组织发展的观点）。涌现型战略管理是指最终目标不清晰的战略管理。一些研究认为应该把战略管理视为一个通过不断试错、反复尝试和一步一步前进的方法来制定战略的过程。笔者认为，常规型战略管理和涌现型战略管理并不是割裂的。即使在某种情境下涌现型战略管理占据主导地位，但是战略管理的基本环节——战略设计、组织设计、战略宣导、战略分解、战略执行、战略控制和战略评估并没有消失，而是边界模糊了。

（3）代表性战略管理流程——DSTE、6S、战略部署及其他

APQC（美国生产力与质量中心）对战略管理流程有过描述，其中1.0“开发愿景和战略”是12个流程类中最宏观的，超脱了具体的业务形态，是从战略的视角来分析外部环境并做好内部的战略性资源的配置。但是APQC仅仅是作了一个框架性的指导，实践意义不强，也缺乏必要的模板、表单等。经过不断的实践，领先企业在战略过程管理方面已经积累了一些经验并进行了工具化，这包括华为首创，众多企业学习模仿、内化的DSTE（Develop Strategy to Execution，开发战略到执行）体系；华润、中粮、中化及其子公司实践总结的6S体系；顺丰等企业根据自身经验总结的方法论等（图3–2）。

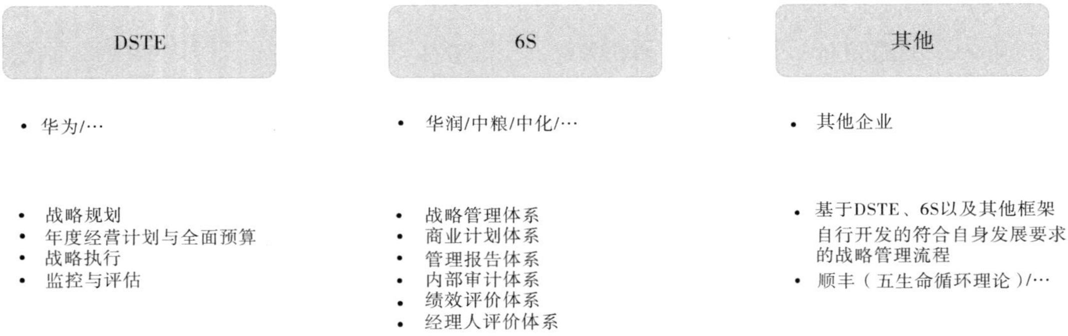

图 3–2　国内常见战略管理体系

①DSTE流程

DSTE是华为流程体系中的重要组成部分（读者可以思考一下：华为DSTE在流程框架中编号是5.0；而在APQC中却是1.0，为什么？），华为业务流程覆盖全业务，分为执行类、使能类、支撑类三大类流程，DSTE流程属于使能类流程。使能类流程响应执行类流程的需要，用以支持执行类流程的价值实现。图3–3是华为DSTE体系的简化版。

从时间上看，采用BLM框架进行战略规划，从当年4月开始，9月完成；战略规划批准发布后，进入年度业务计划与预算循环，从当年9月底到次年3月；管理执行与监控循环全年例行开展，同时定期举行战略相关会议，这是华为战略过程的基本流程。从内容上看，DSTE由战略规划与宣导，年度经营计划与全面预算，战略执行、监控与评估组成，具有较为普遍的意义。华为把中长期规划称为战略规划，周期为5年，每年进行滚动。长期规划周期根据行业和企业的不同，可以自己制定，建议在3～10年；业务计划周期为12个月，也定期进行滚动。

公司层面的SP和BP必须分解到各个业务单元、各个功能部门，才能最终得以执行

和实现。DSTE流程（使能类一级流程），是从落实公司战略规划到年度业务计划与预算，并跟踪执行，最后进行绩效考核形成闭环。上述DSTE流程为通用流程：战略规划流程提供了适合集团、BG（业务集团）/SBG（服务型业务集团）/BU（业务单元）标准场景的流程，年度业务计划与预算流程提供了集团、BG标准场景的流程，管理执行与监控流程提供了集团、SBG/FU（职能单元）、BG及下层业务组织（含BU等）标准场景的流程，其他场景可参照进行适配。各部门在实际执行过程中可在遵循集团统一时间框架的基础上，根据自身情况进行适配。

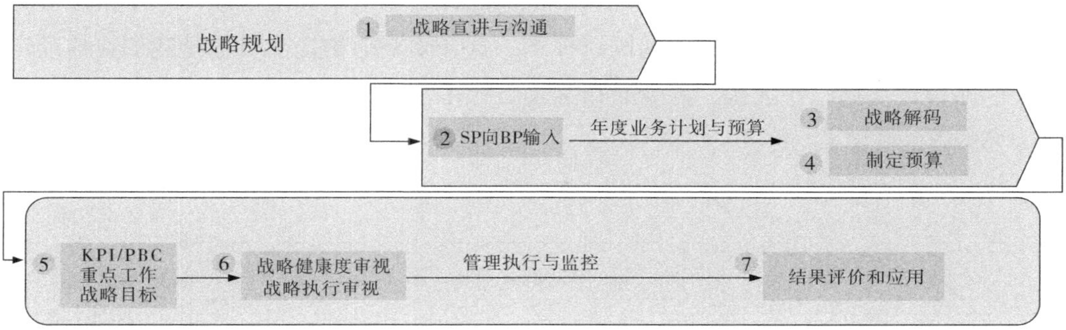

图 3-3 华为 DSTE 体系（简化版）

DSTE流程的特点总结如下：第一，会议管理日历化，确保各级管理体系运作高效；第二，公司各部门进行战略规划时采用统一的方法和模型（BLM框架）；第三，将SP、BP、全面预算、人力预算、重点工作、KPI、个人绩效承诺（PBC）、述职等进行有效集成，明确各环节的开展节奏和评审程序；第四，通过战略分解将战略与重点工作、KPI、PBC有效衔接，确保战略到执行形成闭环；第五，沿着DSTE流程进行战略规划、预算等的决策授权。

可以看出，整个DSTE流程建立在PDCA循环科学原理之上（PDCA循环由美国质量管理专家休哈特博士最先提出，并由戴明采纳、宣传，获得普及），本质上没有“神秘之处”。PDCA循环在战略管理体系上的具体体现如下：在计划—执行—检查—处理（PDCA）循环中，典型的模式是“四个循环”“八个步骤”。如果企业只是制定一个战略出来，而不去实践和管理，那必将失去战略的基本意义。近年来，有人将PDCA循环拓展为PDCA-F。F（Follow）具有“跟进、确认”的含义，强调了跟踪、确认和解决的重要性，但是万变不离其宗，内核是不变的。

与PDCA循环相对应的是OODA循环，OODA循环理论发明人为美国空军上校约翰·博依德，基本观点是武装冲突可以看作敌对双方互相较量时谁能更快更好地完成“观察—判断—决策—行动”的循环程序。OODA循环由Observation（观察）、

Orientation（定位）、Decision（决策）、Action（执行）四个单词的首字母组合而来，这是与PDCA循环存在很大差异的一种理念，是一个对目标驱动的战略规划很重要的补充（图3-4）。肯尼斯·斯坦利与乔尔·雷曼曾经出版过一本书，叫作《为什么伟大不能被计划》，对目标提出了疑问，引人深思。实际上，我们所说的战略计划（无论是SP还是BP）本质上是基于"目标"的（首先确定一个目标，然后规划实现路径……），但在高度不确定领域（例如创新领域、种子业务等）本质上是没法提出目标的，这时必须切换思维模式。这实际上意味着，对于种子业务的战略规划，BLM框架往往是无能为力的，因为BLM框架基于目标的种子业务不确定性高，根本没法确定具体的目标，只能依赖于在行走的同时探索，这和明茨伯格提出（也是我们在前面讲述）的涌现型战略是相通的，后者是指最终目标不清晰以及在战略实施过程中不断形成主要因素的战略。

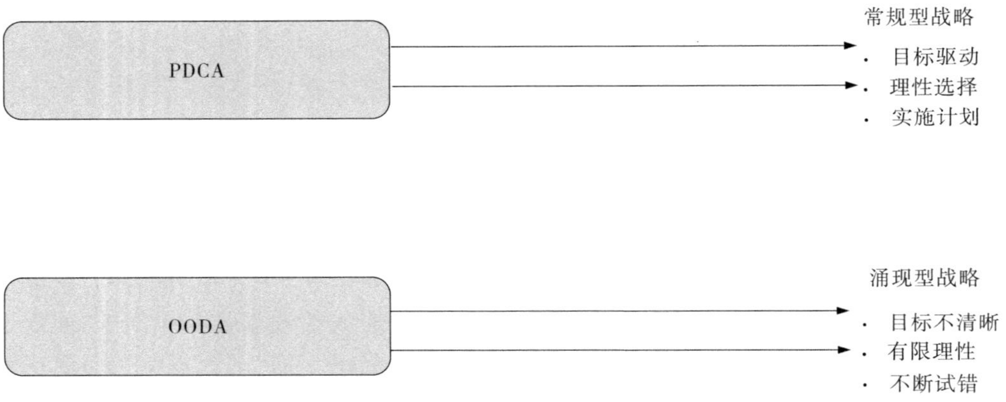

图3-4 PDCA与OODA

②华润6S体系

1999年华润集团在内部设计和导入了一套被宁高宁视为母子公司运行大平台的母子公司管理体系——华润6S体系。华润6S战略过程也符合PDCA循环原则，与战略管理一般流程大同小异，具体作用和分工如下：战略规划体系是起点，确定业务单元的发展方向、中长期战略目标和重大战略举措，主要由集团战略管理部组织推进；商业计划体系对战略举措进行分解，并制订行动计划和预算，落实战略举措，每年进行战略检讨和战略落实，主要由集团战略管理部组织推进；管理报告体系对战略执行的过程和结果进行监控和分析，主要由集团战略管理部组织推进；战略审计体系对战略执行的方向、行动计划与战略的一致性、战略执行结果的真实性等进行审计，为业绩评价、经理人考核与任免提供依据，主要由集团审计部组织推进；战略评价体系对战略执行过程和结果进行评价，主要由集团战略管理部组织推进；经理人评价体系依据战略评价结果对经理人进行考核奖惩，主要由集团人力资源部组织推进，各体系均以战略为主线。

经过多年的不断完善，新版6S管理体系中6个子系统构成了闭环的战略管理体系，正式包含战略规划、战略实施、战略控制和战略评价的功能。自2009年起，6S管理体系中的全面预算体系被更新为商业计划体系，华润集团有意识地淡化预算，使之与行动方案共同成为商业计划体系的一部分。6S体系演变过程如图3-5所示。

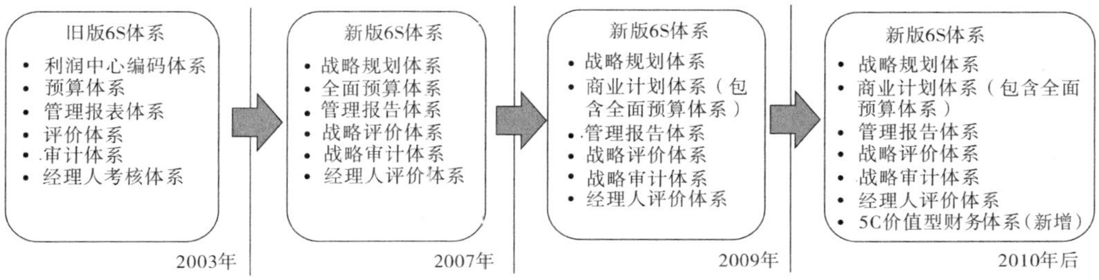

图 3-5　6S 体系的演变过程

对6S不同体系分工如下：集团战略管理部主导战略规划、商业计划、管理报告、战略评价；集团审计部主导战略审计；集团人力资源部主导经理人评价。从20世纪90年代中期开始，华润集团的多元化经营给集团管控带来了一系列的挑战（例如“失控”），因此基于6S体系华润集团也建立了相应的战略管理日历，其日期划分与完成内容基本与华为DSTE类似。

华润集团对战略管理工作较为重视，其总部人数大约为400，仅战略管理部人员就达到近80人，大约占总部人数的1/5，战略管理部是总部的第一大部，下设战略规划、经营管理、投资管理、协同管理办公室等处室。值得注意的是，华润集团十分重视平衡计分卡在6S管理体系中的应用。2003年，华润集团开始在SBU（战略业务单元）和利润中心推广平衡计分卡，并采取图（战略地图）、卡（平衡计分卡）、表（管理报表）三种形式。可以看出，华为DSTE和华润集团6S战略管理体系的一个共同点是，遵循了PDCA的基本原则。笔者研究了不少战略管理出色的企业，其战略过程都遵循PDCA循环这个朴素的原理。尽管两个不同企业发展模式有很大差异（一个多元化、一个专业化），在管控模式上也很不同，但两个企业的战略管理体系是相通的。整个战略执行管理有很多动态环节和联系，依靠原有的传统组织功能单元进行协调会有一定的难度，所以可以新增一个专门的职能单元进行协调，一般称之为战略管理办公室。战略管理体系处于初级阶段时，工作量较少，可以将该项职能设置在综合部，将来需要承担的任务量逐渐增加后，可以再设置一个部门进行承担。战略管理办公室有三个角色：首先是组织设计战略和运营管理流程的构建者；其次是这个管理体系中多个关键流程的管理者，其要推动跨业务、跨职能的流程执行，如战略制定、战略规划等；最后是整合者，其要确保战略能够引导企业各个职能系统形成战略协同，包括财务管理、战略沟通、人力资源规划和绩效管理等方面的共享。当然，最本质的问题不是是否设置战略管理办公室——这是不少企业比较纠结的问题——而是该职能是否已经有角色（岗位）承担。

第一节 战略规划

从战略管理体系上看，战略规划是起点也是关键（后续环节无非对战略规划环节的展开和管理），本书将BLM框架作为战略规划的核心方法论，但他山之石可以攻玉，还有不少经实践被证明行之有效的方法论，本节将进行简要介绍。

1. 业务领导力模型（BLM）

在战略过程中，起点是战略规划，可以采用BLM框架来完成，它是解决战略问题的统一语言和思维框架，可以应用于公司、业务和职能等不同层面。在华为等公司的影响下，应用这个框架作为战略规划基本方法论的公司越来越多了。BLM框架并不是只适用于公司层面和业务层面。BLM框架的一个主要特点是，它是一个语言统一的框架，即适用于公司、业务和职能三个层面，但是在职能层面，笔者观察发现国内企业应用不多。究其原因，猜测有两点：一是BLM被称为“业务领导力模型”或者“业务领先模型”，容易被人误以为更加适用于指定业务战略，而对职能无能为力或不适合；二是BLM框架应用于职能层面战略规划的相关资料很少，一定程度上影响了它的应用。鉴于此，以下将分别就不同职能层面战略应用BLM框架进行说明，尽管可能存在一定程度的内容重复。

BLM框架是一个统一的战略规划工具，不管是销售线、品牌线还是职能线，最终战略规划都可以应用这个工具。公司层面、业务层面的BLM战略规划模板是类似的，以下就研发等职能层面战略如何应用BLM框架进行说明。这里需要说明的是战略规划制定主体的问题，首先从战略的分层说起。“战略之父”安索夫首先将企业战略分为公司总体战略和经营战略（也就是业务战略）两大类型，前者决定企业该进入哪种类型的经营业务，而后者则在企业进入某种类型的经营业务以后，决定在这个领域里进行竞争与运行的方式和方法；后来斯琴德尔和霍弗在安索夫的基础上开发了“战略管理四层面法”（即职能层面、业务层面、公司层面以及集团层面），最后简化为“战略管理三层面法”。根据巴纳德对组织的定义（由两个或以上的人自觉协作的活动或者力量所组成的一个体系），组织的本质是“协作活动的集合”，因此职能层面战略本质上是这些相互协作的“运营活动的战略”而不是“战略部门的战略”，这是实践中一个常见的误区。与此类似，很多人误认为业务层面战略的制定主体是业务部门，实际上业务层面战略制定主体是事业部负责人或者是由业务部门牵头的小组（小组成员包括职能部门负责人），因为业务层面战略不是业务部门的战略，是“某一领域进行竞争与运行的方式和方法”，这显然不是业务部门所能决定的。当然，公司层面战略的制定主体是董事会，这是责无旁贷的。

（1）研发

研发战略规划编制报告框架包括战略执行回顾、市场洞察、战略意图、业务设计、关键任务、正式组织和人才等内容，分别介绍如下。

①战略执行回顾

战略执行回顾，主要分析业绩差距（职能层面战略规划不做机会差距分析，下同），包括分析现有经营结果和期望值（目标值）之间的差距及其根因（以2022年为例，当时目标值是多少，结果是多少？两者差距是多少？形成差距的根因是什么？可能的解决之道或者创新解决方式是什么？）。

②市场洞察

研发战略市场洞察聚焦于与技术职能相关的宏观、产业、竞争、客户以及内部变化情况分析（包括但不限于以下内容，由规划编制人员根据职能单元具体情况选择）：宏观分析包括5G+ABCDE分析等，ABCDE即人工智能、区块链、云计算、大数据、边缘计算；产业分析包括汽车电子及其相关产业技术动态分析等；竞争分析包括竞争对手技术储备分析；客户分析包括客户如何评价公司技术能力等；内部变化情况分析包括公司技术盘点等。

③战略意图

战略意图包含：上位战略解读，职能定位和战略目标。

上位战略解读关注要点包括：公司核心价值观、使命、愿景是什么？公司不同业务板块H1、H2、H3业务分别是什么？各层级业务设计是什么？对本职能单元的总体要求是什么？（本职能单元需要达到什么状态，才能实现上位规划的价值主张）

职能定位关注要点是根据公司的战略意图以及所处的发展阶段，本职能单元的定位应该是什么？目前是什么？将来是什么？（职能单元的准确定位在职能单元战略规划中至关重要）

战略目标与业务层面战略类似，不再赘述。

④业务设计

研发职能战略业务设计核心逻辑如图3-6所示。（注意：公司、业务层面战略牵引示例，要根据实际情况重新思考，不能也不必照搬；根据该逻辑编制本职能单元的长期部署如技术路线，下同）

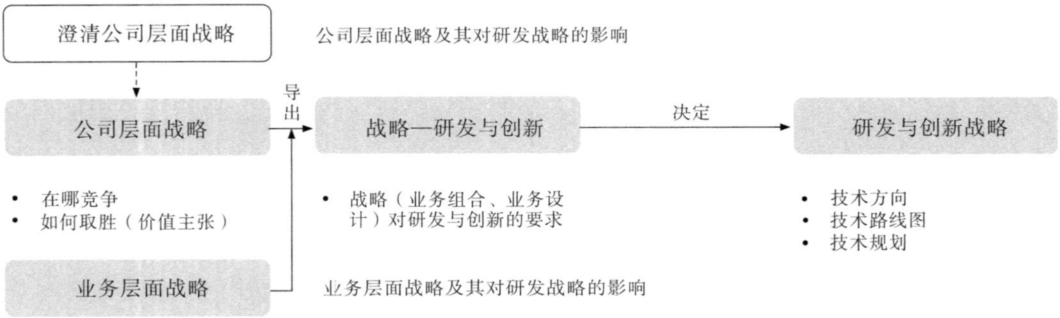

图 3-6　研发职能战略业务设计核心逻辑

⑤关键任务——职能单元关键任务、子任务的确定

这与业务层面战略类似，请参考第二章相关内容。

⑥正式组织与人才

这与业务层面战略类似，请参考第二章相关内容。值得注意的是，根据职能层面战略的定义，这里的“组织”是某个职能的组织方式，而不是职能部门的内部组织方式。

由于不同职能层面战略在内容上存在一定的重复性，为节约篇幅，其他职能层面战略的战略执行回顾、战略意图、关键任务、正式组织与人才不再分别列出，以下仅讨论市场洞察与业务设计。

（2）采购

①市场洞察

采购战略市场洞察聚焦于与采购职能相关的宏观、产业、竞争、客户以及内部变化情况分析（包括但不限于以下内容，由规划编制人员根据职能单元具体情况选择）：宏观分析包括宏观经济景气分析等，产业分析包括采购经理指数（PMI）分析等，竞争分析包括竞争对手采购资源、采购价格分析等，客户分析包括客户如何评价公司采购资源、能力等，内部变化情况分析包括公司采购资源、能力盘点等。

②采购职能战略业务设计核心逻辑

采购职能战略业务设计核心逻辑如图3-7所示。

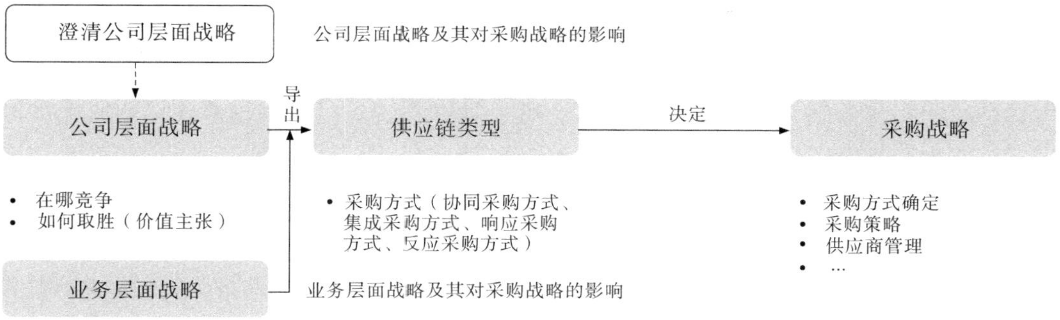

图 3-7 采购职能战略业务设计核心逻辑

（3）制造

①市场洞察

制造战略市场洞察聚焦于与制造职能相关的宏观、产业、竞争、客户以及内部变化情况分析（包括但不限于以下内容，由规划编制人员根据职能单元具体情况选择）：宏观分析包括工业4.0、智能制造分析等，产业分析包括汽车产业及其相关产业制造智能化水平分析，竞争分析包括竞争对手制造能力、制造水平分析等，客户分析包括客户如何评价公司制造资源、能力等，内部变化情况分析包括公司制造资源（生产线）、能力（生产瓶颈）盘点等。

②制造职能战略业务设计核心逻辑

制造职能战略业务设计核心逻辑如图3-8所示：

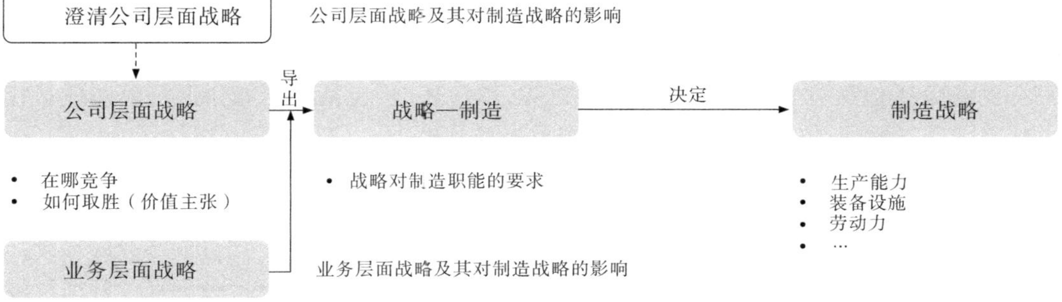

图 3-8 制造职能战略业务设计核心逻辑

（4）营销

①市场洞察

营销战略市场洞察聚焦于与营销职能相关的宏观、产业、竞争、客户以及内部变化情况分析（例如新的政策、竞争对手新动向等）：宏观分析包括国家营销、传播发展变化情况分析等，产业分析包括汽车电子及其相关产业新营销手段分析等，竞争分析包括竞争对手营销资源、能力、方式、水平分析等，客户分析包括客户如何评价公司营销能力等，内部变化情况分析包括公司营销资源、能力盘点等。

②营销职能战略业务设计核心逻辑

营销职能战略业务设计核心逻辑如图3–9所示。

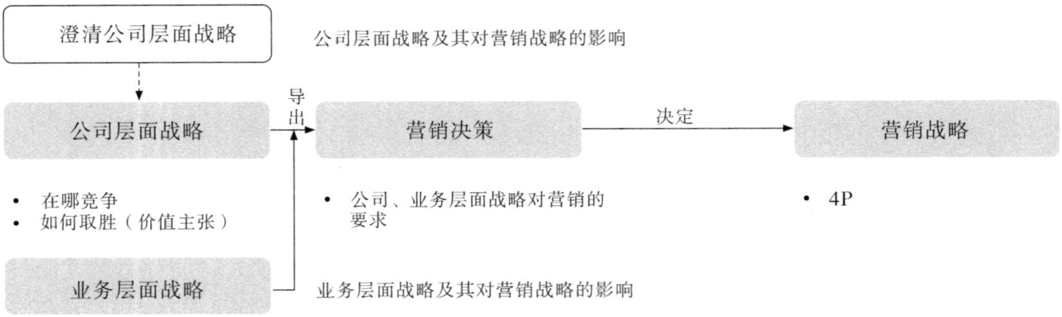

图 3–9　营销职能战略业务设计核心逻辑

（5）质量

①市场洞察

质量战略市场洞察聚焦于与质量职能相关的宏观、产业、竞争、客户以及内部变化情况分析（包括但不限于以下内容，由规划编制人员根据职能单元具体情况选择）：宏观分析包括国家一定时期对产品或服务质量目标要求和质量监督政策的分析等，产业分析包括国内外市场对产品或服务的质量需求变化趋势和发展动向的分析等，竞争分析包括竞争对手质量能力分析等，客户分析包括客户如何评价公司质量建设情况等，内部变化情况分析包括公司质量能力分析等。

②质量职能战略业务设计核心逻辑

质量职能战略业务设计核心逻辑如图3–10所示。

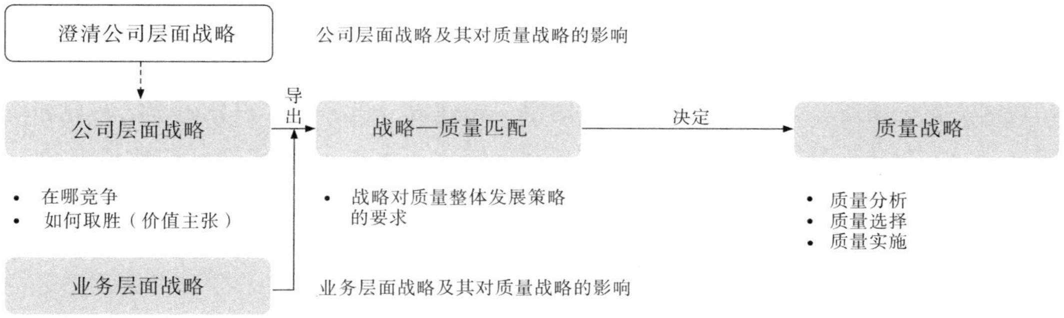

图 3-10　质量职能战略业务设计核心逻辑

（6）人力

①市场洞察

人力战略市场洞察聚焦于与人力资源职能相关的宏观、产业、竞争、客户以及内部变化情况分析（包括但不限于以下内容，由规划编制人员根据职能单元具体情况选择）：宏观分析包括国家人力资源政策变化情况分析等，产业分析包括汽车电子产业人才吸引力、供给情况分析等，竞争分析包括竞争对手人力储备、薪酬对比（尤其是高管、核心技术人员、营销人员）分析等，客户分析包括客户、供应商如何评价公司人力资源建设情况（例如项目经理能力需要提升）等，内部变化情况分析包括公司人才盘点等。

②人力职能战略业务设计核心逻辑

人力职能战略业务设计核心逻辑如图3-11所示。

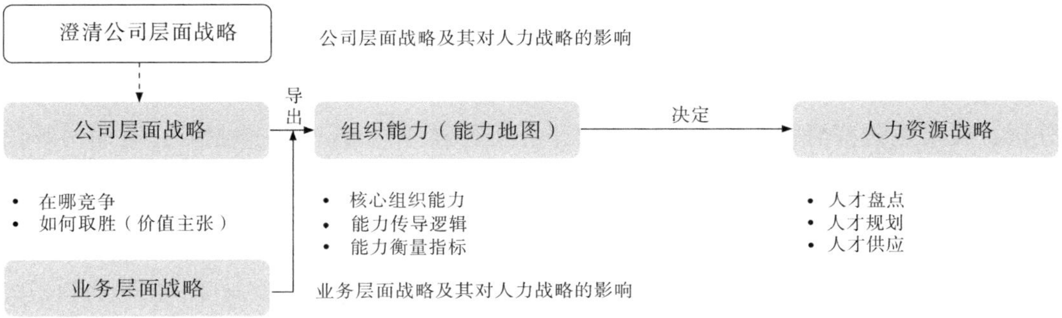

图 3-11　人力职能战略业务设计核心逻辑

（7）文化

①市场洞察

文化战略市场洞察聚焦于与企业文化职能相关的宏观、产业、竞争、客户以及内部变化情况分析（包括但不限于以下内容，由规划编制人员根据职能单元具体情况选择）：宏观分析包括Z世代文化、00后文化、跨文化分析等，产业分析包括汽车文化、互联网文化分析等，竞争分析包括竞争对手文化建设分析等，客户分析包括客户如何评价公司文化建设情况等，内部分析包括文化解读、战略—文化匹配分析（企业文化是否阻碍企业战略的实现）等。

②文化职能战略业务设计核心逻辑

文化职能战略业务设计核心逻辑如图3-12所示。

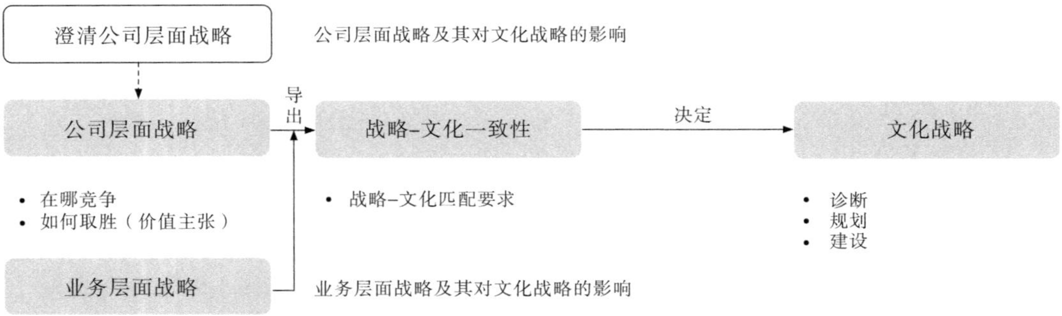

图3-12　文化职能战略业务设计核心逻辑

（8）信息化

①市场洞察

信息化战略市场洞察聚焦于与信息化职能相关的宏观、产业、竞争、客户以及内部变化情况分析（包括但不限于以下内容，由规划编制人员根据职能单元具体情况选择）：宏观分析包括ICT发展现状与趋势分析（如5G+ABCDE）等；产业分析包括汽车电子及其相关产业信息与通信技术水平分析等；竞争分析包括竞争对手信息化建设分析、数字化转型情况分析、异业对标（最佳实践）等；客户分析包括客户信息化建设分析、数字化转型情况分析，客户如何评价公司信息资源建设（包括安全方面）等；内部分析包括公司战略-IT一致性分析、业务与IT匹配程度分析等。

②信息化（数字化）职能战略业务设计核心逻辑

信息化（数字化）职能战略业务设计核心逻辑如图3-13所示。

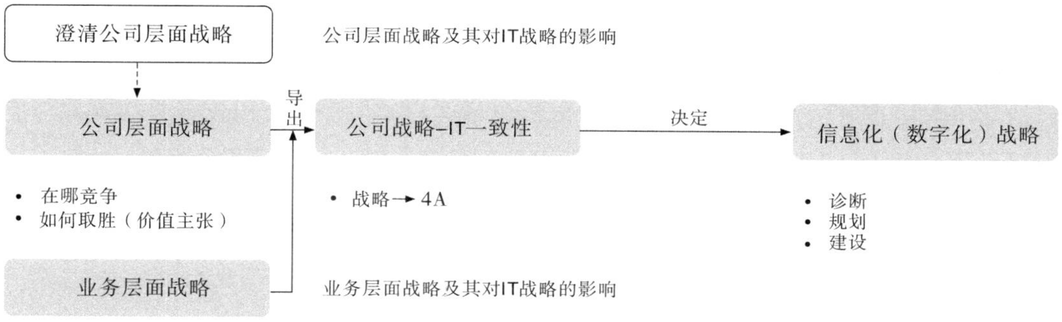

图 3-13　信息化（数字化）职能战略业务设计核心逻辑

（9）财务

①市场洞察

财务战略市场洞察聚焦于与财务职能相关的宏观、产业、竞争、客户以及内部变化情况分析（包括但不限于以下内容，由规划编制人员根据职能单元具体情况选择）：宏观分析包括重大宏观经济政策（产业、财政、货币、价格、税收、收入分配、外贸等）变动情况分析等，产业分析包括汽车电子及其相关产业资本市场、货币市场发展情况分析等，竞争分析包括竞争对手财务资源分析等，客户分析包括客户如何评价公司财务资源、能力情况等，内部分析包括公司财务资源、能力盘点等。

②财务职能战略业务设计核心逻辑

财务职能战略业务设计核心逻辑如图3–14所示。

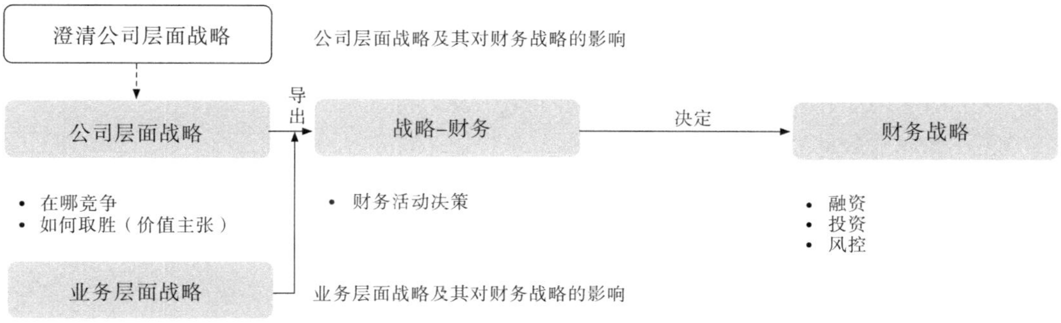

图 3-14　财务职能战略业务设计核心逻辑

（10）投资并购

①市场洞察

投资并购战略市场洞察聚焦于与投资并购职能相关的宏观、产业、竞争、客户以及内部变化情况分析（包括但不限于以下内容，由规划编制人员根据职能单元具体情况选择）：宏观分析包括货币政策、财政政策、融资利率分析等，产业分析包括汽车电子及其相关产业投融资动态、行业与技术趋势动态、新商业模式研究等，竞争分析包括竞争对手投融资情况分析等，客户分析包括客户如何评价公司投资并购资源与能力情况等，内部分析包括公司投资并购能力分析、产业链布局完成率分析等。

②投资并购职能战略业务设计核心逻辑

投资并购职能战略业务设计核心逻辑如图3-15所示。

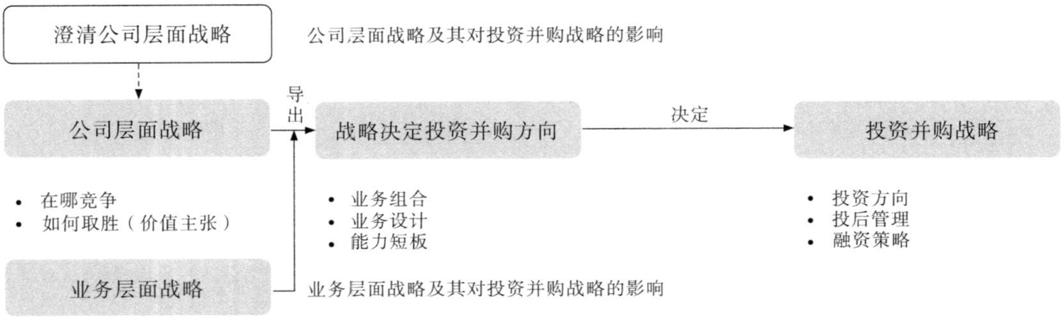

图3-15 投资并购职能战略业务设计核心逻辑

（11）产品

①市场洞察

产品战略市场洞察聚焦于与产品职能相关的宏观、产业、竞争、客户以及内部变化情况分析（包括但不限于以下内容，由规划编制人员根据职能单元具体情况选择）：宏观分析包括5G+ABCDE分析等；产业分析包括汽车电子及其相关产业产品分析等；竞争分析包括竞争对手产品（线）分析等；客户分析包括客户如何评价公司产品（线）情况等；内部分析包括公司产品（线）盘点等。

②产品职能战略业务设计核心逻辑

产品职能战略业务设计核心逻辑如图3-16所示。

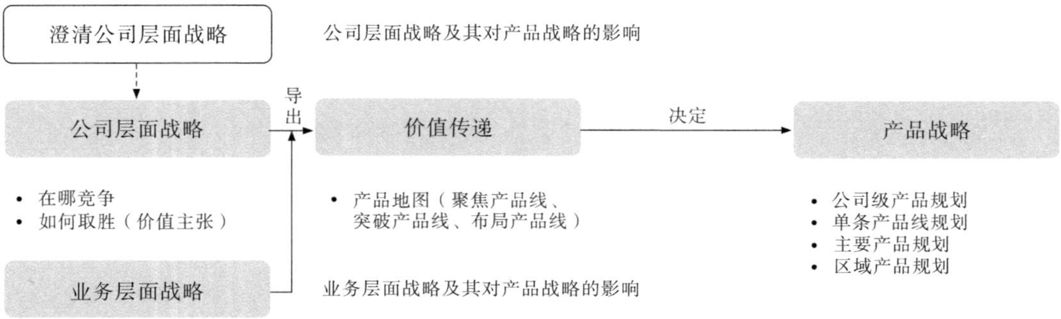

图3-16 产品职能战略业务设计核心逻辑

鉴于BLM框架具体内容在前面章节已经展开论述，此处不再赘述。但是BLM框架并非唯一（也不一定是最好）的战略规划框架，下面介绍其他在领先公司应用时间较长、经过验证的方法论。

2. 6S体系“6步法”

6S管理体系是由华润宁高宁首创的，它包含了战略规划，战略规划由“6步法”组成。平衡计分卡把长期的战略和评价指标与更具体的战术计划及预算相联系，来支持一个完整的战略管理系统，如图3–17所示。

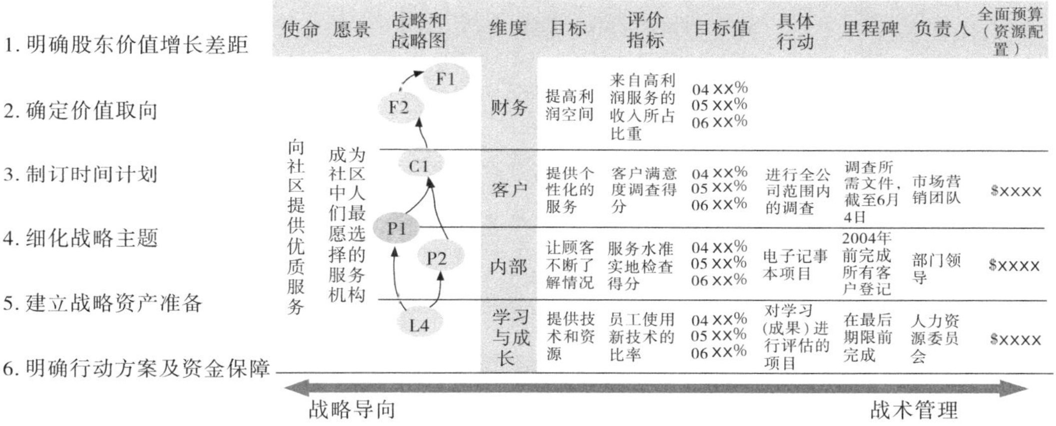

图 3–17 战略规划“6 步法”

战略规划体系（“6步法”）是6S的起点，也是6S的重要组成部分，其运行流程如表3–1所示。

表3–1 6S中的战略规划体系

序号	核心任务	7月	8月	9月
1	集团提出总体战略目标，战略管理部提出战略制定工作方案			
2	集团战略管理部要求各业务单位按照个性化的战略编制模板和战略关键问题滚动修订五年战略规划			
3	各业务单位进行战略反思，制订战略规划			
4	战略管理部对各业务单位的战略规划初稿提出反馈意见			
5	战略管理部对各业务单位的战略规划提出初审意见，供6S委员会及集团董事会参考			
6	集团组织召开战略咨询研讨会，就各业务单位的战略做出决策，并以会议纪要形式作出批复，下发各业务单位执行			

3. GE“五页幻灯片法”

杰克·韦尔奇是一个传奇人物，他提出的六西格玛、战略制定三步骤和五页幻灯片法、活力曲线、群策群力、无边界组织等管理理念和工具，都对全球企业产生了深远的影响。2020年3月2日，GE前董事长兼CEO杰克·韦尔奇去世。根据他在《赢》以及《商业的本质》中的介绍，GE多年来用五张幻灯片制定企业战略：第一张幻灯片评估公司所在的“竞技场”，第二张幻灯片分析竞争对手最近的动向，第三张幻灯片分析本公司在过去一年内的状况，第四张幻灯片分析潜在的变量，第五张幻灯片分析本公司的优势（表3–2）。我们把这五个步骤，加上韦尔奇极为重视的“使命”因素（即“你为什么要赢？”），总结为六步为“赢”法。

表3–2　GE“五页幻灯片法”

幻灯片	内容
幻灯片一： 今天的竞技场是什么样的？	在你所属的行业里，都有些什么样的竞争对手，它们是大是小、是新企业还是老牌公司？ 在全球市场和每个国家的市场里，这些企业各自占有多大的份额？你的企业在哪个市场上更擅长？ 这个行业有什么特征？是大众化的，还是高附加值的，还是介于这两者之间？是长周期的，还是短周期的？它处在行业增长曲线的什么位置？决定利润率的主要因素是什么？ 每个竞争者的优势和劣势都有哪些？他们的产品是否出色？各自在研发上花了多大力气？各个对手的销售能力如何？其企业文化在多大程度上是业绩导向的？ 这个行业的主要顾客有哪些，他们有怎样的购买方式？
幻灯片二： 最近的竞争形势如何？	过去一年里，各个竞争对手都有哪些可能改变市场格局的举动？ 是否有人引进了可以改变游戏局面的新产品、新技术或者新销售渠道？ 是否出现了新的进入者，它去年的业绩如何？
幻灯片三： 你的近况如何？	过去一年，你的表现对市场竞争格局有何影响？ 你是否收购了企业，引进了新产品，挖走了对手的主要销售人员，或者从某家创新企业得到了一项新技术的特许权？ 你是否失去了过去的某些竞争优势——一位杰出的销售经理，一种特殊产品，或者一项专有技术？
幻灯片四： 有哪些潜伏的变量？	在下一年，你最担心什么——竞争对手有没有可能做出一些事情，把你封杀出局？ 你的对手可能采纳什么样的新产品和新技术，甚至是否可能改变游戏规则？ 会不会发生针对你的兼并收购？
幻灯片五： 你有什么胜招？	你能做些什么来改变竞争格局——企业兼并、开发新产品，还是全球化？ 怎样做才能让顾客保持黏性，比以前更忠实于你，比依赖别人更依赖你？

与德鲁克类似，韦尔奇没有专门写过关于战略的书，但是在《赢》的第三部分“如何赢得竞争”中，韦尔奇全面、详细地论述了他的战略思想。韦尔奇战略思想的

特征是简洁有力，不故弄玄虚，他一直反对把战略搞得太复杂，因此他提出战略的“五页幻灯片法”。韦尔奇的五张幻灯片分别回答了企业的五个管理问题：Where，Who，When，What，How。这五点的管理意义对应着企业地利、人和、天时、资源和能力。如果把这五个管理问题理解成韦尔奇的战略思想，那么关于使命的强调可以回答另一个至关重要的管理问题，即为什么要赢，也就是Why。

韦尔奇的战略思想有以下三个特点：

第一个特点是他的“竞争思维”，这和战略内容有关。从第一页幻灯片到第五页幻灯片的主题可以看出，韦尔奇始终关心竞争对手。是韦尔奇不关心客户吗？并非如此，这和GE的“数一数二”战略有关，要维持GE某一业务在行业内“数一数二”的地位，关心竞争对手是必须的。但是，韦尔奇的“竞争观”又和以波特为代表的传统竞争观不同，例如他问“你的竞技场是什么样的？”，使用的是“竞技场”一词而非“产业”，他认为竞争对手并不仅仅来自行业内部。这一思想和哥伦比亚大学商学院教授麦克格兰斯不谋而合，他提出了“竞技场”的概念，指出“产业”属于传统工业概念，它适用于相对稳定的工业时代。这对我们思考战略有很大的启发。

第二个特点是他的“速度维度”，这和战略过程有关。韦尔奇一再强调灵活的战略制定方法，他认为应该抛弃传统的战略制定方法（在书中他委婉地提出并不认可“战略大师”将战略变成一门高深莫测的科学），采用极为简洁的“三步法”以适应外界的变化。这三个步骤分别是：首先，制定一个大方向上的规划——找到聪明、实用、快速、能够获得持续竞争优势的办法；其次，把合适的人放到合适的位置上，以落实这个大的规划；最后，不断探索以获得能实现规划的最佳实践经验。

这也是很有现实意义的，战略制定的传统做法是：企业花大价钱邀请一家咨询公司，咨询公司和企业一起举行多场声势浩大的讨论，然后制定出一个战略规划文本并按照这个文本执行下去。韦尔奇认为，这种方法已经不能适应日新月异的时代，拥有超过30万名员工、多元化的GE应该像街边的小店一样，能够反应敏捷以及坦诚开放。韦尔奇是这么说，也是这么做的，他在任期内邀请全球人力资源大师戴维·尤里奇在GE导入“群策群力”“无边界组织”等试验，成功地将GE从一家臃肿的机构变成相对灵活的组织。

第三个特点是他的“增长思维”，韦尔奇非常重视增长，在有机增长方面也积累了丰富的经验。他认为企业增长有两条途径，一是开创新事物（即进入新的业务领域），二是并购。他在任期内成功地找到了GE增长的两大引擎：金融和媒体，并进行了一系列的并购，大幅提高了这两大业务的利润。

尽管在伊梅尔特时代人们对韦尔奇的战略思想多有诟病（在伊梅尔特“去金融

化”的主导下，2015年GE也基本退出了金融业务），但是我们认为在韦尔奇时代，这是他正确的选择，也是GE正确的战略选择。当时日本制造对GE造成了重大的冲击，使GE多个业务变得大众化，是韦尔奇开辟了新的增长曲线，带领GE进入新的价值空间。从这个角度看，这是一个好战略。

4. 惠普“战略规划十步法”

惠普“战略规划十步法”有较大的影响力，也值得借鉴。高建华在《笑着离开惠普》一书中介绍了惠普“战略规划十步法”的内容（图3-18），部分内容颇具启发性，例如惠普经常举行封闭式的战略规划，认为这可以在企业内部达成共识，从而提高企业的组织智商，减少沟通成本，形成一种合力。惠普特别注重第十步“第一年计划”，认为战略规划能否得到完美的执行，取决于第一年实施计划的分解是否具体，即能否把计划分解成一个个具体的动作。

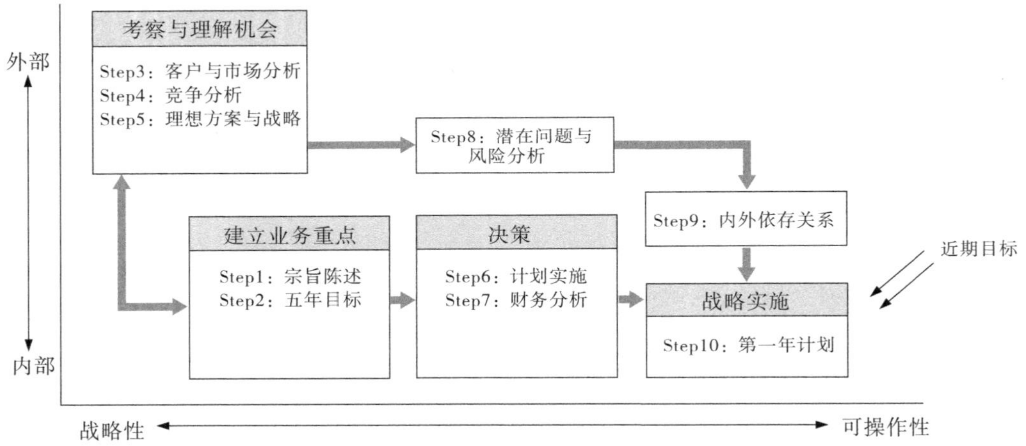

图3-18 惠普“战略规划十步法”

5. 丰田“战略部署”

以上战略规划方法论都是欧美企业的实践，下面介绍日本企业的一种战略规划方法论，即丰田的“战略部署”，其分为以下七步：第一步，建立组织共同愿景；第二步，制定3～5年的突破性目标；第三步，制定年度突破性目标，确定要优先改进的地方；第四步，部署优先改进计划；第五步，实施优先改进计划；第六步，月度评估；第七步，年度评估。战略部署是为了让整个组织中成员的指标一致、手段一致。战略部署的时间安排与DSTE流程、6S体系基本一致。

6. 其他战略规划方法论

其他战略规划方法论还有很多，但万变不离其宗，其本质是相通的，都离不开肯尼斯·安德鲁斯提出的经典范式。安德鲁斯是美国哈佛大学商学院的教授，也是20世纪60年代研究企业经营战略的著名学者。他出版的《公司战略概念》一书中提出的战略规划经典范式影响至今。

第二节　战略宣导

战略规划不可以被束之高阁，而是需要进行有效宣导，“战略提醒”从某种意义上讲应该是CEO以及所有其他单元一号位的重要职责。本节将讨论战略宣导的意义、模式、范围以及主要误区。

1. 理论依据：战略共识

在讨论战略宣导之前先介绍战略共识理论，其分为理性选择模式和提倡渐近模式两种：理性选择模式认为，企业战略是高管团队在精心分析企业内、外部环境以后进行理性选择的产物。在主张理性选择模式的研究者看来，既然战略制定是企业高管团队的“分内事”，战略共识的范围自然应该局限在高管团队，共识内容涉及环境研判、企业愿景确定及其实现手段。至于中下层管理者，高管团队只要通过授权和目标分解来责成他们完成角色内任务就足够了。提倡渐近模式认为，企业战略是企业的不同利益相关者群体博弈的结果。因而，相对于企业的目标和手段而言，各级员工就战略重点达成共识，更加具有现实意义。

提高战略规划的参与度有利于提高战略规划的正确性，战略宣导有利于进一步提高战略规划的共识度。只有参与度高和共识度高的“双高”战略，才是有效的战略并有利于执行。除此以外，要么就是“貌合神离”（看似参与度高，但其实缺乏真正共识），要么就是“曲高和寡”（战略意图没有真正在中基层贯彻），要么会陷入“战略黑洞”（参与度和共识度都低），如图3–19所示。

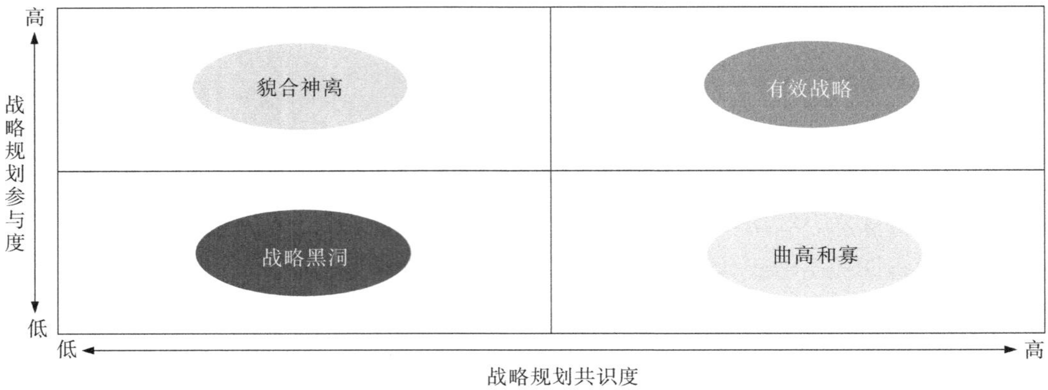

图 3-19 “双高”战略

2. 战略宣导的意义

战略规划完成之后，为什么要进行宣导？实证研究指出，战略的宣贯程度是影响战略有效执行的最重要因素之一：越是在变化剧烈的环境下，战略清晰度、战略参与度和领导支持度对战略有效执行的贡献越小，而战略宣贯的贡献却越大。环境越是动态变化，企业就越是需要增强战略的宣贯，使员工及时了解企业战略的基本导向和最新变化，灵活应变以使战略被顺利执行。为提高战略执行的有效性，企业要加强战略宣贯和阐释，建立通畅的信息沟通体系和有效的考核激励体系。

战略宣导很重要，那么应该宣导到什么程度？显然，我们不能将所有战略内容公之于众，而是应该有所取舍（图3-20）。笔者经常把战略区分为大战略和小战略，大战略是公司的发展方向与战略定位，是需要宣贯的，也是可以公开的，要对员工、供应商、消费者讲（战略制定之后，不能锁在保险柜里，有些内容需要广而告之）。小

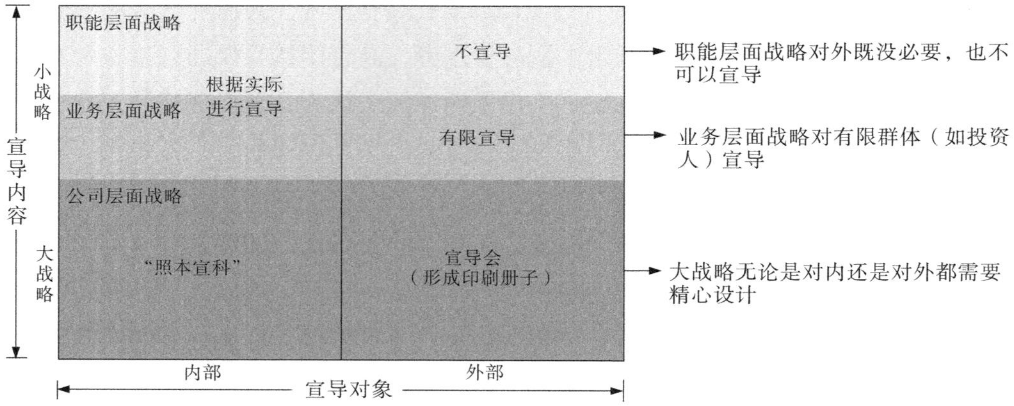

图 3-20 战略宣导策略

战略是竞争战略与商业计划，这是需要保密的（很多上市公司并购某家企业，内部的人和外部的人一样，也是等公告出来才知道）。笔者经常和首席战略官们交流，不少企业首席战略官认为竞争战略要比商业计划高出两个密级，笔者是认同这个说法的。

3. 战略宣导的模式

战略宣导的目的在于让企业各层级管理者和员工对战略有深入的了解，对此形成明确的认识并坚持贯彻。战略宣导的方式，笔者认为有两种：第一种是“简单粗暴式”，这种方式就是将战略规划文本（一般是PPT）直接宣读出来，或者将战略规划内容转化为战略地图，然后进行宣导，是大部分企业采用的模式；第二种是“精心准备式”，很多企业不仅通过公司网站、内部刊物等进行战略宣导，还注重战略宣导资料的制作，如联想集团的《联想文化手册》和《联想文化论著》、华为的《华为基本法》、顺驰的《行动纲领》、新奥的《新奥企业纲领》、同仁堂的《战略宣贯手册》等。与此配套的是战略宣导团队，即专门负责并推动战略宣导的部门。战略宣导涉及整个组织，相关部门的推动和参与是不可或缺的。

战略地图在战略宣导上由于极为简洁、全面，而具有一定的优势。实际上从理论上说，任何战略内容（或者说通过任何框架，包括BLM框架、6S模型等方法在内，制定的战略规划）都可以轻而易举地转化为战略地图。

4. 战略宣导的范围

企业战略宣导的范围有以下两层含义：

一是宣导内容的范围，迈克尔·鲁克斯塔德在《一句话说清你的战略》一文中提出有效的战略宣言包含三个关键要素，分别是公司目标、范围和竞争优势，其中公司目标是未来5年内推动公司业务运营的一个确切目标，公司的范围包括客户或产品、地理位置，以及纵向整合三个方面，而公司竞争优势包含对客户价值主张的阐述以及对公司独特的或者复杂的运营活动组合的描述。这些实际上就是“大战略”的内容。

二是宣导对象的范围，笔者认为应该包括以下几个层次：首先是企业内部，战略宣导是为了保证战略能够为中低层的管理者所了解和熟悉，避免因为理解失误而造成战略执行偏差。简单、明确、言简意赅的战略宣言，可以使每个员工都能理解消化，在遇到困难抉择时将其作为指路明灯。其次是企业的利益相关者，包括供应商、客户、合作伙伴（包括经销商等）以及政府部门。最后是公众（包括投资者），企业在制定战略后应及时地加以宣导，加深公众对公司未来战略思路的理解和发展信心，这对于上市公司尤为重要。

5. 战略宣导的误区

战略地图因其简洁、易用，成为目前常用的战略宣导工具，实际上卡普兰和诺顿发明的战略地图，可以将任何战略规划内容转化为战略地图（卡普兰称战略地图为“战略描述工具”的原因也在于此）。

战略宣导无疑十分重要，但是战略宣导不等于战略规划，这是人们十分容易陷入的一个误区，笔者早期也曾犯过类似的错误。很多人在战略规划中喜欢用“一体两翼”和“1234战略”（“1”经常代表一个目标，“2”经常代表两个业务，“3”经常代表三个战略举措）等用语，实际上这是宣导语言而不是规划语言。战略规划是严谨的，为了实现战略，有多少个战略举措就宣导、执行几个，不能“为赋新词强说愁”，更没必要强行使语言形成排比。

第三节　战略分解

战略分解在战略管理中的地位不言而喻：战略规划是全局性、长期性的布局和选择，而企业经营一般以“年”为单位，两者客观上存在分离（这种分离是必要的，因为既要抬头看路也要脚踏实地），战略分解就是两者之间的桥梁，将中长期战略规划分解为一年、一月甚至每天的行动计划。

1. 战略分解的对象：中长期发展战略

在第二章结束的时候，我们提及战略规划完成之后，挑战远未结束，而要在年度经营计划等环节继续前行，战略分解（年度经营计划）与战略规划的关系如图3-21所示。

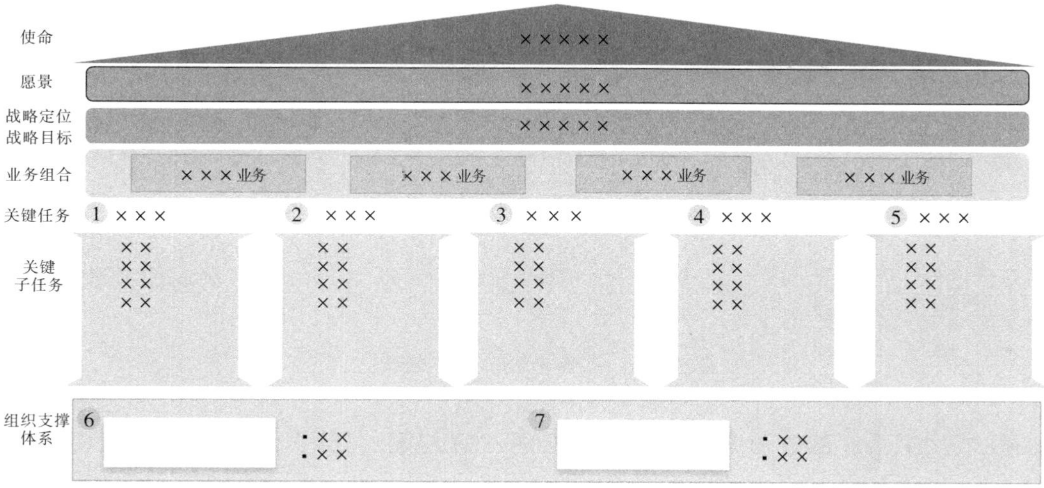

图 3-21　年度经营计划与战略规划的关系

对于战略分解首先需要理解的是，战略分解究竟“解”的是什么？战略分解要传导企业中长期战略意图和策略，这意味着战略分解的主体是中长期发展战略，是对战略（策略）的分解，而不是对指标的简单分解（更不是指标的层层下达）。这是十分关键的一点，因为战略规划和战略分解脱节问题是战略从业者由来已久的痛点之一，而脱节不仅是因为在现实中战略规划和年度经营计划的制订任务分布在不同部门，还由于思维上的分离，具体体现为年度经营计划不受中长期战略的牵引和干预。

为什么需要战略分解？一是因为战略规划不能被执行（以BLM框架为例，实际上所有模块的内容在本质上是不能被执行的），中长期战略规划需要进一步分解，从而可以被执行；二是因为时间上的错配，即战略规划（一般为3～5年）与年度经营计划（一般为1年）在时间上的错配；三是注意力错配，即高层与中基层对战略在不同层级注意力上的错配，例如，采用BLM框架“业务设计”制定的业务战略（包括客户选择、价值主张、活动范围等）都是大方向的指引，不能直接被执行（其他模块也是类似逻辑）。

所以，笔者认为，尽管都是计划，但使命、愿景、战略与OKR（目标关键结果）等的时间跨度有很大的差异（“一三八战略”：看八年、谋三年、定一年）。战略分解主要任务是制定未来一年的经营目标、战略KPI和规划重点工作。从类别上看，战略分解的是将战略共识的成果进一步分解为近期（常是未来一年）的年度目标、制定实现目标的关键举措和行动计划，并明确关键举措的负责人和团队，这需要三个“翻译”，如图3-22所示。

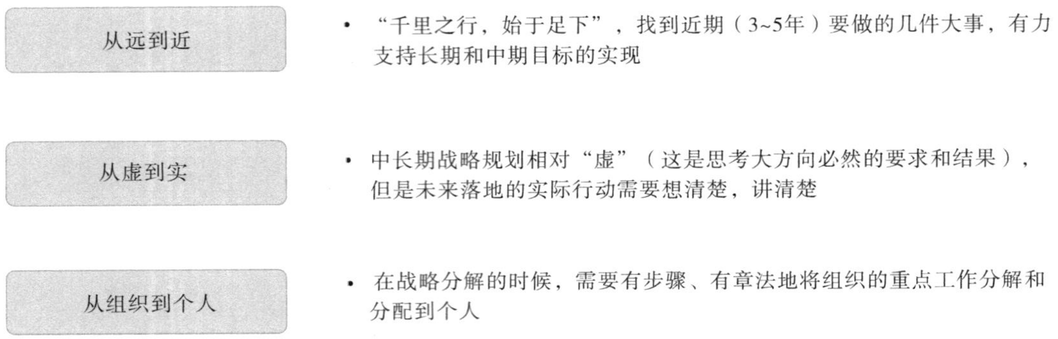

图 3-22　战略分解三个“翻译”

从层次上看，战略分解可以分为SP层面、BP层面、部门（职能）层面（三次解码），这是因为战略规划区分了三个层面，所以将中长期战略规划转化为年度经营计划时也需要与之对应（图3-23）。

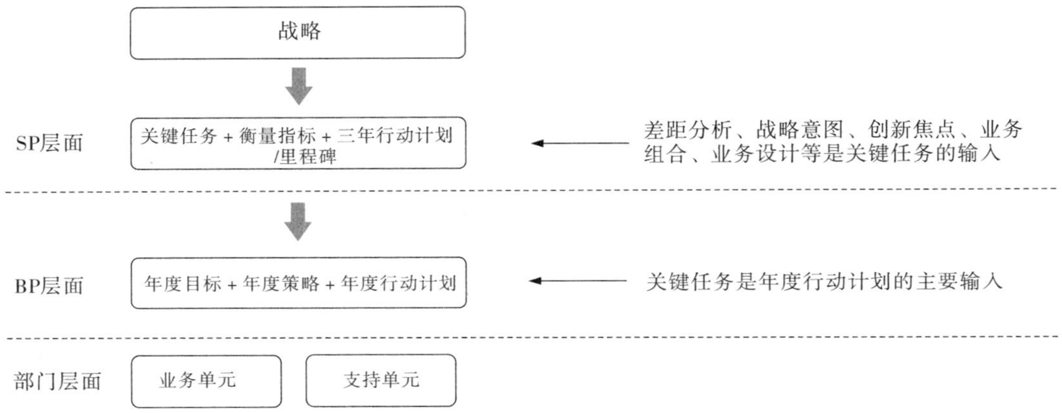

图 3-23　战略分解三次解码

总之，战略分解的对象是战略规划，解码结果是行动以及责任（图3-24）。战略分解可以看作绩效管理的先导工作，其成果（即年度重点工作及其行动计划）是形成各层级管理者个人绩效合约的主要依据，写入PBC合同中。

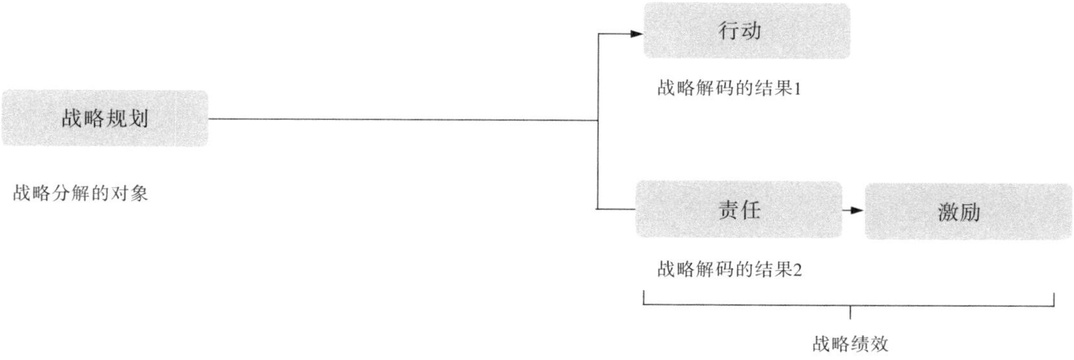

图 3-24　战略分解的对象与解码结果

2. 战略分解方法

战略分解的主流方法包括BEM（业务执行力模型）、BSC（平衡计分卡）、OKR（目标、关键结果）、OGSM（目的、目标、策略、衡量），不同解码方法具有不同的特点（图3-25），这些方法均适用于公司、业务以及职能等不同层面的解码。

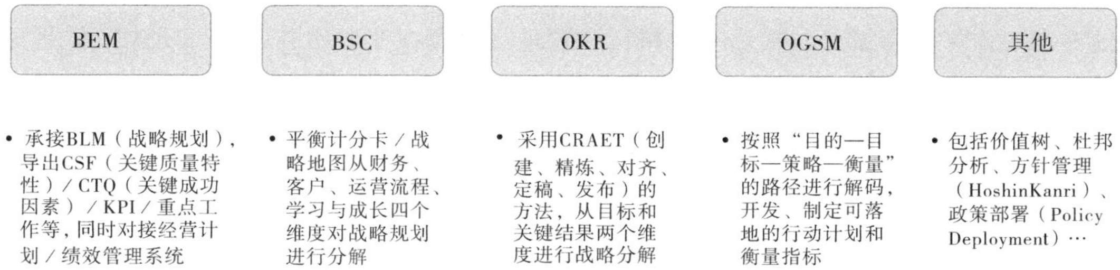

图 3-25　战略分解主流方法列举

以下分别进行简要介绍。

（1）BEM

BEM是华为在借鉴三星实践的基础上提出的，它采用了与BLM框架战略制定对应的结构化模型，通过对战略进行逐层逻辑解码，导出可衡量和管理战略的KPI以及可执行的重点工作等（图3-26）。

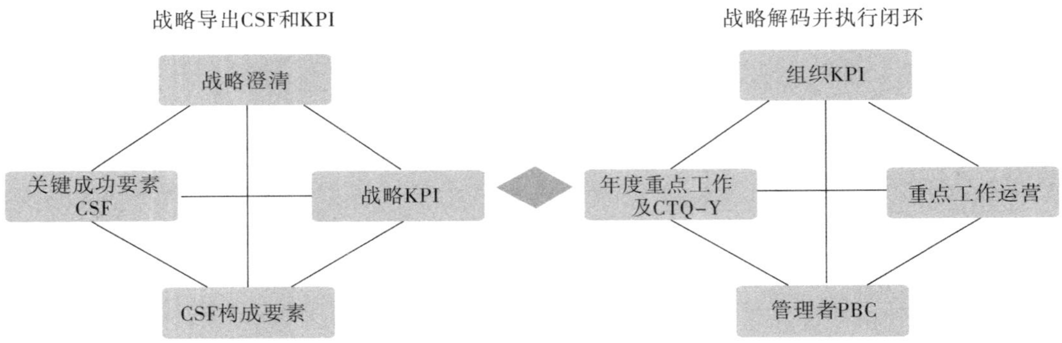

图 3-26　BEM 解码方法

应用BEM可以导出CSF、战略KPI、CTQ-Y（关键改进点及其衡量指标）以及年度重点工作。但是，BEM借鉴了六西格玛的思想，在保证严谨性的同时也导致学习门槛较高、不易被掌握。不过，BEM由于借鉴了质量方法（如CTQ、CTQ-Y都是六西格玛的语言体系）的方法论而显得过于琐碎和繁杂（据说华为内部也不怎么使用了）。总之，BEM战略分解方法是将战略分解为可操作行动的要点，并进行战略对齐和战略落地。BEM是将战略逐层分解为战略KPI、流程衡量指标、重点工作，战略分解的过程就是战略对齐、战略落地的过程。BEM先识别出支撑战略的业务关键改进点，然后识别出重点工作（可衡量），最后有效执行和管理。笔者在实践中并不推荐BEM（但是可以借鉴其组成要素）。

（2）BSC

BSC是最常用的战略分解方法之一，是由罗伯特·卡普兰和大卫·诺顿共同提出的，而更早则可以追溯到日本的“方针管理”（至今不少日本企业仍将方针管理作为战略分解的工具）。平衡计分卡充分保证公司战略对齐、战略落地的平衡性，也为其他方法提供了基本方法论。平衡计分卡（公司级和部门级）是企业经营的密码，从财务、客户、运营流程（内部运营）、学习与成长四个层面助力企业战略实现。

（3）OKR

OKR由Objectives（目标）和Key Results（关键结果）组成：目标是在预期方向上追求成果的一种定性描述；关键结果是衡量既定目标成果的定量描述，它主要回答的是“我们如何知晓实现了目标”的问题。OKR涉及的流程由四个不同的环节组成，分别是制定、对齐、跟进和评估，如图3-27所示。

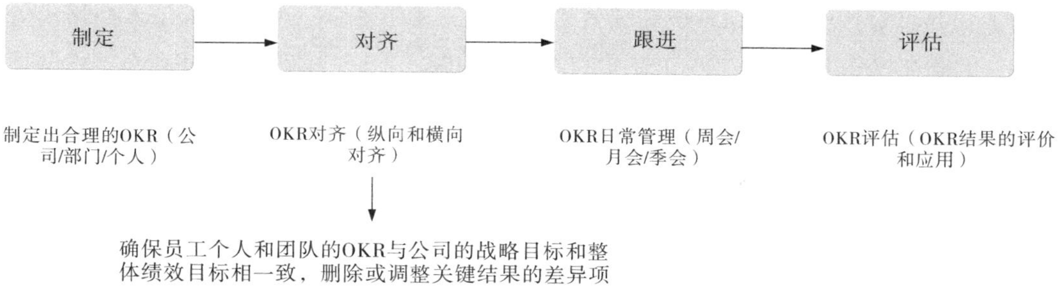

图 3-27 OKR 典型流程

（4）OGSM

OGSM［Objective（目的）、Goal（目标）、Strategy（策略）、Measurement（衡量）］方法是由彼得·德鲁克在20世纪中期提出的目标管理理念演变而成的，是如今应用十分广泛的分解工具。OGSM的出色之处在于，它构建了一个自上而下分解的自洽体系，其成功执行最为关键的前提是在中长期战略规划阶段制定的“O”是正确的。20世纪50年代，丰田为了达到按准时制生产方式生产的目的，根据彼得·德鲁克的目标管理理念，设计并执行了一系列计划表，这是OGSM的雏形。到20世纪60年代，在肯尼迪总统的太空计划牵引下，NASA（美国国家航空航天局）用“目标管理”方法进行专业分工，推进整个登月项目执行，并最终于1969年完成了人类历史上首次登月任务，自此逐步形成较为完善的OGSM工具及实施细则。登月计划的完美执行，让OGSM一时间成为炙手可热的管理工具。宝洁、大众、可口可乐、欧莱雅、万科、中国移动通信等企业，先后引进OGSM工具，并取得了不俗的成果。

OGSM的要点在于目的、目标、策略、衡量（包括衡量指标和行动计划），如图3-28所示。

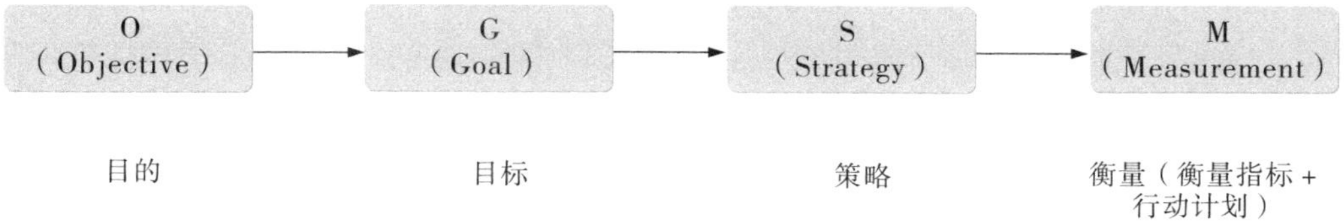

图 3-28 OGSM 分解方法

OGSM的定义、范围、作用等可以与OKR进行比较。OGSM开发要点是下级部门的基本目的是保证上级目标的实现。OGSM层层递进的结构包含了垂直、水平的整合。

上述战略分解方法各有优劣，例如BEM承接BLM框架（在战略规划与分解上对接最好），并且对接经营计划系统和绩效管理系统，逻辑性强，但是引入了六西格玛等方法，因此在操作上相当复杂；BSC也存在一些问题。不同战略分解方法存在的一些优缺点如图3–29所示。

BEM	BSC	OKR	OGSM	其他
• 承接BLM，对接经营计划系统和绩效管理系统，逻辑性强	• 从财务等四个维度对战略进行分解，方法深入人心	• 从目标（O）到关键结果（KR）之间缺乏策略	• “目的—目标—策略—衡量”，思路清晰，可操作性强	• 方针管理、政策部署方法论非常精细成熟
• 操作复杂	• 容易强行因果关联	• 因素指引	• 强行关联动作	• 在日企中较为常见，对中国企业比较陌生

图 3–29　不同战略分解方法比较

正如美国互联网思想家克莱·舍基所说：一旦接纳了一个工具，就意味着接纳了隐藏在这个工具背后的管理哲学。不同方法和工具各有优势和不足，经过实践、提炼和总结，笔者认为上述工具中OGSM最适合作为企业战略分解的工具，理由在于：第一，OGSM由目的、目标、策略和衡量构成，清晰、易懂。战略规划和年度经营计划的一个区别是前者需要深谋远虑，后者不需要深谋远虑（按一年或者十八个月周期直接“去做”即可；BEM和BSC过于复杂，OKR又过于简单，缺乏中间关键的“S”环节）。第二，OGSM可以层层嵌套，有利于战略对齐。第三，大量领先企业实践经验相对丰富，可以直接采用。以下对目的（O）、目标（G）、策略（S）和衡量（M）分别进行更深入的介绍。

①O：目的

无论是SP层面的战略意图还是年度经营计划的目标，我们强调的都是“目的”，只不过我们用更加容易衡量、量化的目标替代目的而已。什么是目的？德鲁克曾经说过：“如果不能衡量，就无法管理”，他在《管理的实践》中提出了“目标管理”，其原文是“Management by Objectives”（意为“通过目标来实施管理”），当时这样翻译是为了使读者更加直白地理解（不是“结果管理”）。

②G：目标

在BLM框架中，战略目标是战略意图、企业战略之间的连接点，制定目标的主要依据来源于对战略意图的理解；与BLM类似，OGSM中“G”指的是经营目标。无论是战略目标还是经营目标，都是定量的，要符合SMART原则，尤其是要符合SMART原则中的“可衡量的”原则。“可衡量的”有两种方法：一种是数量，另一种是时间。其中时间又包括两种，一种是截止时间（例如“在2023年7月31日之前完成新店20

家”），另一种是区间时间（例如“从2023年7月1日到7月31日完成新店20家”）。具体而言，描述目标可以采用以下语法：时间+名词+动词，例如“2023年7月1日到7月31日，业绩增长20%”。

③S：策略

Strategy在英文中有很多解释，包括战略、策略、计划等，这里指的是年度重点工作。在这个步骤中，需要根据目的、目标来确定年度重点工作（切记其与关键任务类似但不是日常运营工作）。从本质上说，策略是对资源（人、钱、时间）的选取、使用。

④M：衡量［衡量指标（引领性指标，能改变行为）+行动计划］

“M”不仅包括衡量指标，还包括行动计划，可以使用“五图二表”对行动计划进行具体的描述，也可以使用较为简单的方法（将会在本节后半部分介绍）。注意衡量指标要符合SMART原则，行动计划具有时间顺序。

⑤OGSM：实现上下对齐、左右拉通

OGSM的一个神奇之处是可以实现“上下对齐、左右拉通”，其中“上下对齐”是指下级部门的目的是保证上级策略的实现（纵向传递），如图3-30所示。

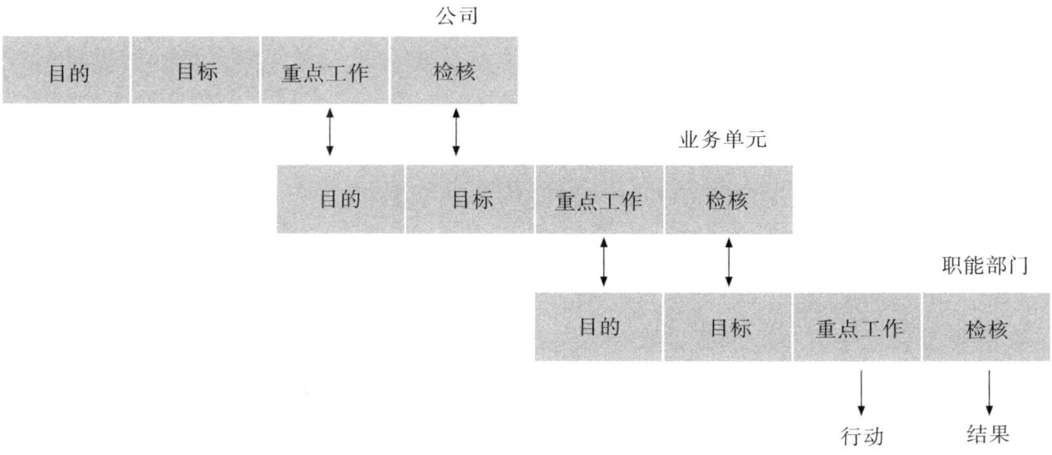

图 3-30　“目标—重点工作—行动计划”纵向传递

注：检核=衡量指标+行动计划，下同。

OGSM也可以实现“左右拉通”（横向传递），如图3-31所示。在实践中，横向传递和纵向传递往往结合使用，需要注意的是BLM框架中的关键任务也在此提供输入。

图 3-31 “目标—重点工作—行动计划”横向传递

在横向传递时，企业的每个部门或每个团队的职责都是明确的。如果某个部门或团队全程参与到方案中，横向传递就变得十分必要。某一部门或团队的长期目标的制定通常以企业的总体目标为基础，保持部分目标不变，加入相关部门或团队的具体方法。在制定部门或团队的短期目标、策略和方法时也采用上述方法，保留必要部分不变，去掉无关的内容；如果有必要，还可加人本部门或团队自己的策略，前提是这些策略确实能促进企业总体目标的实现。

OGSM清晰、简洁，是战略分解较好的工具之一，笔者在相当多的场合直接使用OGSM进行战略分解。然而，OGSM也存在一些不足之处：第一，OGSM与SP的承接关系较弱，OGSM本身并不适用于战略规划，其构成要素简单，难以承担SP应当考虑的全部内容；但由于简洁反而非常适合BP。第二，OGSM不同级联之间过于机械，认为上级与下级的O与G是强关联，但是部门级S的一个关键输入是部门自身SP，这在OGSM中并无体现。第三，S主要是针对实现G的策略，针对性比较强（针对G）；但是公司、部门的重点工作相当一部分来自组织能力的提升（这部分主要是对SP关键任务的细化和拆解，例如招聘优秀人才，这很可能是公司未来几年的重点工作，但是通过OGSM似乎较难得出如此策略），这会造成当年重点工作的重大遗漏。

笔者综合BEM、BSC、OKR，尤其是OGSM的精华，得出战略分解六步法（图3-32）。这个方法具有以下特点和优势：第一，没有引入新的工具。笔者在前言中说过“工具使用的混乱将带来管理的混乱”（笔者见过太多因“新鲜”工具的引入而给企业带来近乎灾难般后果的案例），因此在整个战略管理体系构建中几乎没有引入新的工具（甚至下节中PBC也不是新的方法论，因为其完全承接BP）。第二，该工具完全继承了BLM。笔者坚信BLM是一个好的战略规划模型，它把战略设计、组织设计以及组织变革等完美地结合在一起，无缝承接BLM而进行战略分解无疑是理想的结果。第三，该方法分解出来的成果是经营目标、重点工作和行动计划，这些话语通俗易懂、便于推广。笔者说过，“语言的边界就是思想的边界”，讨论战略必须在一定的边界之内，这对于经营计划也是成立的。

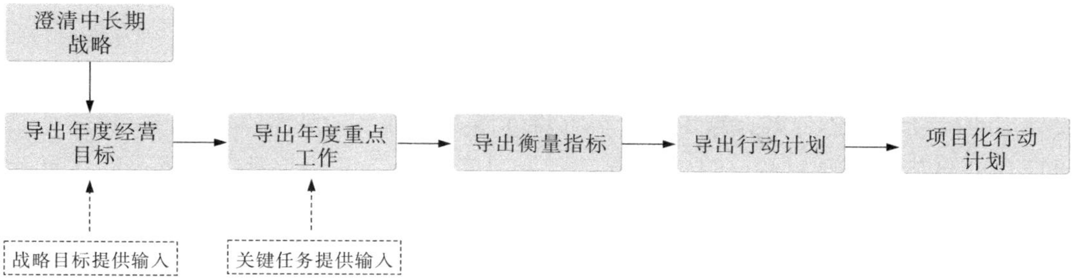

图 3–32　战略分解六步法

注：为了强调重点工作重要性和迫切性，有时也称其为“必赢之战”“必胜之战”“硬战”等。

下面分别介绍战略分解六个步骤。

步骤一：澄清中长期战略（采用BLM框架、战略地图或其他框架），如图3–33所示。

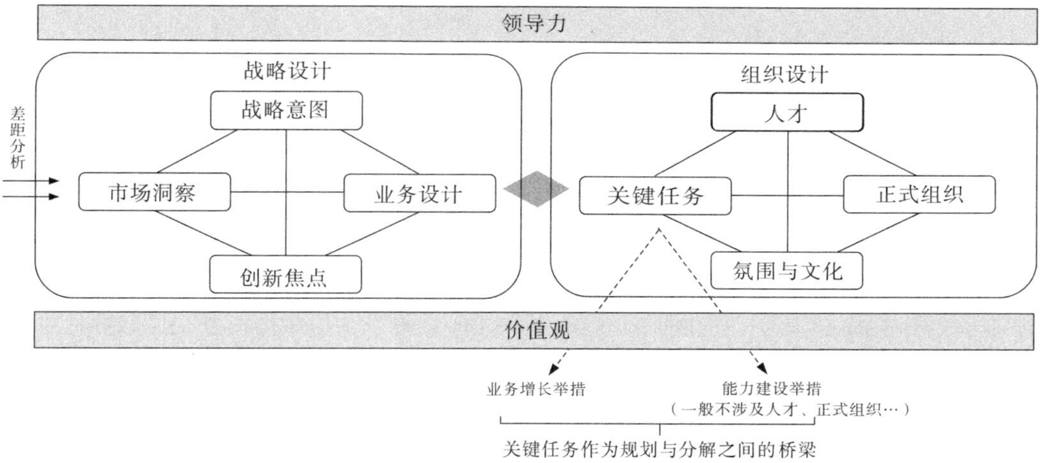

图 3–33　战略分解步骤一：澄清中长期战略

中长期战略是不断迭代的，因此分解之前需要对它进行澄清。澄清中长期战略主要包括以下十个方面，如图3–34所示（十大方面具体内容的相关模板可以参考第七章相关内容，此处不详述）。

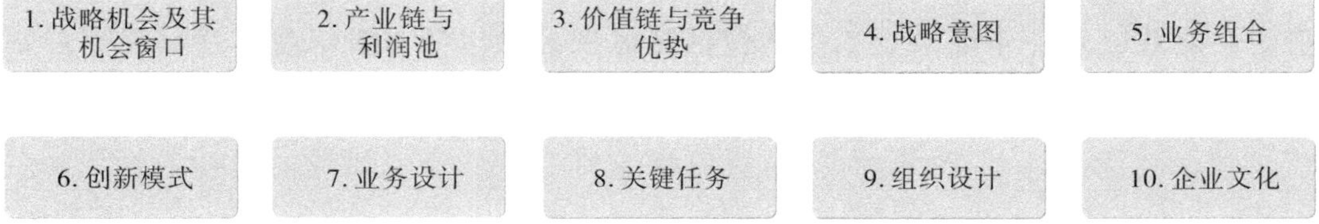

图 3–34　战略澄清十大方面

步骤二：导出年度经营目标。

在公司层级，导出年度经营目标的方法在第二章已经有所介绍；在部门层级，需要导出年度经营目标分解，这里需要引入目标体系的概念。目标体系是一个包括了总目标和分目标的网络结构，其连接点是目标之间的耦合关系。通过对公司整体目标（总目标）的有机分解（分目标），经营目标体系得以正式成立。目标体系一般有两张表，一是分解表（表3–3），确定总目标的分解路径（包括各部门以及岗位目标）。二是一览表（表3–4），确定企业、部门、岗位的目标体系及其关键管理指标。

表3–3　战略分解步骤二：目标分解表

目标	组织目标分解		年度目标值	年度目标分解			
				第一季度	第二季度	第三季度	第四季度
营业收入	部门	指标					
	市场部	销售额					
		客户数量					
	研发部	新产品研发完成数量					
		专利申报数量					
	生产部	及时交货率					
		物料齐套率					
	…						

表3–4　战略分解步骤二：目标一览表

序号	责任部门	指标	目标值	统计部门	频率
1	公司	营业收入		财务	
2		毛利率		财务	
3		净利润		财务	
4	市场部	销售额		财务	
5		新增客户数量		财务	
6		及时回款率		财务	

步骤三：导出年度重点工作（确定本级重点工作，下同）。

上级中长期关键任务（战略举措）是本级年度重点工作的主要输入（穿透原则），除此以外，年度重点工作还包括其他来源，包括本级年度经营目标等，如图3–35所示（图中BU、FU分别代表事业部、职能中心）。

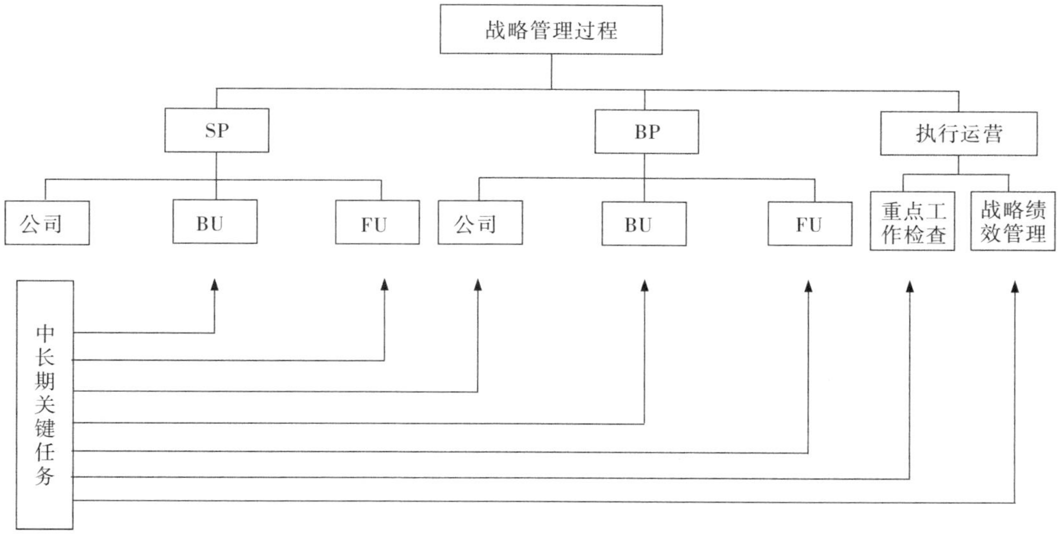

图 3-35　战略分解步骤三：导出年度重点工作

在此基础上，导出年度重点工作（也称为“硬仗”）、负责人（主帅）、副负责人（副帅）、负责部门（作战部队）、预算（作战粮草），如表3-5所示。在实践中，多少硬战比较合适？经验表明，魔力数字“7”值得参考，可以将年度重点工作数量确定在7个之内。

表3-5　年度重点工作（“硬仗”）描述

编号	硬仗名称	硬仗主帅	硬仗副帅	作战部队	作战粮草
硬仗1					
硬仗2					
硬仗3					
…					
硬仗N					

确定了硬仗、主帅、副帅、作战部队、作战粮草等，就意味着在企业正式组织以外，围绕当年“硬仗”组建了跨部门的、灵活的“作战指挥部”，也意味着年度重点工作（硬仗）管理方式是项目化管理。

步骤四：导出衡量指标。

衡量指标是指衡量重点工作是否达到要求的指标（有时是多个），与考核KPI不完全相同（有时可选取部分衡量指标纳入考核KPI）。在相对明确的情况下可直接导出衡量指标；不明确的情况下导出步骤，通过评价标准选定衡量指标，如图3-36所示。

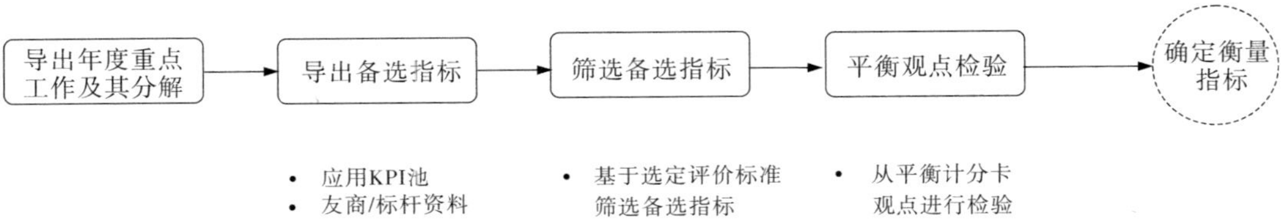

图 3-36　战略分解步骤四：导出衡量指标

注：①一将战略相关性、可测量性（可采集数据）、可控性（实验室不可抗力的影响较小）、可激发性（可激励全员）作为衡量指标筛选评价的标准。

②战略相关性需要考虑与战略方向及目标的强相关性以及当前存在的差距。

导出衡量指标，要区分引领性指标和滞后性指标。在一般情况下，引领性指标远比滞后性指标重要，因为引领性指标可以改变行为，而滞后性指标却难以通过改变行为来改变结果，两者的区别如图3-37所示：

图 3-37　引领性指标和滞后性指标

如何更加直观地理解引领性指标与滞后性指标？以减肥为例，滞后性指标就是反映在体重秤上的体重值，即“在5月30日之前将体重从190斤减少到175斤”；而引领性指标是节食和运动（无氧+有氧）。质量管理大师威廉·爱德华兹·戴明一针见血地指出：“只靠财务数据（滞后性指标）去管理一家公司，就像仅依靠后视镜开车一样难以成功。”具体而言，引领性指标又可以分为两类，即阶段成果指标和具有杠杆作用的重要行为指标（图3-38），这两种引领性指标都可以为实现结果提供强大动力。

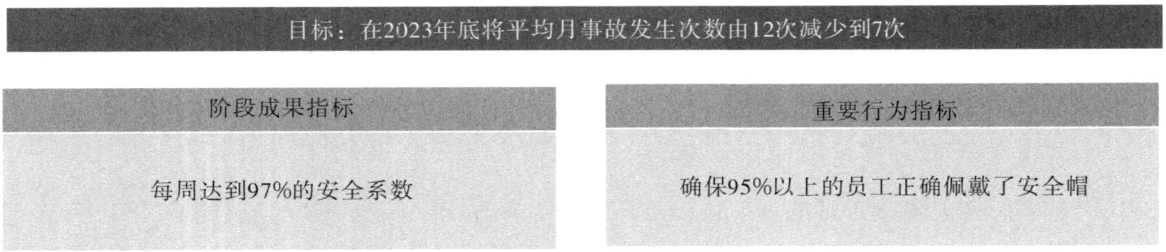

图 3-38　引领性指标的分类

步骤五：导出行动计划。

对行动计划进行具体描述，包括以下几个要点，如表3-6所示。

表3-6　战略分解步骤五：导出行动计划

	为什么要导出行动计划	主责人、支持人	完成时间	关键里程碑	衡量指标	相关预算
说明	对于企业的意义，以鼓励人心、回应质疑	指定行动计划的负责人	最迟完成时间是什么时候	阶段性成果是什么	完成行动计划的具象化成果	行动计划需要的人、财、物

行动计划有两方面特点，一是全局性，行动计划通常是整个公司层面的，跨领域、跨职能/部门的事情（当然也有可能是某个专门领域的问题，但这个问题应该能引起全局的转型和改变，是公司整体变革的突破点，比如某项新技术的研发，尽管看似是研发部门的事，但它关乎全新的市场机会和全新的组织核心竞争力）。二是难度大，需要高层团队来牵头。由于具有全局性，难度也很大，所以需要调动各种资源，集中力量、想尽办法实现，通常只有高管团队成员才有足够的影响力做到这些（否则是日常管理）。

读者可能已经注意到，无论是关键任务还是行动计划，笔者都在强调项目化管理。为什么呢？我们不妨想想：战略执行最大的敌人是谁？答案可能有很多，而笔者的回答是——日常事务，它是执行的最大敌人：年度行动计划不要罗列常规性工作（例行工作），常规性工作主要依靠流程解决，可以体现在岗位说明书或部门职责说明书中，不必在战略分解的年度行动计划中体现。

步骤六：项目化行动计划。

为什么要对行动计划进行项目化管理？笔者认为，项目化管理是帮助各职能和专业人员完成目标的最佳方法之一。完成任何一个项目，都需要解决五个问题：What，项目要做什么？目标是什么？How，项目如何做？具体包含两个方面：做什么内容？如何开展？Who，干系人管理：有哪些人参与？谁会受到影响？When，时间安排：进度计划与时间调整。How much，资源管理：需要投入多少资源？资源的获得性如何？项目化管理是开放的，能应用于各种专业工作，实施系统化（对如何做成事的系统要求包括项目目标设定、项目内容计划、干系人分析、风险分析、资源分析、过程整治、项目收尾等模块）工作体系和管理模式，可以真正帮助团队提升工作绩效。

因此，项目化行动计划是其中的关键，行动计划需要采用项目化管理的思路进行立项、管理等（行动计划的项目化管理也为未来战略监控、评估以及绩效考核等提供了基础），如表3-7所示。

表3-7　战略分解步骤六：项目化行动计划

编号	项目名称	项目描述	起止时间	关键里程碑	项目经理
TOP1					
TOP2					
TOP3					
TOP4					
TOP5					

注：起止时间、衡量标准/关键里程碑、实际完成结果可以作为个人绩效承诺书（PBC）的一部分［PBC通常由关键绩效指标KPI（明确结果）和关键举措（行动策略）两部分组成］。

我们最终的目的是以项目化管理的思维和方式管理行动计划，促进企业变革。这是因为项目化管理与运营管理是相辅相成的：当组织发展到一定程度时，往往很难再通过运营管理使组织能力得到更大的提升；为了突破组织能力瓶颈，组织需要以项目的方式（如组织变革项目）将其能力在垂直方向上提升到一个更高的层次。

无论是BEM、BSC还是OGSM，战略分解都是方法论（而不是结果本身），产出是目标、重点工作、行动计划。读者可能已经注意到，行动计划在战略分解中扮演了角色，不仅三个产出中包括行动计划，还要项目化管理行动计划，为什么呢？笔者认为，行动计划不仅表明了一种工作态度，还是一种工作思路：任何事情的最终目标都是由数个阶段性目标累积而成的，以B2B销售为例，十次拜访只有最后一次是签单，其余九次其实是在实现阶段性的目标——和客户确认下一步的行动计划，例如同意参加一个产品演示会、同意你见更高一级决策者、接受到工厂参观考察的邀请等，因此行动计划可以让我们离成功更近。

战略分解的应用场景是什么？笔者认为战略分解方法论最大的应用场景是制订年度经营计划。为了进一步厘清战略分解作为工具和年度经营计划作为产出两者之间的区别，下面继续讨论"一致性"的问题。

3. 年度经营计划：公司、职能与岗位级

什么是年度经营计划？企业年度经营计划是指按照章程规定，组织及其各个组成部分在规定的时间内制订的每年的常规性计划。在企业经营管理中，年度经营计划有着十分重要的地位。不管企业规模如何，为了维持长期的运营都应该制订年度经营计划。在探讨年度经营计划之前，先探讨"一致性"的问题。"一致性"是企业战略的核心要求，需要满足内外部对齐、长中短对齐、上下对齐、左右对齐（四对齐）。为

了达到“一致性”的要求，需要重点查验不同层级、不同范围规划之间的协同。卡普兰和诺顿提出了一个检查企业战略一致性的框架，他们认为组织协同存在以下八个关键协同点（其中四个是重中之重）。①企业战略指南：公司总部制定战略指南，下属单位（业务单元、支持单元）根据指南制定各自的战略；②董事会和股东的协同：董事会负责对公司战略的评估、批准及监督；③从公司总部到总部支持单元：将公司战略转化为公司政策，再交由总部支持单元进行管理跟踪；④从公司总部到业务单元：将公司关键任务逐层分解到业务单元战略中；⑤从业务单元到支持单元：将业务单元关键任务合并到支持单元战略中；⑥从业务单元到客户：向目标客户群体传达客户价值主张，并反映在特定客户的反馈和衡量指标上；⑦从业务单元到供应商和外部合作伙伴：将供应商、承包商和合作伙伴所共享的关键任务反映在业务单元战略中；⑧公司总部的支持：业务单位支持单元的战略应该反映出总部支持单元的关键任务。

本书之所以用较长的篇幅来强调“对齐”，是因为对齐是为了确保公司、事业单元以及部门等不同层面在目标、策略、行动计划与资源保障上的一致同步，这无论是对中长期战略规划，还是对年度经营计划均如此；而与中长期战略规划不同的是，年度经营计划更加侧重操作指引，是企业排兵布阵的作战地图，它包括三大核心要素：经营目标、重点工作、行动计划（可以称之为“一条线”，如图3–39所示）。这与华为的“五个一致性”提法（即机会、目标、策略、行动计划、资源）是一致的，也与笔者在上文中讨论的战略分解结果（经营计划、重点工作和行动计划）是一致的。战略规划要化简单为复杂（这是战略规划的全局性、长远性所决定的，不要用战术的“勤奋”来掩盖战略的“懒惰”），而年度经营计划却要化复杂为简单。

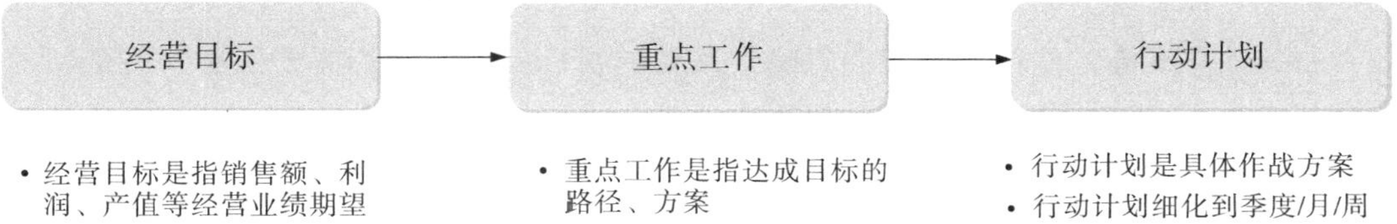

图 3–39　年度经营计划三大核心要素

正如BLM框架是中长期战略规划的工具（由于战略意图、市场洞察、创新焦点、业务设计、关键任务、人才、正式组织以及氛围与文化已经涵盖了战略规划中的一个要素，BLM框架的工具属性并不明显），前面讨论的“战略部署”方法论也是一个分解工具，同时适用于不同层级。年度经营计划制订（即“战略部署”方法论的应用）的关键步骤，如图3–40所示。

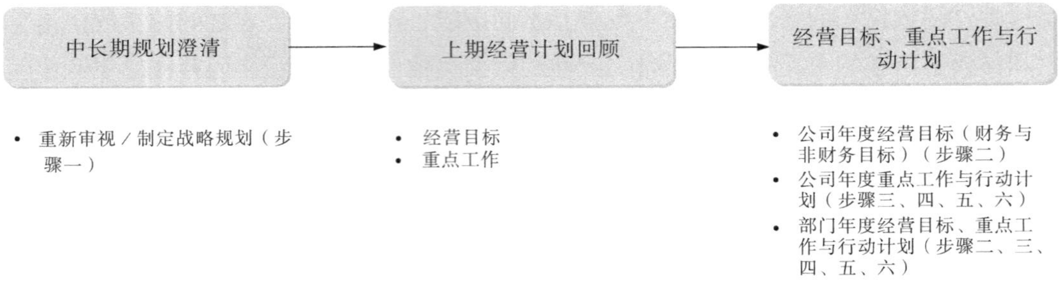

图 3-40　年度经营计划制订关键步骤

下面对上述步骤分别进行讨论。

（1）制订年度经营计划关键步骤（之一）

在这个环节中，除了对中长期战略进行澄清和回顾以外，关键的输出是确定三年关键任务、市场与环境的主要变化（相关输出模板详见第七章，下同）。

（2）制订年度经营计划关键步骤（之二）

在这个环节中，关键的输出是年度经营目标达成情况回顾、年度重点工作达成情况回顾、年度发现的主要市场机会。

（3）制订年度经营计划关键步骤（之三）

①导出公司年度经营目标

在这个步骤中，将会应用到“战略分解六步法”中的步骤二（请回顾“战略分解六步法”相关内容）。

德鲁克认为：“企业绩效要求的是每一项工作必须以达到企业整体目标为目标，尤其是每一位管理者必须把工作重心放在追求企业整体的成功上。”战略执行真正的敌人——日常事务，往往导致我们忽略最重要的目标：重要目标需要你做一些全新的事情，这些新事务往往会和原有的日常事务发生冲突，由此产生的紧急事务可能会消耗你大量的时间和精力。

在这个环节中，关键的输出是年度经营目标、目标值（及其依据）。公司年度目标实际上是做五年滚动预测，需要考虑将中长期战略目标分解为当年的年度任务，并把修正之后的目标纳入经营计划。

a.年度经营目标。

公司年度目标包括财务和管理两大类（以下指标仅为举例，实际需要调整）。在前文中我们提出近期目标更加量化，用以检验组织是否按照战略目标前进，因此年度经营计划中的经营目标确定十分关键。具体目标的确定因企业而异，基本原则是兼顾中长期战略意图、近期经营重点以及当前主要瓶颈等。

b.目标值（及其依据）。

目标值的确定也十分关键，同时它也会影响绩效考核结果，与每个人的切身利益息息相关。华为一般采用“四比法”来确定目标值，“四比法”分别是与行业发展趋势比、与竞争对手比、与企业内同类业务比以及与自己过去比，这是一种比较高效的方法。参考“四比法”，笔者推荐目标值确定的五种方法（详见第七章）。

在实际中，还可以将目标值分为底线值、达标值和挑战值三个档次：底线值一般为达标值的80%（低于底线值为0分），达标值体现了公司战略意图（一般比预算还高一些），挑战值一般为达标值的120%。

②导出公司年度重点工作与行动计划

在这个步骤中，将会应用到“战略分解六步法”中的步骤三、四、五和六（请回顾“战略分解六步法”相关内容）。

在这个环节中，关键的输出是公司年度重点工作、行动计划。

a.公司年度重点工作。

年度重点工作不宜过多，这里出现的问题是主管往往都希望自己所负责领域的工作成为当年的重点工作，以获得更多的重视和资源倾斜。公司年度重点工作的来源（输入）是这里的关键问题（不可遗漏，也不可随意增加），其包括三个方面：第一个来源是中长期战略规划关键任务，这是在中长期战略规划制定时确定的，不可更改；第二个来源是年度经营计划回顾和年度经营目标，由当年要实现的经营目标所确定；第三个是其他方面，包括当年新发现的商业机会等。当然，与前面章节指出的一致，重点工作最终也是通过排序而获得的。

确定重点工作之后，需要进一步确定行动计划。重点工作与行动计划容易混淆，两者的区别是前者是“做什么”（有哪些重点工作？），后者是“怎么做”（每个重点工作的步骤是什么？）。确定行动计划的意义有两个：一是做“沙盘推演”；二是便于战略执行的监控（“一件事情要做三次”，这是第二次）。此外值得注意的是，关键任务、重点工作与行动计划是基于项目的（回顾一下项目管理的定义、特征及项目管理和职能管理的区别）。项目是临时的、独特的、需要渐进明细的工作，而职能经营是永久的、重复的、需要在标准化的生产线上进行的工作，这是项目与职能经营的三大主要区别。再次强调：要对关键任务、重点工作以及行动计划进行项目化管理。通过重点工作及其衡量标准的设定，完成从战略目标到实施策略的构建，但策略并不是能够分配到具体人员的具体事宜，如果企业战略落地止步于此，就会陷入执行漏洞：所有人都知道应该做什么，却没人为之负责。重点工作往往涉及众多人员，它并不等于某项具体工作，而是可能需要多件工作共同完成。如果不能把人员明确地安排到具体的事项上，就会出现策略偏差或者工作变得模糊不清的状况。

b.公司行动计划。

公司行动计划包括重点工作、衡量指标（一个重点工作可能有多个衡量指标）及行动计划（战略和行动计划是多对多关系）。

c.公司行动计划所需的资源。

公司行动计划所需的资源包括人（人力资源）、财（财务资源）和时（时间资源，尤其是核心管理人员的时间投入）。

③导出部门年度经营目标、重点工作和行动计划

这实际上是重复上述步骤，只是分析层级变成了部门，关键点是把握目标分解的基本原则。目标分解基本原则包括三个：一是层层分解，自上而下；二是纵向到底，横向到边；三是回顾检查，确保关联。

在这个环节中，关键的输出是部门年度经营目标、重点工作、行动计划。

经营计划的主要管理部门（包括经营计划管理部门、战略管理部门、财务部、人力资源部及其他相关职能部门）的工作：制定相关战略，制订和开展经营计划；提供相关模板，指导相关业务单位完成相关内容；对经营计划的执行效果进行日常监督并提供相关数据；保证相关资源的到位，支撑经营计划的落实；对重大问题和风险进行预警和跟踪。

接下来，根据基于愿景、战略导出的战略目标、业务设计和关键任务等，制定各业务单位的年度计划，与全面预算、战略绩效形成三位一体闭环。

4. 全面预算

如前所述，战略规划完成之后，还要与全面预算、战略绩效配合。

（1）全面预算是什么?

预算的目的是使公司的短期目标与公司的战略方向保持一致，通过部门间的协调，使公司的资源得到最有效的分配和使用，保证公司总体目标的实现。全面预算的全面性体现在三个方面：一是全员，预算指标层层分解；二是全面，不仅包括财务预算，还包括资金预算、投资预算、项目收益预算、人力资源预算等专项预算；三是全程，不只限于预算指标的编制、汇总、下达，还通过预算的执行与控制、分析与调整、考核与评价，发挥预算管理的权威性和对经营活动的指导作用。全面预算管理从本质上讲就是企业战略目标分解、实施、控制和实现的一系列管理过程，因此预算必然要与战略、绩效无缝衔接。杰卡斯曾说：“一个好的预算不仅是一个收集和整合数

字的过程，还是一张能够指引公司获取竞争优势的地图；它无外乎就是分配资源以完成公司的战略及目标，以及为这些资源配置的有关决策提供一个论坛；它把零碎的东西紧紧地组合在一起，提供战略计划里所确定的目标和标准，作为业绩衡量的依据。”

（2）战略预算

战略预算承接年度业务计划，是基于年度业务计划，在年度内对人、财、时（时间，也就是注意力）等资源进行合理分配；战略预算来自中长期战略，这部分投入较大，短时间内看不到有效产出，需要专款专用。《精细化增长》一书提出的PE式增长模式、VC式增长模式、有机式增长模式、外延式增长模式、转型式增长模式等增长模式，都需要战略预算。

（3）计划、预算与战略衔接

传统全面预算一大缺陷是计划、预算和战略之间的脱节，这造成了业务部门、支持部门对全面预算（通常由财务部主导）多有诟病。因此，衔接战略、计划与预算成为必要要求。笔者认为，在战略、经营计划与预算方面，主要通过以下三个方面的衔接达到推动战略对预算的指导并长期提升企业管理能力的目的（这一过程强调战略部推动落实战略管理与全面预算管理的衔接，辅助财务部，积极参与全面预算管理）：第一个方面，战略预测、目标与预算预测、目标设定的衔接。战略预测、目标与预算预测、目标设定的衔接工作，通过在全面预算管理流程预算框架中确定阶段增加战略目标沟通会的方式实现。第二个方面，优先级排序后的战略举措与预算编制的衔接。优先级排序后的战略举措与预算编制的衔接工作，通过流程更新和增加工具模板的方式实现，即在全面预算管理流程预算编制环节中明确以优先级排序后的战略举措为预算编制的依据。第三个方面，优先级排序后的战略举措与预算审核、平衡和调整的衔接。优先级排序后的战略举措与预算审核、平衡和调整的衔接工作通过流程更新的方式实现，即在全面预算管理流程预算调整环节中明确财务部的预算审核、平衡和调整以优先级排序后的战略举措为依据。

第一个方面战略目标沟通会由财务部和战略部共同发起。第二个方面主要包括重点工作需要成为编制预算的依据、战略举措选择优先级是预算编制过程中项目筛选的依据以及战略举措选择优先级是预算调整过程中项目筛选的依据三点。

其中“重点工作需要成为编制预算的依据”通过以下两个步骤得以体现：步骤一，将经优先级排序的战略举措进一步分解为具体的业务活动，确定业务活动分类，估算活动的成本，并确定相应的预算科目，如图3–41所示。

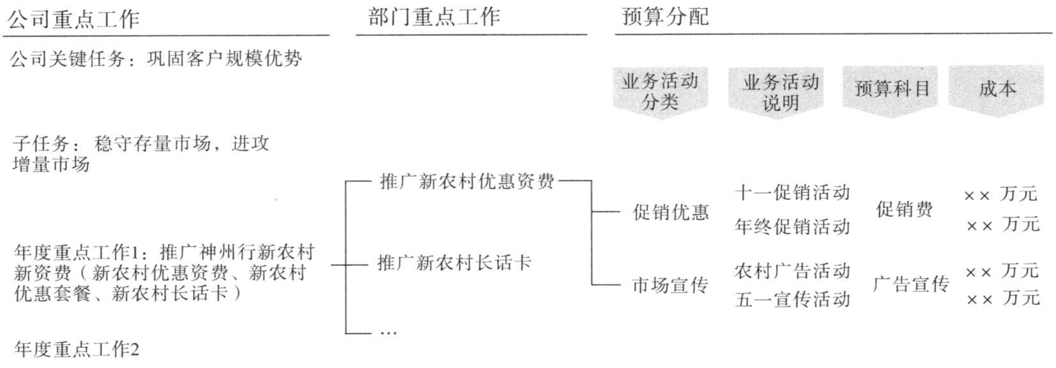

图 3-41　确定相应的预算科目

步骤二，在战略举措分解的基础上，完成相关模板表格填写，以明确战略、计划和预算的衔接，供预算编制表格填写和预算审核、调整使用，如表3-8所示。

表3-8　计划、预算与战略衔接

		预算业务活动								
序号	对应重点工作	优先级	业务活动分类	业务活动解释	业务活动实施时间	预算科目	成本驱动因素			
							单位	数量	单价	成本
1										
2										
3										

而“战略举措选择优先级是预算编制过程中项目筛选的依据”要求在编制预算过程中优先保障一类举措，其次保障二类举措，再次保障三类举措，没有战略举措依据的预算项目最后保障；“战略举措的优先级是预算调整过程中项目筛选的依据”要求在预算削减时优先削减没有战略举措依据的预算，其次削减三类举措预算，再次削减二类举措预算，无特别理由不能削减一类举措预算。

第三个方面具体体现在：审核各部门/中心的战略预算，优先保障有战略举措依据的预算，其中优先保障各部门/中心的一类举措预算，其次保障二类举措预算，再次保障三类举措预算；预算削减和调整从没有战略举措依据的项目开始，之后优先削减调整三类举措预算，其次削减调整二类举措预算，务必保障一类举措预算。

5. 战略绩效

战略规划、年度经营计划与全面预算、战略绩效是一个有机整体。战略绩效由组织绩效与个人绩效两部分组成。本节主要讨论个人绩效。

美国著名管理学家孔茨曾经说过：“绩效考核就是衡量计划完成的程度，以及采取纠正偏差的行动，以促进目标的达成。计划一旦开始，绩效考核行动也就随之展开。”战略规划系统、经营计划系统、企业绩效系统是一体的，因此经营目标、重点工作需要纳入高管PBC中。什么是高管PBC？PBC是紧密围绕业务来进行考核管理的一项工具，以形成规划（计划）—考核—激励闭环（图3-42）。

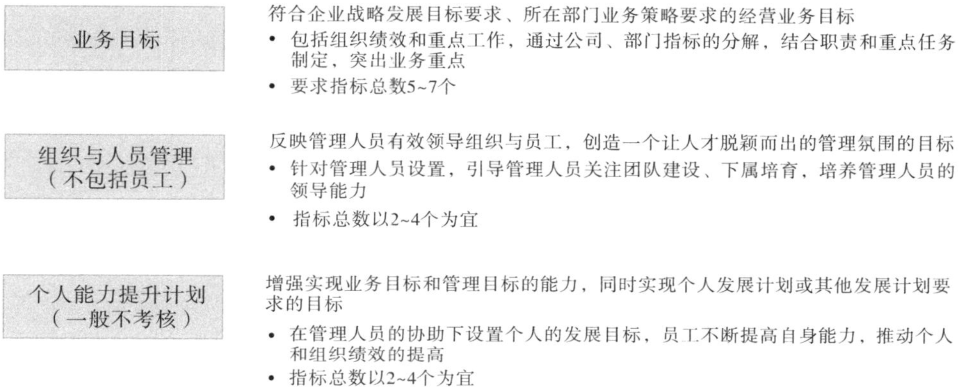

图 3-42　高管 PBC 的组成

以下分别对高管PBC主要聚焦的三类目标进行介绍。

（1）业务目标

业务目标是高管PBC中最重要的一个组成部分，如何设定高管PBC的业务目标？可以从年度经营计划的经营目标、重点工作以及其他需要关注方面这三个方向考虑，如图3-43所示。

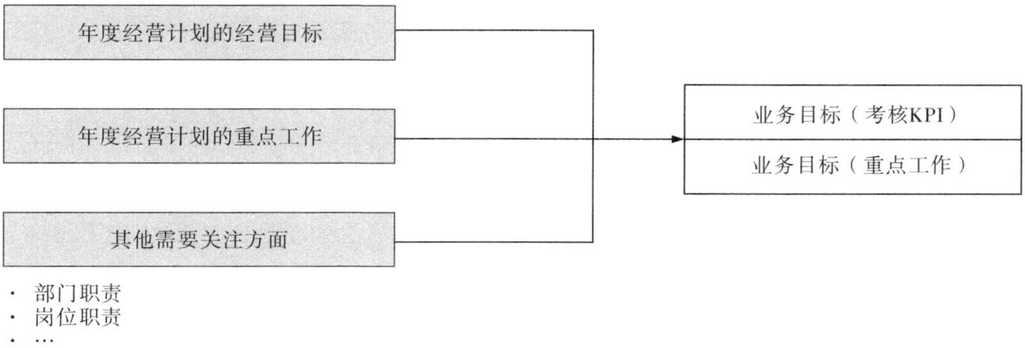

图 3-43　高管 PBC 业务目标的来源

（2）组织与人员管理

如何设定高管PBC的组织与人员管理？可以从四个维度出发思考，如图3-44所示。

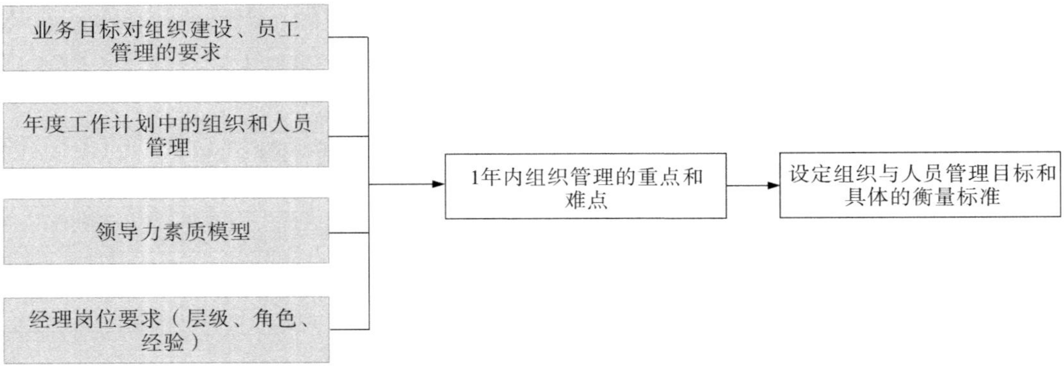

图 3-44　高管 PBC 组织与人员管理设定思路

（3）个人能力提升计划

如何设定个人能力提升计划？从实现业务目标和组织与人员管理目标的角度考虑，例如扩展知识面、深入研究某领域的知识、获取新的专业技术、巩固和提升某一领域或者岗位所需的能力和素质等。个人能力提升计划不作为考核项，是对个人成长做出的承诺。

关于高管PBC构成比重，主管与员工要有所差异，可以参考以下权重分配，如图3-45所示。

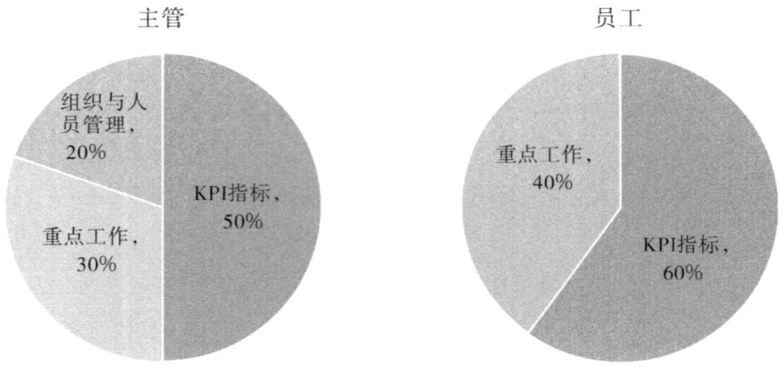

图 3-45　高管 PBC 构成比重

从高管PBC输出结构看，高管PBC设计承接前面的内容，完成个人绩效的部分。制订的年度经营计划也为高管绩效奠定了基础，因此年度经营计划为绩效管理体系提供关键输入——管理者PBC，如图3-46所示。

个人绩效承诺书（PBC）

姓名/工号：	所在部门：	现任职位/角色：
上级姓名/工号：		承诺有效期：

PBC第一部分：业务目标

一、业务目标

1. 关键指标

考核指标	序号	指标名称	考核目标值 淘汰（60）	达标（100）	挑战（120）	权重	指标统计公式	指标数据责任部门	实际完成结果	得分
KPI 指标	1									
	2									
	3									
	…									

2. 重点工作

	序号	重点工作	权重	行动计划	衡量标准	实际时间	得分
重点工作	1						
	2						
	3						
	…						

PBC第二部分：组织与人员管理目标

二、组织与人员管理目标

三、个人能力提升计划

PBC第三部分：个人能力提升计划

PBC 承诺人签字/日期：	
上级签字/日期：	

图 3-46 管理者 PBC 示例

第四节 战略执行与监控

战略执行与监控属于PDCA循环中的“D”（执行）和“C”（检查），执行的重要性无须多说，进度检查却经常被人忽略。本节主要基于项目管理和会议管理两种方法对企业进行管理。

1. 当我们说战略执行的时候，到底执行什么？

华为在DSTE流程给出的战略执行管理答案是管理滚动业务预算与计划、管理财务预测、管理人力预算、管理重点工作、管理KPI、管理运营业绩以及管理不确定性等，笔者的看法与此类似，战略执行管理的对象包括四个方面：经营目标、重点工作、绩效和预算。

2. 项目管理

运营管理是保证年度经营计划运作的重要手段，在运营管理中项目管理和会议管理是重要且容易被忽略的环节，下面分别进行介绍。

我们在第二章中确定了关键任务，本质上是确定了项目（严格来说是项目集）。在确定项目之后，我们还需要将项目进一步细化，转化为可衡量、可跟踪、可管理的行动计划（项目分解）。WBS（Work Breakdown Structure，工作分解结构）是项目分解的常用技术（图3-47），是项目团队为实现项目目标、创建可交付成果而对需要实施的全部工作的层级分解。创建工作分解结构，就是按照自上而下的方法把整个项目和项目可交付成果（较大的工作单元）按照层级规则分解成较小的，可量化的，便于计划、管理和控制的工作单元的过程。将关键任务分解有两个原因：一是关键任务是3～5年内难而正确的事情，短期内难以完成，需要较长的时间完成；二是为了确保战略执行的连贯性。理查德·鲁梅尔特在《好战略，坏战略》中提出了“好战略”三个要素，其中一个就是连贯性活动，两者逻辑是相通的。

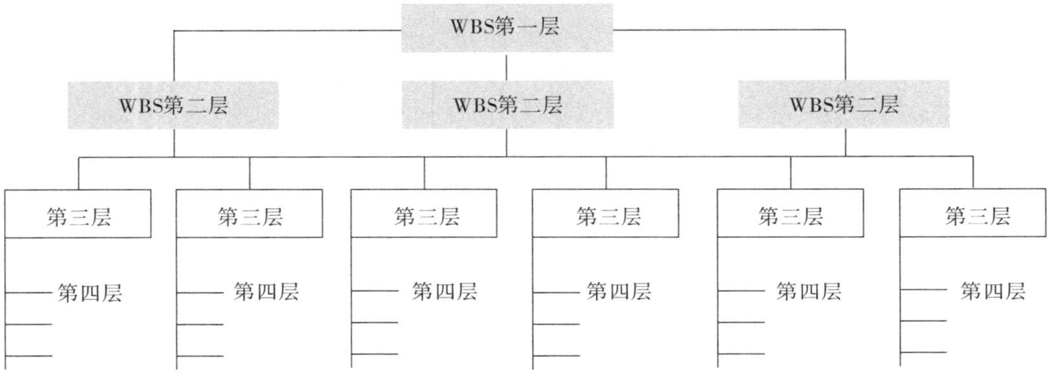

图3-47 WBS方法论

在此，笔者有必要指出当今战略执行一个重大的盲区——项目管理。战略大师们早就意识到项目管理的重要性。迈克尔·波特在《什么是战略？》中写道：“战略的本质在于活动，选择与竞争对手不一样的方式完成活动，或者完成不一样的活动。除此以外，战略不只是顶住竞争的市场口号。”活动或过程都需要通过项目来创建和改变，因此一个需要新过程或新活动的战略需要通过项目来设计并予以实施。

战略执行重大的盲区——项目组合管理的战略角色职业经理人需要将战略语言转化为项目用语。项目是战略执行的牵引点，项目组合管理是最好的战略执行路径。遗憾的是，大多数高级管理者和战略思考者都没有系统地学习过项目管理语言。

3. 会议管理

作为执行管理的重要抓手，会议管理是战略执行管理的重点之一。战略管理例会包括战略规划研讨会、季度/月度经营分析会与战略健康审视会等。会议管理是一门很大的学问，会议管理好坏影响到公司日常工作的开展乃至对外服务的质量，是让管理进入一个良性循环或恶性循环的关键。会议管理必须是有规律性和规划性的。有规律性才有规划性，不能没有准备或没有延续。好的企业开会时有专门的人来组织和跟进会议管理，要求每年对会议体系进行梳理，并统计会议召开的频率、时间、参加的人员、主持人的级别、输入的要求、输出的要求。有的企业还会对各个组织会议管理的质量进行抽查，其结果关系相关领导的绩效。表3–9列举了一些重要的战略管理会议，供读者参考。

表3–9 战略管理会议

会议名称	频次	内容
战略规划研讨会	一个SP周期至少3次	根据差距分析、市场洞察的输出，管理团队进行研讨，达成对战略机会的一致共识；通过对战略规划SP的研讨，管理团队达成对战略的一致共识；通过分解战略，导出中长期关键战略举措、年度重点工作任务、依赖关系和验收标准
经营分析会	月度/季度	汇报中长期关键举措的工作进度和状态，并确定下一步策略；对风险进行预测，确定应对方案，协调资源，并落实下一阶段的工作任务
战略健康审视会	年度	审视战略执行中存在的问题或偏差，及时调整战略；分析市场环境变化（宏观、行业、客户、竞争对手、关键技术等），及时调整战略；阶段性复盘，提炼经验和教训

经营分析会是上述三大会议的重点，是战略执行最重要的抓手之一（当然，还有一些其他较为重要的会议，例如目标评审会等，限于篇幅不再展开），其价值在于：第一，经营分析会能够将年度经营计划落实下去，变成实实在在的成果。以月度经营分析会为例，可以对分解确定的行动计划的执行进行里程碑监控。重点工作、衡量指标（一个重点工作可能有多个衡量指标）及行动计划（战略和行动计划是多对多关系）可作为监控对象。第二，经营分析会可以找到经营过程中成功与失败的根因，通过流程、规则和制度的优化，将方法、工具和模板沉淀下来，变成所有人都会的动作，最后固化为组织能力。

如何开好经营分析会？一个好的会议包括时间、地点、人物、主题和议题等要素。经营分析会的会后执行跟进十分重要：经营分析会召开之后每周严密跟进决议执行进展，并在下月经营分析会第一页PPT展示本次决议执行结果。除了经营分析会，战略规划研讨会也很重要，表3-10～表3-16介绍的战略规划研讨会安排可供读者参考。

表3-10　战略规划关键会议1：公司战略意图与战略方向指导

项目	内容
会议日期	3月中旬
时长安排	3小时
参与人员	EMT（Executive Management Team，执行管理团队）
会议内容	澄清公司战略意图，发布战略方向指导
组织方	战略和发展部

表3-11　战略规划关键会议2：评审并批准公司SP

项目	内容
会议日期	4月中旬
时长安排	3小时
参与人员	EMT
会议内容	对公司战略规划中的战略目标、业务设计、关键任务、正式组织、人才、氛围与文化进行评审，并给出明确结论（通过/不通过）， 如果不通过，需要再次上会评审直到通过；如果通过，EMT批准并发布公司SP（此次汇报必须由战略和发展部负责人亲自完成）。 会议目标如下：（1）EMT对公司SP的最终批准；（2）明确定义并批准公司战略里程碑
组织方	战略和发展部

表3-12　战略规划关键会议3：事业部战略执行回顾、差距分析与战略设计

项目	内容
会议日期	5月上旬
时长安排	1天
参与人员	各事业部/事业单元负责人+事业单元部门负责人
会议内容	启动事业部/事业单元SP流程并进行执行回顾与差距分析，战略和发展部介绍事业部/事业单元战略规划流程的日程表、里程碑和模板。事业部负责人进行战略规划工作动员,强调本次战略规划的重点及活动要求。与会成员可以要求对日程表、工具和模板进行澄清说明。事业部之间的相互协作也要详细描述。 事业部战略设计（包含战略意图、创新焦点、业务设计等）研讨按照BLM方法组织，澄清事业部战略意图，确定未来业务组合，以及确定事业部面向未来的业务设计
组织方	各事业部/事业单元

表3-13　战略规划关键会议4：事业部组织设计研讨

项目	内容
会议日期	5月下旬
时长安排	半天
参与人员	各事业部 / 事业单元负责人+人力资源中心负责人
会议内容	事业部组织设计研讨按照BLM方法组织，系统性地研讨关键任务及依赖关系、人才、 正式组织（包含事业单元层级）、氛围与文化”四大要素，以支撑战略意图及目标的执行与落实
组织方	各事业部/事业单元

表3-14　战略规划关键会议5：FU执行回顾、差距分析、战略意图、业务设计研讨

项目	内容
会议日期	6月下旬
时长安排	1天
参与人员	职能战略负责人+职能中心部门经理等
会议内容	对标业内标杆，进行执行回顾与差距分析，对差距进行排序，确定各职能中心关键差距及其根因，以及相关对策。 职能中心战略意图研讨按照BLM方法组织，重点澄清各职能中心的战略意图（包括各职能中心的使命、愿景、目标等）、业务设计
组织方	各职能中心或部门

表3-15　战略规划关键会议6：FU组织设计研讨

项目	内容
会议日期	7月下旬
时长安排	半天
参与人员	职能战略负责人+职能中心部门经理+人力资源中心负责人等
会议内容	职能中心组织设计研讨按照BLM方法组织，确定各职能中心的关键任务及依赖关系、人才、 正式组织、氛围与文化
组织方	各职能中心或部门

表3-16　战略规划关键会议7：公司评审并批准事业部/职能中心SP

项目	内容
会议日期	9月上旬
时长安排	三个事业部各2小时
参与人员	EMT

续表

项目	内容
会议内容	评审各事业部/职能中心SP，对各事业部/职能中心SP中的战略目标、业务设计、关键任务、正式组织、人才、氛围与文化等进行评审，并给出明确结论（通过/不通过），如果不通过，需要再次上会评审直到通过（此次汇报必须由各事业部/职能中心负责人亲自完成。 会议目标如下： （1）EMT对事业部/职能中心SP的最终批准； （2）明确定义并核准每个事业部/职能中心的战略里程碑； （3）明确下一年度事业部/职能中心的财务目标和资源投入预测基线
组织方	战略和发展部

4. 战略控制

战略控制首先需要确立企业战略目标，并找出有效监督企业实际绩效的方法。战略控制作为战略管理的重要方面，在企业组织结构中是有层次性的，可以划分为公司治理层次和管理层次的战略控制：第一个层次是治理控制，是所有者对经营者的激励和约束，即通过制定绩效目标，对经营者进行激励和约束，促使经营者努力经营，做出科学决策；第二个层次是管理控制，即所有者对企业战略、业务流程和财务活动进行监控，解决经营者的经营管理能力问题，目的是实施有效管理并实现绩效目标。各层次的参与者从不同方面影响着企业战略的实施。本书讨论的主要是管理控制，具体包括战略运营控制、预算控制和绩效控制，如图3-48所示：

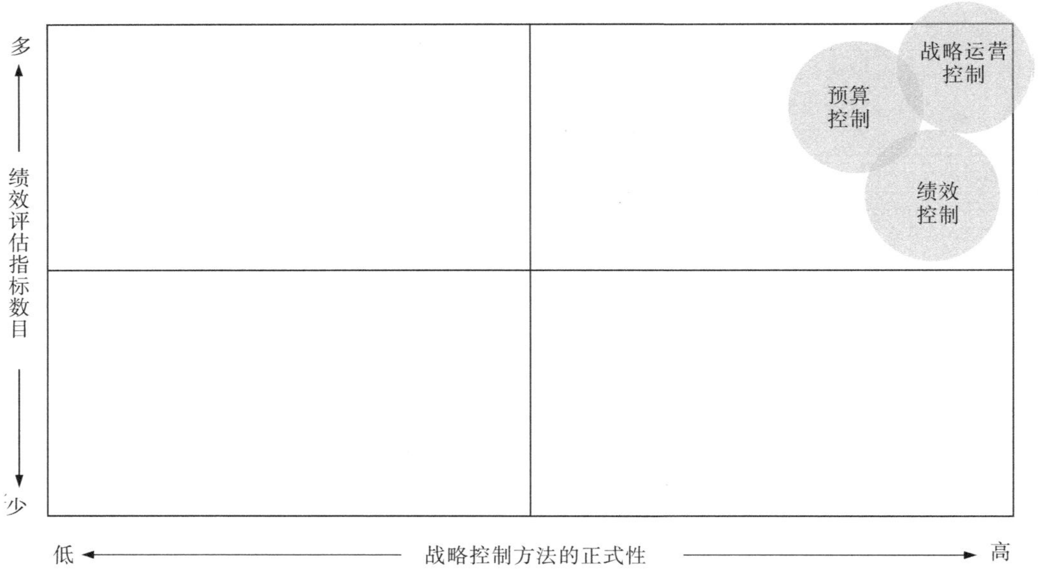

图 3-48 管理控制分类

以季度经营分析会为例，可以对战略分解确定的行动计划的执行情况进行里程碑监控，重点工作、衡量指标及行动计划都可以作为监控的对象。

1992年普雷布尔提出了战略控制的三阶段模型，包括前提控制、执行控制、战略监察，揭示了其与战略规划、战略执行和战略评价的关系，如图3–49所示（t 为一个战略周期的不同时间点。）

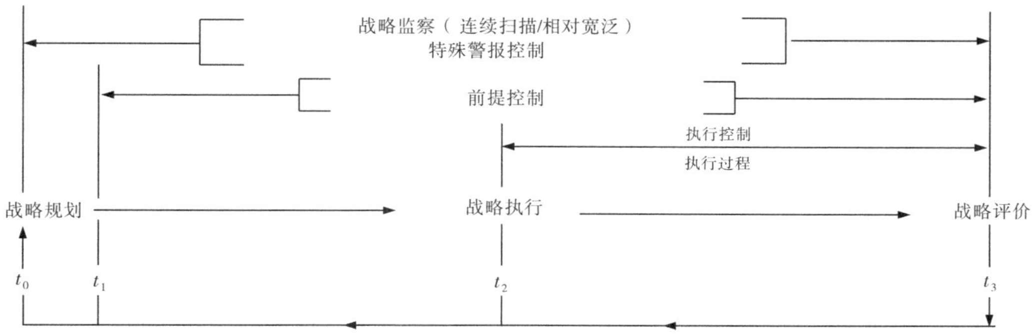

图 3–49　战略控制类型

普雷布尔的三阶段战略控制模型可以进一步分解，形成战略控制组件，如表3–17所示。

表3–17　战略控制分解

特征	前提控制	执行控制	战略监察	特殊警报控制
目标	战略前提与战略的有效性相关	关注导致战略监察行为的因素	及早分析影响战略方向的环境变化	应对危机的战略准备
机制	环境监测	执行过程	环境扫描	危机管理
程序	列出假设 跟踪假设发展 更新假设 修改战略	建立标准 关注战略进展 收集控制数据 评价战略结果	确定变量 连续扫描 将数据用于控制过程	开发敏感领域 确定对策计划 模拟紧急事件处理
组织/个人	高层/顾问/战略专员	业务人员/战略专员	技术专家/战略专员	危机管理小组

第五节　战略评估与复盘

战略评估属于PDCA循环中的“A”（处理），用于指导下一步工作；战略复盘则是更进一步，把战略审视过程中发现、积累的组织经验上升为组织知识。企业自己是最好的老师，经验是最好的老师。

1. 战略评估流程

战略评估流程如图3-50所示，包括外部环境评价、内部环境评价、业绩结果评价等。

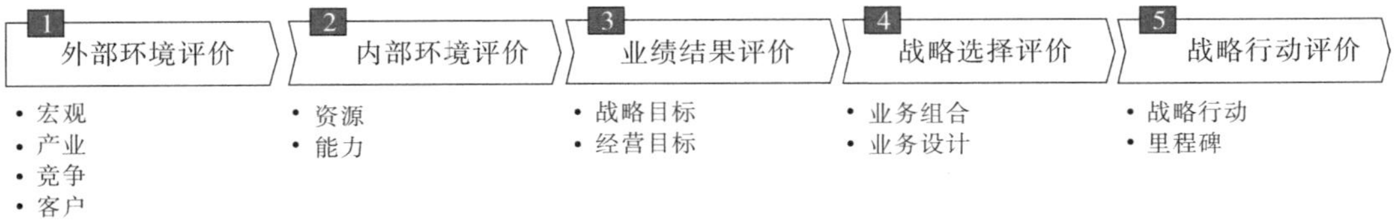

图 3-50　战略评估流程

需要注意的是，战略规划本身也是战略评估的一部分，相关内容详见第七章。

2. 战略评估内容

战略评估内容就是战略内容，主要包括战略目标、策略（包括业务设计等）。值得注意的是，以往战略目标的制定大多从经济目标出发，即使是非财务目标也会聚焦于企业自身。近年来，环境、社会责任和公司治理等其他维度引起了人们的关注。著名经济学家弗里德曼说过："企业经营唯一的社会责任是追求利润最大化。"而以"对市场力量和监管的分析"著称的2014年诺贝尔经济学奖获得者梯若尔却认为，经济主体（消费者、公司、政府和国家）的利益不应该与社会普遍利益相悖，人们应该努力促进经济主体利益与社会利益的共同发展。在这种背景下，ESG作为衡量上市公司是否具有足够社会责任感的重要标准，近年来引发人们强烈关注。ESG概念最早由联合国环境规划署在2004年首次提出，是Environmental（环境）、Social（社会）和Governance（治理）三个英文单词的首字母缩写，是一种在投资决策中将企业环境、社会和治理表现纳入考虑范围的投资理念。ESG是CSR（企业社会责任）发展到一定阶段后受外部因素的影响进化而成的，不仅高度契合经济建设、政治建设、文化建设、社会建设、生态文明建设"五位一体"的总体布局和"创新、协调、绿色、开放、共享"的新发展理念，而且为可持续发展和绿色发展提供了系统性、可量化的操作框架。总之，ESG是对以追求利润最大化为唯一目的的企业传统经营理念的修正。ESG概念的兴起以及越来越多的上市公司实践ESG并取得了一定的成效，给战略目标制定、战略评估带来了新的启发。

3. 战略复盘

接下来对战略复盘作简要的讨论。复盘分为四种类型，分别是个人复盘、团队复盘、项目复盘以及战略/经营复盘。笔者对战略复盘的简单理解是“一件事情要做三次”（第一次是战略规划，其路径是中长期战略规划→关键任务→重点工作→行动计划；第二次是战略执行，重点是经营目标与重点工作；第三次就是战略复盘本身）。正如前面介绍的，战略复盘可以发生在战略过程中的任何阶段，在战略设计、组织设计、战略宣导、战略分解、战略执行与监控、战略评估等环节都能进行复盘（当然其中最重要的是年末复盘和年中复盘），并且使用基本一致的方法论。

值得注意的是，战略复盘与其他两个重要流程（战略评估和年度述职）是不同的，主要区别在于管理功能不同，前者重在战略更新，而战略评估、年度述职的主要功能在于“论功行赏”和“资源请求”，如图3-51所示。

图 3-51 战略复盘、战略评估与年度述职的区别

复盘的基本思路和方法与战略评估有类似之处。从整体上看，战略复盘方法论（回顾、评估、分析、改变，源于影响广泛的联想复盘法）与其他类型的复盘方法类似（图3-52），其核心差异在于“促进改变”（回顾第二章中闭环管理体系的定义，战略复盘和差距分析一样也提供了正反馈的作用）。

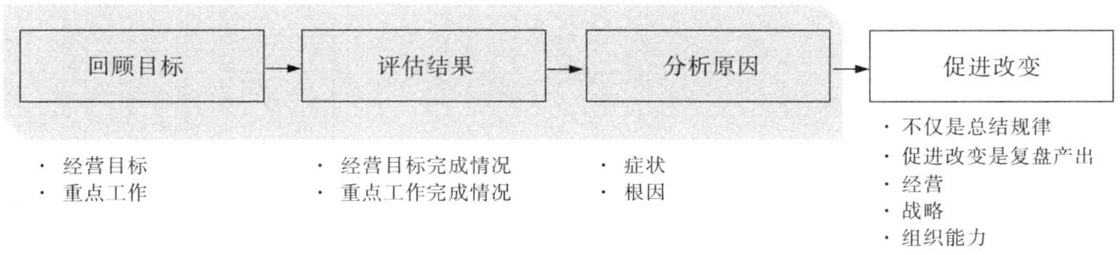

图 3-52 战略复盘流程

实际上，笔者通过以下四个步骤进行复盘：

第一步是回顾目标，回顾当时的目标是什么，目标背后的战略意图（即目的、初

心）是什么。在回顾目标时，可以借复盘机会重新审视目标的体系性、战略性和阶段性。目标的确定需要考虑体系性、战略性和阶段性等方面的特征。

第二步是评估结果，找到实际结果和期待的目标之间的差距（这里笔者的一个经验是让差距"飞"一下，不急于下结论）。结果与目标的对比会产生表3–18中的五种情况。与此同时，除了与目标进行对比以外，有些时候还应该与行业平均完成情况进行对比，这一思维与业绩差距和机会差距是类似的。

表3–18　复盘结果评估

类别	目标	结果
结果=目标		
结果>目标		
结果<目标		
新增		
消失		

第三步是分析原因，寻找目标与现状之间的差距，找到根因并基于"成本收益最大化"原则去消除差距，可以采用"丰田五问法"和鱼骨图法这两种常见的工具。用这两种方法对差距进行正确的归因（内因或者外因），找出差距与原因真正的因果关系。不同类型的根因将导致不同的解决方案（例如个人能力因素通过培训、学习解决，组织内部因素可以通过更新组织流程解决，等等）。注意：不必急于归因到自身，是外部因素就归因到外部。

第四步是促进改变，这是战略复盘最重要的一步，即复盘需要总结经验，但不能仅仅停留在经验总结层面，要让改变发生。促进改变（业务组合、业务设计、行动计划、人才、组织、文化、氛围……的改变）才是战略复盘的根本目的。战略复盘的产出是促进改变，包括短期与长期、绩效与学习两个层面，如图3–53所示。

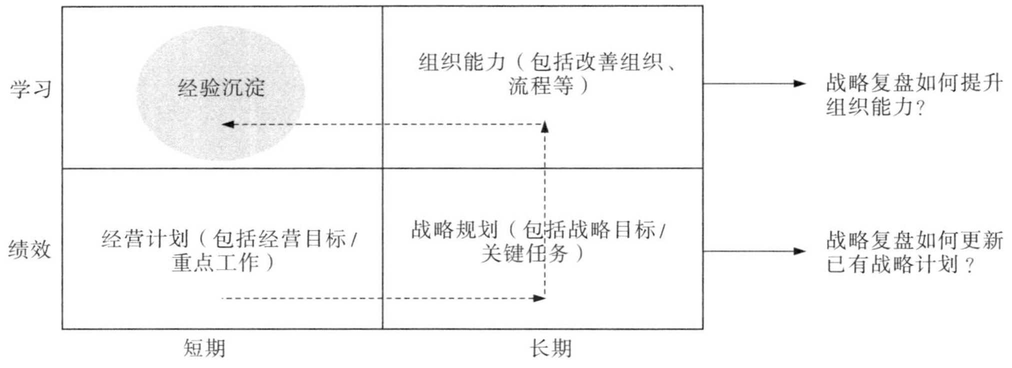

图 3–53　战略复盘促进改变

在上述象限中，我们需要思考：第一，在经营计划方面（短期+绩效），经营目标是否因为外部环境变化、短板补全进度等需要进行更新？第二，在战略规划方面（长期+绩效），我们之前假设哪些战略发生了（趋势性）变化而要更新？第三，在组织能力方面（长期+学习），如何通过战略复盘促进组织能力（包括人才能力、体系能力和文化能力）的提升？第四，在经验沉淀方面（短期+学习），我们如何通过战略复盘"吃一堑，长一智"？

在复盘过程中，笔者建议引入VOX技术。VOX技术中最重要的是VOC（客户之声，例如"有时灰尘会进入系统，给我带来麻烦""你们的服务很及时，但经常要跑2～3次才能解决问题""竞争对手已经能实现交直流切换了"……）。客户之声技术的应用：识别问题并协助企业进行准确的分类、建立"什么对客户是重要的"客观的观点、细分客户并分析各种客户的价值标准、促进"在客户决策过程中什么是重要的影响因素"识别和优先级排序、通过各种绩效标准测评客户满意度、确定需要在何处进行业务改进、协助识别关键价值指标；客户之声技术的输入：允许企业围绕客户需求聚焦战略和流程、根据客户来识别优势和劣势、在关键客户价值上对比当前绩效和竞争对手绩效、提供有关竞争对手的情报、确定哪些流程和技术系统可以增值、如何创新以提升客户体验……

第四章　战略情境

托马斯·H. 达文波特曾经是埃森哲战略变革研究院主任，美国巴布森学院信息、技术与管理领域的著名教授。达文波特研究领域广泛，包括信息和知识管理、再造工程，以及信息技术在商业中的应用，著作丰富且对战略管理产生了广泛的影响，他在著名的《注意力经济》中曾指出："理解和管理注意力是当今商业成功最重要的决定因素。"笔者十分认同这种真知灼见，如今注意力是企业非常稀缺的资源，不同类型、不同阶段的企业由于注意力分配的差异，导致战略规划等也存在较大的差异。例如创业阶段的企业，不太可能将过多的注意力放在流程、文化上，而更多聚焦于市场营销、团队搭建。

很多人认为BLM框架"过重"，不适合中小型企业。以下分别对这一常见误区进行说明：第一，把BLM当作一个模型看待。尽管BLM被称为业务领导力模型，但是BLM本质上不是一个模型，而是一个概念性框架。第二，根本不存在"BLM是否适合中小型企业"的问题，因为BLM框架仅仅是一个概念性框架，其应用场景不受企业规模限制。因此，在研究战略内容、战略过程的一般规律之后，本章将讨论战略情境的问题。情境是一个人在进行某种行动时所处的特殊背景，包括机体本身和外界环境因素，包含客观的"境"与主观的"情"以及由"情"萌生的主观感受上的"境"之意。情境是行为产生的背景，能够解释行为并且潜移默化地引导行为。

本章是基于注意力基础观来分析战略情境的，战略情境包括组织情境、产业情境、国际情境三种（图4–1）。例如，在企业不同的生命周期，战略思考重点不同；再如，新兴产业与传统产业的战略情境也有很大的不同。

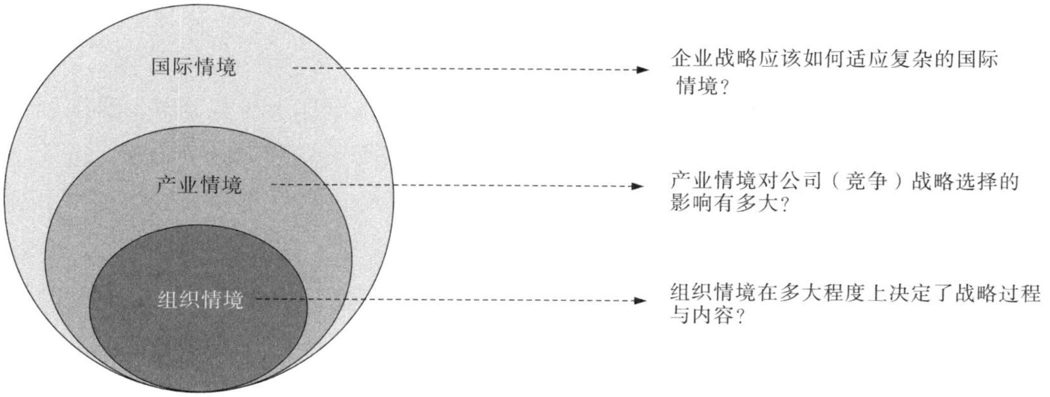

图 4-1　战略情境分类

因为不同情境下企业注意力存在差异，战略管理必须考虑具体的、不同的情境。例如当一家成熟企业遇到“指数级”企业，应如何思考未来的战略？当企业进入“战略无人区”，又应如何思考战略？越来越多的企业采用一种叫作“二元性组织”的架构，二元性组织的出现，是为了解决成熟企业进入创新业务时的组织结构创新问题。这些都属于组织情境的问题，很难通过通用战略理论来解决。此外，一些战略常见的困惑，都是因为没有区分战略情境：一些人认为战略赶不上变化，这可能对于初创企业是成立的（即使成立，也是在某个非常特定的阶段），而对于成熟企业尤其是大型集团型企业，没有规范的战略管理是难以想象的。

在组织情境中，创业企业、成熟企业由于关注重点的不同（也就是注意力资源分配的不同），战略规划、分解、执行与监控、评估等环节存在较大的差异，例如初创企业和成熟企业在战略管理方面有哪些重大差异、进入成熟期的企业如何利用生态系统的开放性资源重获新生。

产业情境也类似，新兴产业和传统产业依然存在较大差异，为此波士顿咨询公司提出了新的“波士顿矩阵”（图4-2），认为不同产业应该有不同的战略思路及主题，

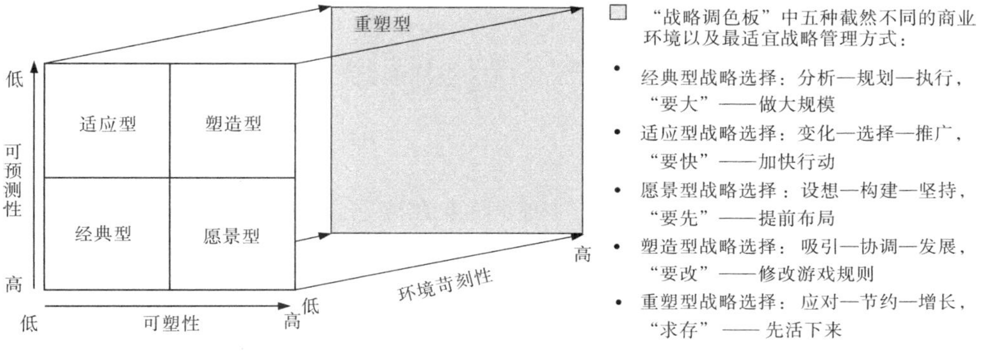

图 4-2　战略调色板

例如经典型战略的战略主题是“做大”，适应型战略的战略主题是“求快”，愿景型战略的战略主题是“抢先”，塑造型战略的战略主题是“协调”。

国际情境也是如此。当一家企业走出国内市场，进入全球市场竞争时，必须思考它的国际化战略，包括一整套完整的选择方案，这些选择被划分为以下要素：进入国别、进入模式、竞争方式、进入路径和运营模式。全球化已经成为如今战略思维中最关键的概念之一，中国领先企业先后以不尽相同的方式实现了国际化拓展。

当一家企业从中国市场走向全球市场，面临的绝不仅是经营范围在地理上的扩大，更是管理模式在彻底意义上的更新（为此很多中国企业付出了昂贵的代价）。此外，值得注意的是，与国际情境相比，近年来“中国情境”值得我们给予更多的关注（即国外企业进入中国市场、离开中国市场时需要考虑的问题）。

总之，组织情境、产业情境和国际情境的分类如图4–3所示。

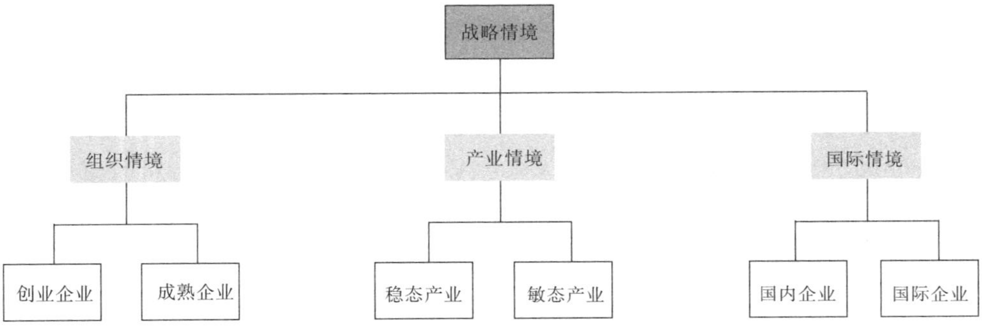

图 4–3　组织情境、产业情境和国际情境分类

下面首先介绍由于注意力分配的不同，不同组织、产业和国际情境下BLM框架的应用；然后讨论情境互换的问题。

第一节　组织情境

组织情境从发展阶段上看可以分为创业企业和成熟企业，那么创业企业应用BLM框架有什么值得注意的？本节对此进行分析。

在讨论创业企业战略之前，我们需要先理解创业的内涵。德鲁克曾经说过：“以前上班是贩卖自己的时间来做服务或产品，现在自己开公司也是贩卖自己的时间来做服务或产品，只是换了个地方打工，只能说为自己打工可能赚钱要多一点而已。所以这并不能叫作‘创业’，只是为自己打工而已。”此外，所谓内部创业，是一群“创业家”在已经建立的企业内顺应组织发展并保持与组织的沟通，为组织搜寻新的商机。

创业企业战略领导力模型如图4–4所示，领导力和价值观等要素与常规BLM是一样的（但作用有所弱化），创业企业战略领导力模型和常规BLM框架的主要区别是：第一，强调了创业愿景；第二，强调了创业机会；第三，弱化了组织流程、组织激励等，创业企业由于处于发展的早期，注意力更多地分配给市场和客户，对流程等会有所弱化。

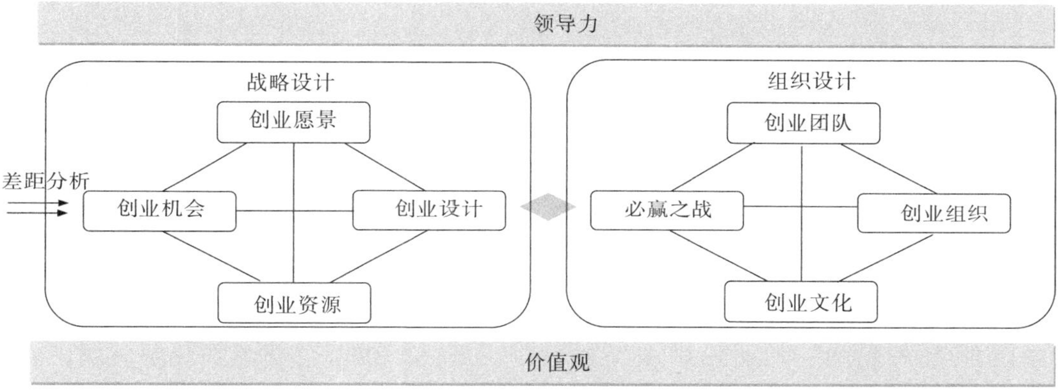

图 4–4　创业企业战略领导力模型

1. 创业愿景

创业愿景指引企业前进的方向，激励创业家推动业务进一步发展。如何塑造创业愿景？投资人经常会告诫创业者：没有人会为你“成为亿万富豪”的梦想买单！

2. 创业机会

创业的本质，是创业者不拘泥于资源条件的限制，识别以及利用机会，重新整合资源，创造新产品和新服务，为客户创造更高价值并获取利润的活动。创业一般发生在浮现期和成长期，这个时期会出现机会窗口，开放给进入产业的新企业。从这个意义上讲，成熟期一般不存在创业机会，不适合创业，如图4–5所示。

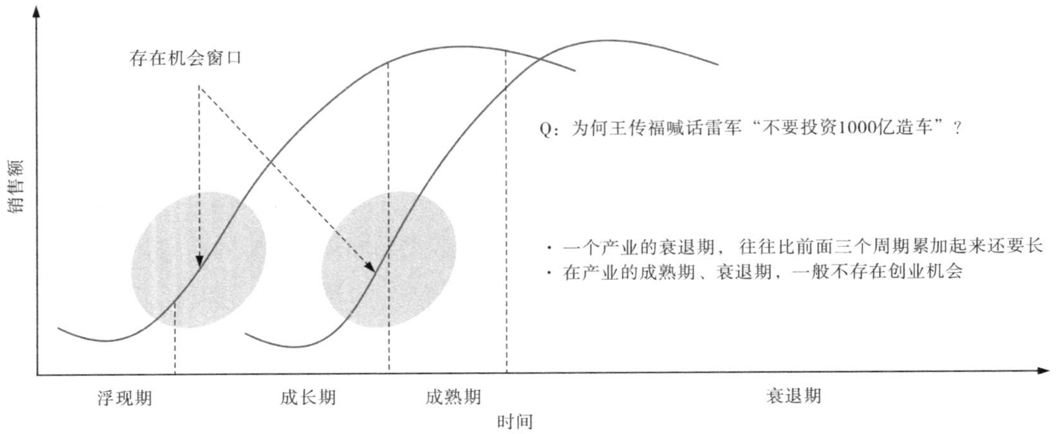

图 4–5　产业生命周期阶段与创业机会

上游供应商、厂商内部、竞争者内部、下游顾客和渠道商的因素改变，研究机构、高等院校中的技术因素改变都可能产生机会。机会起源于改变，没有改变，就没有机会。

德鲁克认为：创业者是那些寻找变化，并积极反应，把变化当作机会并充分利用起来的人。机遇是一种能够以与现有方式不同，比现有方式更优的方法提供产品和服务，实现赢利目标的可能性。每一个机遇都有不同于其他同类事物的特性，如滴滴、瑞幸都是传统行业，它们的成功在于创新的需求满足方式。抓住时代机遇，认清业务本质，围绕核心用户做产品，在多个维度创新。

3. 创业资源

按照传统的资源基础理论，创业企业并不具备有价值的、稀有的、难以模仿的竞争优势，它们在资源极度匮乏的环境下如何获得生存与成长？一些研究发现，很多创业企业会创造性地利用手头现有而常被忽视、遗忘的实物资源、社会资源、制度资源，从而创造前所未有的新价值。

4. 创业设计

创业设计以创业机会为核心，设计公司的发展蓝图与路径。寻测机会窗口、打开机会窗口、关闭机会窗口，是创业公司进行创业设计的三个主要步骤，如图4–6所示。

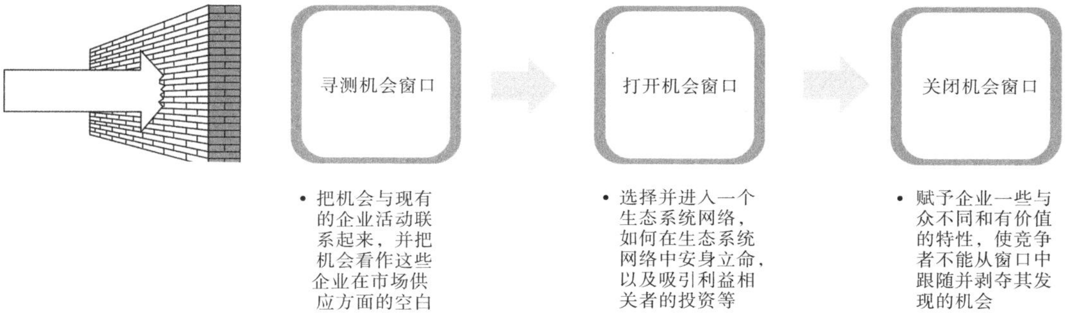

图 4-6　创业设计

第二节　产业情境

产业情境从产业特点上看可以分为稳态产业和敏态产业，那么处于不同产业情境的企业应用BLM框架有什么值得注意的？本节对此进行分析。

1. 产业情境——稳态产业

对于稳态产业，本书介绍的所有方法论（包括战略规划、宣导、分解、执行与监控、评估等环节）都比较适合。BLM框架是经过学术界、企业思考和实践的成果，是值得信赖的方法论。

2. 产业情境——敏态产业

作为客户，如今的互联网公司愿意向咨询行业学习，但是买单是不可能的。那么，互联网企业为何很少和咨询公司合作？传统咨询公司和互联网企业在战略规划的内容、过程和思维上有什么不同？近年来，敏捷战略逐渐成为一个热门话题，连IBM也提出了敏捷战略的方法论，以适应某些高度不稳定的产业。

综上所述，BLM框架需要结合不同的战略情境灵活应用。以市场洞察为例，不同的组织情境和产业情境对工具的使用要求有很大的差异。

第三节　国际情境

国际情境从经营区域上看可以分为国内企业和国际企业，那么处于不同国际情境的企业应用BLM框架有什么值得注意的？本节对此进行分析。

1. 国际化企业的战略规划

与聚焦于国内市场的企业相比，国际化企业也有一些明显特点：第一，面对的政治、经济环境更为复杂；第二，文化差异和组织人才的国际化；第三，其他的资源布局、本地化战略、风险管理（如汇率、进出口、法规等）都跟非国际化企业有较多不同。国际化企业的战略规划——国际化企业战略领导力模型如图4–7所示。

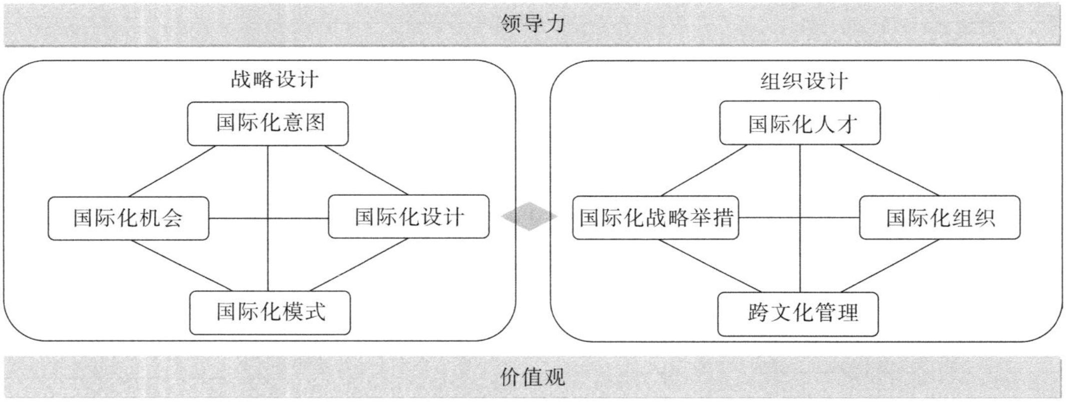

图 4–7　国际化企业战略领导力模型

领导力和价值观等要素与常规BLM一样，国际化企业战略领导力模型和常规BLM框架的主要区别是：第一，国际化企业战略领导力模型更重视国际化意图（为什么要国际化？仅仅是为了市场吗？）；第二，国际化企业战略领导力模型更重视国际化人才、组织；第三，国际化企业战略领导力模型更重视文化建设。

2. 国际化意图

国际化公司一般基于以下六个原因（图4-8）来选择在其国内市场以外进行扩张。

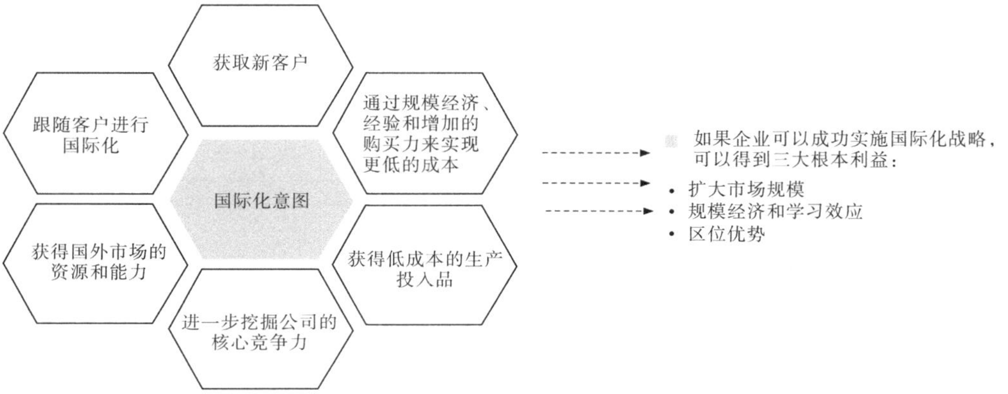

图 4-8　国际化意图

以工程机械行业为例，工程机械行业是强周期行业，卡特彼勒应对周期性的举措之一是推动收入和利润来源多元化，除了相关产品多元化外还包括市场多元化（即国际化），尤其是在亚洲城镇化浪潮来临时提前布局。

3. 国际化机会

回顾三次全球化浪潮，改革开放的40年几乎与第三次全球化浪潮在时间上高度重合，历经短短40年，中国成为世界上最大的制造国和贸易国，成为全球化的最大受益者。以三一重工为例，从三一重工的发展历程可以看出，在不同时期三一重工都推出恰逢其时的产品以顺应时代发展潮流，其发展经历和工程机械领域两大龙头企业卡特彼勒和小松类似。

4. 国际化模式

随着公司在国际上的进一步扩张，公司不得不面对两种相互矛盾的压力：对本土需求的响应以及在全球范围提供标准化产品的有效收益前景。当一个公司在两个以上的国外市场运营时，必须解决的最重要的战略问题可能是，能在多大程度上改变其竞争方式以适应特定的市场条件和每个东道国的消费者偏好，如图4-9所示。

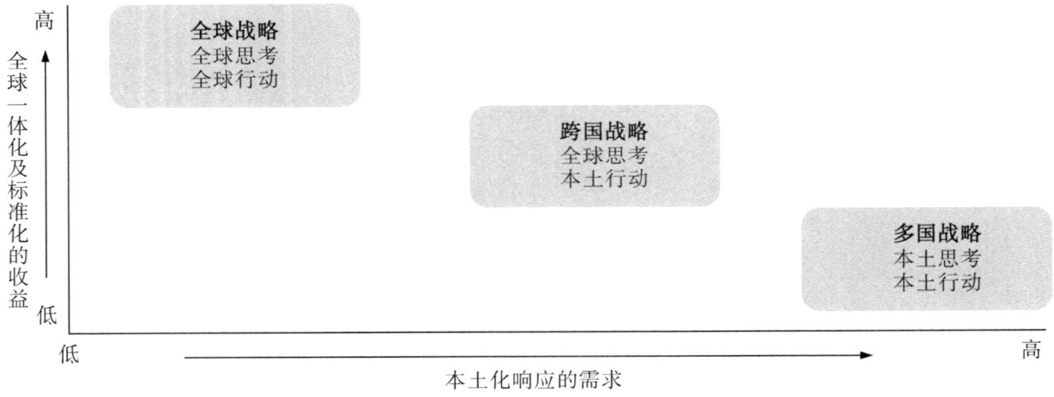

图 4-9　国际化模式

在战略制定时需要同时纳入全球化和本土化元素，采用大规模定制技术来实现跨国战略，使它们能够以一种高效、半标准化的方式解决当地的偏好问题。麦当劳、肯德基、星巴克以及联合利华等跨国企业发现了在不同国家定制菜单且不影响成本、产品质量和运营效率的方法。

5. 国际化设计

与常规业务设计类似，国际化业务设计需要回答五个问题：国别进入、进入方式、进入策略、实施路径、竞争合作。以国别进入为例，图4-10是国别进入评价模型——以进入类别为轴的国别进入组合图。

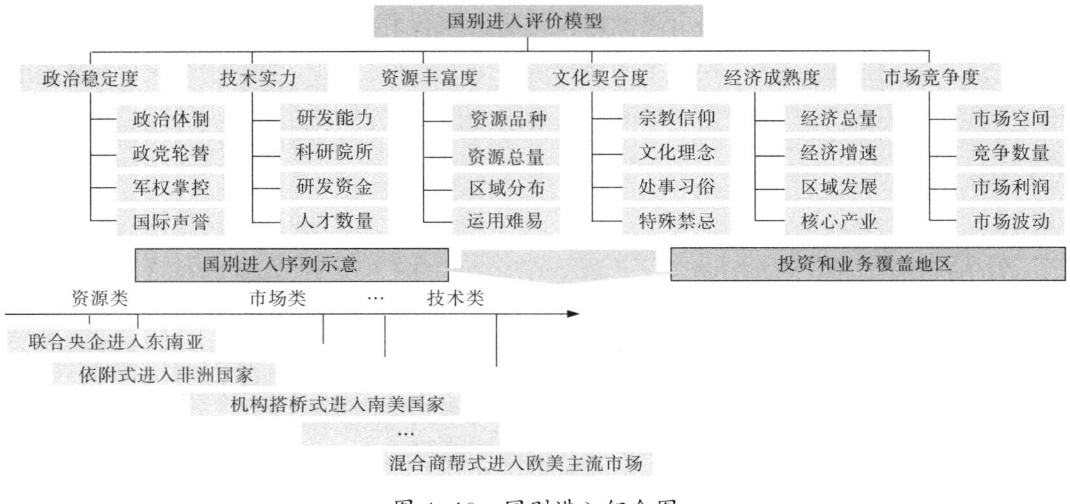

图 4-10　国别进入组合图

限于篇幅，进入方式、进入策略、实施路径、竞争合作不详细展开。

6. 国际化组织设计

国际化组织设计包括国际化的组织建设、国际化的人力资源（招聘外籍员工）和国际化的文化管理（跨文化沟通）。海外业务的组织结构必须支持海外业务战略并与业务规模相匹配。以制造业为例，随着海外业务的起步和发展，海外组织结构演进一般会经过三个阶段（卡特彼勒、中国电建集团都经历了类似的过程）。如卡特彼勒，20世纪50年代就开始进入海外市场，先后在拉美、欧洲等地投资设立了海外工厂。到了90年代，卡特彼勒采取高度集权的垂直式组织模式，通过国际业务部的组织结构对海外业务进行管理。90年代初，卡特彼勒进行了公司历史上最大规模的组织变革：把每个产品单元当作独立的利润和服务中心，同时把全球市场划分为北美、拉美、亚洲和EMEA（欧洲/中东/非洲）这四大区域。21世纪初，卡特彼勒再一次对组织结构进行变革，继续向全球性组织转型：从产品业务单元主导的组织模式转变为业务板块、职能部门和地区兼顾的混合矩阵式组织结构。

第四节 “大公司像小公司”

处于不同战略情境的企业其实可以相互学习：一是营利机构可以向非营利机构学习（特别是在制定使命、愿景方面，非营利机构可以给商业组织很大的启发）；二是大公司可以向小公司学习（像小公司一样变得更加敏捷、灵活，同时具有大公司的优势，保持效率与创新的动态平衡）；三是公司在本土要有全球视野（像一家全球企业一样经营）。

第五节 战略——以变应变

现有管理理论都是基于西方文化的理论，如何正确学习西方理论？詹姆斯·马奇说过：“从经验中获取智慧的模式可以分为两种，这两种模式反映了两种不同过程，而且各有各的问题。第一种模式可以称作低智（Low-intellect）学习，是指在不求理解因果结构的情况下复制与成功相连的行动。第二种模式可以称作高智（High-intellect）学习，是指努力理解因果结构并用其指导以后的行动。低智学习和高智学习没有优劣之分，各有可取之处，各有局限性。”

第五章　战略思维

“思维”是指一种主观精神活动，而不是指思维活动的结果状态。思考、思维与思想是我们经常见到的词语，它们之间的关系，类似于烹饪美食。思考就是烹饪过程，思维就是烹饪工具和烹饪方法，思想就是最后烹饪出的美食。烹饪工具和方法决定了美食的味道和风格，思维的方法决定了思考的差异和思想的不同。在整个战略过程中，战略思考处处可见，包括战略规划、分解、评估、复盘等。但是，同样的情境从不同的思维视角去分析，会产生截然不同的思想（即战略内容），而这些不同的思想判断会产生结果迥异的行动，从而产生不同的企业绩效和竞争优势。因此，前面讨论完战略内容、战略过程，后面进一步分析战略思维是十分必要的。

更进一步说，将战略思维作为本书开篇提出的战略管理“3+1”模型最后一个元素，是因为前面所有的理论、模型、方法和模板，都不能保证制定一个“好战略”，而思维方式有助于“好战略”的形成。从一般含义上讲，战略思维包括战略思维意识、战略思维能力、战略思维水平等，这里主要研究战略思维方式。方式是指道路（路线、路径）、方向、手段（方法）、规模、范围、习惯和方面等。思维方式表达了主体思维活动展开的路径（包括思维的视角），思维的规模（即思维空间/范围），思维的方向，思维所采取、应用的方法与手段和思维的习惯、定式等；也就是说，战略思维方式是以战略概念为基础的人的思维定式和思维运行的总和（图5–1）。

战略思维方式的思维定式主要包括“定理”“公式”和“图样”。战略思维方式的“定理”和“公式”来自战略概念系统和思维概念系统；战略思维方式的“图样”是针对一个具体战略思维过程运行的设计“蓝图”，图样的依据是“定理”“公式”和战略目的的结合。人类的认识史是作为一个发展过程而存在的。在人们先前的实践和认识基础上，先前的认识过程及其成果在人们头脑中的概括与抽象的积淀，形成了某种思维“定理”和“公式”。这种“定理”和“公式”如同几何学中的公理，是前人认识的结晶，经过了实践检验，得到人们的公认。

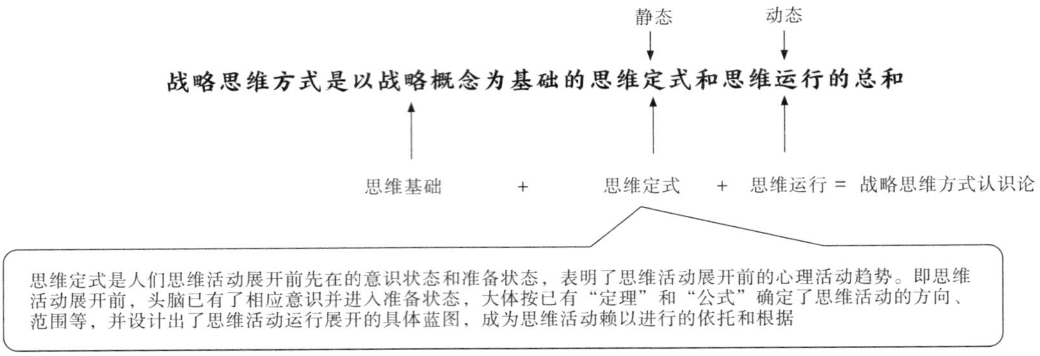

图 5-1　思维方式定义

任何人都不可能脱离前人同类思维成果的已有“定理”和“公式”而进行思维活动。“定理”和“公式”来源于思维基础，直接产生于特定概念基础，从而形成思维定式。从这个意义上讲，任何人都是戴着“有色眼镜”认识客观事物的。没有“有色眼镜”，人们根本无法认识客观事物。每个人都有一副“有色眼镜”，区别在于各人的样式和材料有所不同：凡事都要先看看书本上是怎么说的，一切从书本出发；而一切从实际出发，不唯书，不唯上，只唯实，这也是戴着“有色眼镜”来看问题和处理问题。这种看问题和处理问题的框架、模式（即戴“有色眼镜”），用哲学认识论的语言来说就是思维方式，是人在进行思维活动和认识活动的时候所依托和遵循的某种模式。所谓解放思想，就是指改变思维方式。

第一节　远见

“五见”——战略思维方式中思维定式的“定理”和“公式”。前面说过，从哲学认识论来说，所谓思维定式，就是在人们思维活动展开前先在的意识状态和准备状态，表明了思维活动展开前的心理活动趋势。离开了思维定式，人们的任何现实思维活动都是无法想象的。为了将思维定式与战略思维结合起来，下面在讨论每种思维定式时，都会通过举例的方式与战略思考融合，并由此呈现战略思维定式的魅力。

《韩非子·孤愤》：“智术之士，必远见而明察”。

下面通过案例说明“远见”思维方式在战略思考中的体现。

西门子公司使用“未来之窗”作为战略规划，利用“未来之窗”，系统分析预测未来十年社会在信息与通信、能源、自动化与控制、交通、医疗、服务六大行业的发展方向，通过远景规划展望大趋势的同时发现新的商业契机以便调整和改进当前的部署。西门子公司在制定战略时最重视的是大趋势，通过大趋势分析得出数字化、全球化、城市化、人口变化和气候变化的结论，并以这些大趋势为基础进行战略思考以及业务布局。基于这一远见卓识，西门子公司业务组合不断地更替，战略重点领域以外的业务逐渐被卖掉。到2010年，工业、能源以及健康以外的其他产业占比只有6%（部分出售业务的商标名称依然使用“西门子”）。值得一提的是，“未来之窗”也是优化西门子公司研发战略的有效工具之一。

另一个案例是华为云业务的战略思考，这和西门子公司业务布局有异曲同工之妙。2017年，华为正式进军公有云市场，尽管比亚马逊、阿里巴巴等进入的时间晚，但是几年时间华为云就跻身国内市场前三（全球云计算前五大厂商分别是亚马逊、微软、阿里巴巴、谷歌和华为）。以通信设备起家，进而进入企业消费领域的华为，为什么要进入云计算领域？要知道在《华为基本法》中就有一条“我们将永不进入信息服务业”。在第二章“市场洞察”部分，我们强调了“价值转移”概念（读者不妨回顾2002年IBM出售PC事业部给联想集团案例，从中体会IT产业的价值转移方向）。云计算也有类似的产业演变规律，正如华为战略市场营销总裁在接受《第一财经日报》独家专访时回答华为为何要进入公有云市场：“云计算将会像过去十年IT技术改变通信网络一样来改变IT行业。”

此外，本书第二章中曾经指出，愿景、使命、发展预期与冒险倾向为战略机会识别提供“过滤器”，其中愿景、使命是主要的“过滤器”。进行“过滤”之后，最终形成战略机会图谱，为公司层面战略、业务层面战略、职能层面战略等提供重要输入。战略思维方式犹如一个“过滤器”，对外部的事物、信息进行筛选，将与认识目的相一致、主体认知能力能够处理的信息保留下来：在市场洞察环节必然会识别出大量机会，而这些机会很多是以陷阱的形式出现的；特别是当机会与公司长远愿景无关时，何必关注它们？这仅仅是战略思维方式的应用罢了。

第二节　广见

广，阔也。依《广韵》解释，广就是广阔。

下面通过案例说明“广见”思维方式在战略思考中的体现。

基于广度视角，沿着区域经济时差的轨迹寻找产业机会，是重要的产业思维之一。因为禀赋差、地域差、观念差等因素，各国各地区发展有先后、贫富差距（人均GDP是关键指标），经济在一些国家或地区率先发展起来，然后其他国家或地区才继起跟上，从而出现所谓的“区域经济时差”现象。这意味着在市场洞察尤其是产业洞察时，可以先看看发达国家的路径。

文化旅游就是一个典型案例。国际经验显示，当人均GDP超过5000美元时，旅游会从观光游提升为休闲游；当人均GDP超过1万美元时，会继续提升为度假游。2019年，中国人均GDP已经突破了1万美元，这对旅游业产生了根本的影响。

生态环保产业也类似。其他发达国家也经历类似的发展阶段。如今，在政策的推动下，生态环保产业成为吸引力不小的产业之一。如果企业想在生态环保产业中寻找机会，通过“广见”答案不言而喻。

与战略类似，商业模式也是一样的逻辑。在很长一段时间内，中国复制过的商业模式，包括搜狐“复制”雅虎、腾讯“复制”ICQ、百度“复制”谷歌、淘宝“复制”易贝网、美团“复制”高朋、滴滴“复制”优步。时过境迁，如今其他国家正在复制中国的互联网商业模式，如印度支付平台Paytm、印度分期乐、印度的菜鸟网络等，国外企业在进行国际化拓展时，也有不少参考了国内成功商业模式。

第三节　高见

《礼记·乐记》：“穷高极远，而测深厚。”

大局上面仍然有另一个大局，这是战略思维的一个重要特点。

任何人都是历史长河中的一滴水，“国家战略→区域战略→企业战略”是企业战略规划遵循的基本原则。

企业战略创新不只有一个维度，而是可以在三个维度上展开：价值链维度上的创新、价值网维度上的创新、价值生态维度上的创新。价值链是企业在设计、采购、制造、营销、服务等过程中形成的活动的集合体。每个企业为了满足客户的需求、实现自己的价值主张，一定会有一些经营活动，这些经营活动集合在一起就形成了价值链。价值网是由客户、供应商、合作伙伴、竞争对手和它们之间的信息流构成的动态网络。价值生态，则是一个更大的生态伙伴的集合。

最后，“差距分析—根因分析—关键任务”的逻辑是要找到产生差距的真正原因，即进行根因分析（否则无法导出真正的关键任务），并把它们落实到正式组织、人才、氛围与文化中，从而关闭差距。这是“硬杠”逻辑，还存在另外一条逻辑：通过创新（这在创新焦点环节中完成）使已有的差距消失（不再存在），当然这个挑战比较大。

第四节　全见

“全见”也是一个重要的战略思维方式。

下面通过案例说明“全见”思维方式在战略思考中的体现。

《孙子兵法》是人类历史上第一个战略模型，思考极为全面。古人说得好：“不谋万世者，不足谋一时；不谋全局者，不足谋一域。”全局者，非局部也。“道、天、地、将、法”五事蕴含着极为丰富的战略思维。例如天（天时）、地（地利），代表战略形势，以及战略形势所展现出来的战略性机遇。孙子把“天地孰得”作为战争分析的关键要素。孙子认为，作为决策者，只有对战略环境有非常清晰的认识，才能识别并且利用环境中各种各样的有利因素提供的机会；又如“法”，原指军队的编制，将吏的管理，后勤的供给，也就是我们今天的法规、制度、流程等基本管理要素。

此外，“商业模式画布”的兴起和应用也是“全见”的典型体现。尽管很多使用者（包括商学院的MBA和EMBA成员）都认为“商业模式画布”存在一些缺陷。但是，“商业模式画布”模型为何仍然如此流行、引发众多模仿（精益创业画布、国际化画布）？答案就在于它的全面性，它把客户细分、价值主张、渠道通路、客户关系、收入来源、核心资源、关键业务、重要合作和成本结构放在一张“画布”之中，实现了关键要素一目了然的目的。

最后是战略配称，战略配称是一种整体观，波特认为企业的核心竞争优势来自各项运营活动形成的整体系统，即各项活动的配称和相互加强。战略配称存在三个层面：第一个层面是保持各项运营活动与总体战略之间的简单一致性；第二个层面是各项活动之间的相互加强；第三个层面是超越各项活动之间的相互加强。

笔者认为，波特提出的“战略匹配论”，只不过是系统论（基本原则）里面的一个“基本常识”。海底捞为什么学不会？肯德基、麦当劳为什么学不会？按照战略配称的思想拆解海底捞竞争优势的来源，以及思考为什么学不会：从战略配称的第一个层面看，海底捞围绕顾客满意度构建了一系列环环相扣的运营活动，如善待员工、“家”文化、内部晋升制、现场管理、顾客满意度考核、巡店制度等。所有这些运营活动都以为顾客提供超预期满意服务为核心构建。从战略配称的第二个层面看，海底捞提出“员工也是顾客”，给这些来自五湖四海的服务员提供高标准的服务设施，建立像家一样的氛围，从而提高了员工的满意度和幸福感，心满意足的员工能发自内心地为顾客提供服务。从战略配称的第三个层面看，与麦当劳等快餐店不同，海底捞服务的是那些喜欢热闹气氛和不在意时间的顾客，因此提供小吃及做美甲等成本不高的服务，能提升翻台率，从而大幅增加营业收入。

以上思路实际上来自一道简单的算术题：竞争对手成功模仿任何一项运营活动的概率都小于1，迅速成功模仿整个运营系统的概率则小得多，即$0.9\times0.9=0.81$；$0.9\times0.9\times0.9\times0.9=0.66$；……依此类推。

第五节　透见

“透见”也是一个重要的战略思维方式。

透见包括根因分析、核心竞争力、不对称竞争等思维方式。

下面，通过案例说明“透见”思维方式在战略思考中的体现，分别是根因思维、聚焦思维、不对称思维。

（1）根因思维

在第二章讨论差距分析时，笔者提出差距分析不要浮于表面，而是要找到问题的根因（“丰田五问法”或者鱼骨图法是根因分析常见的工具）。“丰田五问法”是一个用于找寻某个问题的根本原因的分析方法，通过重复问 5 次为什么找出问题的本质，从而更准确地制定解决方案（问题的数量不是关键，找到根本原因才是关键）。

（2）聚焦思维

1990年，加里·哈默与普拉哈拉德在《哈佛商业评论》上发表了经典论文《公司的核心竞争力》，成为《哈佛商业评论》历史上重印次数最多的论文之一。该理论可以应用于多个场景，但是笔者在这里想特别强调的是，与核心竞争力相对应的整体竞争力也是值得我们注意的。长期以来，我们或许过于关注核心竞争力。但是，呈现在消费者前面的核心竞争力，实质上对于企业而言是整体竞争力。以京东为例，消费者知道京东的核心竞争力之一是“快”（多、快、好、省是电子商务的四大价值主张），这是消费者自身的体会，但是要想实现物流快，不仅需要在物流环节领先一筹，还需要在仓储、IT、客服、配送，甚至财务等多个环节均领先一步。

（3）不对称思维

在某些领域，独角兽为什么做得更好？菲利普·科特勒在《营销管理》中给利基下的定义为：利基是更窄地确定某些群体，这是一个小市场并且它的需要没有被服务好。通过对市场的细分，企业集中力量于某个特定的目标市场，或严格针对一个细分市场，或重点经营一个产品和服务，创造出产品和服务优势。一些逐渐成长起来的独角兽，基本都吃透了一个"利基市场"，比如拼多多吃透了下沉市场，美团吃透了本地生活服务市场，声网吃透了音视频实时互动云市场。看上去，这些都只是视频、电商或者云服务中的一个很小的市场，"巨头"最初可能没看到或者没做对，给了独角兽机会。拼多多刚成立时，阿里巴巴与京东已经成为市场"双寡头"，两者都在积极向线下零售渗透，同时瞄准全球市场，在几乎所有人都认为电商无战事时，拼多多成功在"巨头"眼皮底下崛起。

美国的商学领域有一本畅销书《硬球战略：强势竞争，王者之道》。该书开篇即指出："商战中的硬球手往往不择手段，在法律许可的范围内，他们通过充分利用资源和有效推行战略来获得超越竞争对手的优势。"[①]这里的"硬球手"是指竞争中的强势企业。为了更好地理解强势企业实施硬球战略的战略意图——创造和保持决定性竞争优势，下面比较两种竞争优势的差异。

一般企业往往追求的是（持续性）竞争优势，与其不同，强势竞争的企业追求的是决定性竞争优势。具有决定性竞争优势的公司具有更强的竞争力并占据更有影响力的地位，其不仅是一名领先者，而且能够利用所拥有的决定性优势来影响和领导整个产业的根本变革，从而使竞争者处于更加被动的位置，使合作伙伴和供应商必须根据它们需求不断调适，同时也为顾客带来更大的价值并获得持续增长的市场份额。

追求（持续性）竞争优势与追求决定性竞争优势的逻辑起点是不同的，因而获取决定性竞争优势的硬球战略也不同，应更加关注竞争对手（甚至是摧毁对方）。尽管企业或许也关注内部运营活动的建设，但其根本目的是要"彻底消灭对手"，独霸市场。应对这种"硬球式"的竞争对手，战略思维显然要与时俱进，需要了解硬球战略的精髓所在。

硬球战略本质上以竞争为导向，是一种以竞争为中心的战略思维，在核心利益上没有妥协的余地，要时刻保持这种战略清醒认识；除了要通过长期的努力来夯实自身

① 乔治·斯托克，罗伯特·拉舍诺.《硬球战略：强势竞争，王者之道》[M].商务印书馆，2006.

的实力之外，短期内更要提高警惕、快速采取行动。硬球战略的要害之处，在于竞争对手将竞争优势扩大为决定性竞争优势，而一旦形成决定性竞争优势，被打压的一方就回天乏术了。因此，要防止量变引发质变，被打击方必须果断采取措施，以更快的速度在质变临界点来临之前防止竞争对手竞争优势的继续扩大。

保罗·海恩在他与别人合著的经典著作《经济学的思维方式》中指出，经济学的思维方式的基本假设是所有社会现象均源于个体的行为以及与他人的互动，其间人们根据各自期望的收益和成本进行选择。个体选择时，可能会自己做决定，也可能会因为在集体（家庭、企业、政府机构等）中与他人协作而做出决定。笔者认为，战略学（战略当然也是一门学科）也应该有自己的思维方式。

人类所从事的一切活动，基本上可分为认识与实践两大类，思维方式对其中的思维活动起着规范、组织、调节等作用。“仁者见仁，智者见智”，由于思维方式类型与性质的不同，对同一对象的解释也会出现差异甚至得出截然相反的结论。这是因为思维方式具有选择、整合、解释和操作等功能。以选择功能为例，思维方式内含的认知结构或认知框架，犹如一个“过滤器”，对外部的事物、信息进行筛选，将与认识目的相一致、主体认知能力能够处理的信息保留下来，剔除那些与认识目的无关的东西。

思维定式是思维运行展开前先行存在的，马克思在论思维定式时曾经说过：“蜜蜂建筑蜂房的本领使人间的许多建筑师感到惭愧。但是，最蹩脚的建筑师从一开始就比最灵巧的蜜蜂高明的地方，是他在用‘蜂蜡’建筑‘蜂房’以前，已经在自己的头脑中把它建成了。”所有人都或深或浅受到某种思维方式的影响。

第六章 让大象按照规定动作跳舞——战略管理体系构建全景案例

目前，建立规范的战略管理体系成为越来越多企业的必然选择，这在上市公司中体现得尤其明显，许多上市公司设立了战略管理部和首席战略官等部门和职位；战略管理体系建立相关培训也成为市场热点。不过，虽然战略管理体系建立在实践领域有迫切需求，但是在学术上却鲜有相应的研究，造成这种情况的原因一是国内建立规范战略管理体系的仅有华为、阿里巴巴、华润等少数企业，二是上述企业具有极高的研究进入门槛。但是，对于一个企业的首席战略官而言，集团化企业应该有统一的战略语言和工具，应该建立科学的战略管理体系（包括流程、制度和机制）并拥有组织能力；此外，还应该进行顶层设计，以集成不同战略工具。这些都是现实企业迫切希望得到理论指导以及路径指导的方面。实际上，这些问题都指向战略落地，而战略落不了地有一定的现实原因：

第一，战略本身的质量问题。战略规划完成之后，真正落地的是各个业务部门，所以需要得到老板的支持和业务部门的认可和参与，而这些的前提就是战略规划的水平足够高，而不能是一份似是而非、东拼西凑的所谓“报告”。因为公司的时间和资源都是很有限、很宝贵的。

第二，领导重视不够。战略是“一把手”工程，只有“一把手”才有足够的资源调动能力来完成战略闭环，“一把手”不重视，认为战略只是战略部的战略，那么战略落地只能是空谈。战略管理是一个体系，缺乏这个体系或者架构，往往就会造成职能分割，无法形成闭环。

第三，缺乏闭环体系。当我们谈及战略的时候，绝大部分人其实指的是战略规划，而不是战略全过程管理。规划本身解决的是目标和策略层面的问题，本身不能落地，落地需要自上而下、各个业务部门的参与和配合，需要一个体系来支撑完成。

什么是企业管理体系？施炜在《管理架构师——如何构建企业管理体系》中指出，企业管理体系如果用一句话来概括，就是企业规则的集成。企业规则包括组织结构设计、责任权利机制设计、运行流程设计以及其他各类制度规范、管理方法、技术工具等。之所以称为集成，是因为体系是一个整体，内部存在结构性联系。但许多企业存在这个制度也有，那个制度也有，但彼此不相容、不衔接，是割裂和冲突的现象。施炜进一步指出，企业管理体系构建可分解为三个步骤：第一，梳理价值创造活动，完善流程体系；第二，依据流程体系设计组织结构，安排组织分工，实现活动（流程）与组织单元（职位及机构）的对接和匹配；第三，在流程活动组织化的基础上，设计组织运行（协同）的机制（即责任权力关系和结构）。

战略管理体系是紧密联系而又相互独立的战略管理模块的组合，战略规划只是战略管理当中的一个模块，规划本身无法完成PDCA闭环，还需要执行和监控、评估。战略管理体系由多个模块构成，其枢纽是流程，并且其本身就是一个由流程组成的闭环。流程机制仿若人体的血液循环系统，是各机体间输送养料、信息等的载体。流程明确了各功能模块、各环节间的前后项关系、衔接的接口，以及输入、输出等要求，保证体系和模块运转顺畅。模板是流程里面不可或缺的要素，它是实现模块目的、完成模块任务所采用的工具。模板其实是结构的固化，模板本身只是个指引，可以根据需要进行调整。“铁打的营盘流水的兵”，很多大公司组织能力很强，对个体的依赖程度不是那么高，其实就是因为各个工作模块都有其相应的流程、制度、方法、工具等。

第一节　国内企业战略管理体系构建现状分析

国内企业战略管理体系建设情况并不乐观。战略规划能清晰体现公司长期发展目标，使公司建立稳定且可持续发展的业务，能洞察和发现未来3～5年的战略机会点，并通过动态和循环的战略管理，确保有效抓住战略机会点，设计和构建公司核心业务的战略控制点，以保证公司核心业务成为可持续的利润来源。因此，战略管理的对象是战略规划，战略规划是为了制定合适的战略，分解BP和预算是为了更好地执行战略，监控和执行是为了战略纠偏，评估是为了更好地评价战略执行结果。一切都是围绕“战略规划”而来。但是，不少企业也仅仅对战略规划给予重视，并没有构建相应的体系。

华为第一次做战略规划是引进美国的VDBD（价值驱动业务设计）模型，2006年替换为IBM的BLM框架。据说IBM把VDBD方法论买断了，优化后形成了BLM框架。经过多年的实践总结，华为建立了战略管理流程DSTE。华为管理今天这么强大，其实也是一个逐步学习和迭代的过程。从1998年到2008年，华为基本上处于引进复制西方管理体系的阶段，对标学习IBM、朗讯、思科、惠普、爱立信等西方公司，这些公司的管理系统是一致的，是西方一大批优秀企业的实践加上哈佛大学、麻省理工学院等这些名校的管理学教授一起研究、总结和提炼出来的，是一种“从企业中来，到企业中去”的理论框架和务实方法工具，代表了整个企业组织管理的世界最高水平。

从1997年开始，华为通过战略管理不断提升竞争力，使自身更好地适应竞争环境，逐渐成为战略中心型组织，体系构建逐渐成形。通过梳理其体系构建历程可以发现以下一些事实：第一，企业在不断引入、集成战略工具的过程中，需要对战略工具进行取舍，一些工具可能被边缘化（例如BSC）；第二，企业在战略管理体系建立的过程中，需要重视咨询公司的作用，但又不能盲从咨询公司，在某些方面需要超越原有咨询公司；第三，科学规划战略流程，有助于企业提升机会识别和把握的能力。

现在国内越来越多的公司开始组建战略部，将战略职能专业化（当然，虚拟团队还是主流模式）以及将其作为体系的抓手。除了直接挖走竞争对手战略部人员外，一般公司战略部的人员有三个来源：第一，咨询公司；第二，其他部门转入；第三，外部。王亚军在《企业即算法——实现指数级增长的敏捷转型之道》中提出的战略部“5层定位”非常形象，他认为中国企业里战略职能的角色可分为五个层级，就像一栋房子，地下两层、地上三层：B2层是写手，B1层是帮手（笔者认为实际上也是写手），第1层是研究员，第2层是参谋，第3层是护持人（注意不是从地上一层开始计数，而从地下二层开始）。王亚军的解释是，在建筑术语中，地面称为“正负零”，地下为负，地上为正。地下两层角色（写手、帮手）的工作主要是证明老板是正确的并帮助传播他的想法。从地上一层开始，战略职能才能真正开始把提高重大决策质量作为目的。

笔者经过思考和观察，认为国内战略部现状分析可以分为5层，笔者建议战略部至少应该成为参谋部（从第四层开始）一部分，站在老板的角度思考问题，通过为周边部门赋能解决问题。其中最忌讳的就是闭门造车，企业战略成了战略部的战略。战略部到底该做什么？是市场洞察、专题分析、SP/BP，还是其他？战略部要逐渐搭建起战略闭环体系，同时建立开展工作的抓手，而不仅仅是制订战略规划。

下面通过实际案例的方式全景呈现一个完整的战略管理体系构建过程。

第二节　全景案例——A公司战略管理体系构建

A公司是国际领先的移动出行科技公司之一，致力于成为出行变革的首选伙伴。A公司深度聚焦于智能座舱、智能驾驶和网联服务三大领域的高效融合，持续开发高度集成的智能硬件和领先的软件算法，为全球客户提供安全、舒适、高效的移动出行整体解决方案和服务。凭借17年来在设计、开发、生产过程中的深厚积淀，不断拓展自身在研发创新、客户服务、安全验证方面的综合实力。构筑从智慧出行到智慧交通领域的技术链路，积极应对新时代汽车行业电动化、智能化、网联化、共享化带来的挑战，满足汽车厂商对不同产品组合及业务开发模式的多元需求，为驾乘者提供卓越的出行体验的同时，也给未来出行变革带来更多想象空间。

A公司秉持“成为社会绝对信赖的企业”这一社会责任理念，积极响应全球碳中和战略，将可持续发展融入企业经营的各个方面。A公司的不断发展使得构建战略管理体系成为必需。在与咨询公司沟通之后，A公司确定其战略管理体系包括：组织（包括战略管理委员会、战略规划部等）、流程（从战略规划、方针管理与预算到战略绩效）、方法/工具/模板以及IT，如图6-1所示。

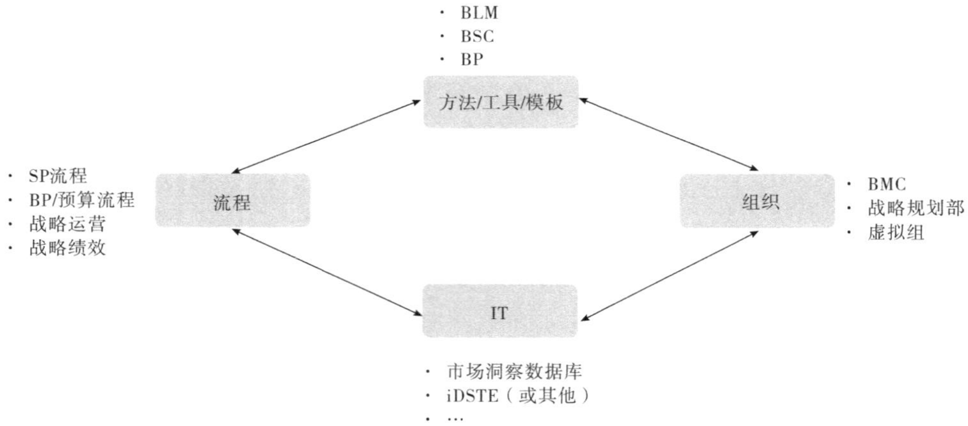

图6-1　A公司战略管理体系构成

具体工作包括：围绕战略规划、战略执行的跟踪与监控、战略执行的评估和调整，设计战略管理体系的组织结构和流程机制，以及相应的方法论工具和模板。

A公司根据实际需要，对要构建的战略管理体系使命、定位和职能（功能）进行设计，如图6-2所示。

1	设计集团战略管理的组织机构，明确各部门在战略管理体系中的职责分工	• 建立企业端到端（规划、审批到执行和监控）的战略管理组织，建立战略委员会、战略中心，各事业部、事业单元、职能部门的常设组织以及战略管理工作组的临时组织 • 细化和明确战略规划部、经营管理部、项目管理部和基建项目部在各类型项目中的定位和职责，赋予战略规划部全过程管理战略性重大项目/新业务孵化的权责
2	横纵向打通战略管理体系中的流程机制，确保战略得到有效落地，形成闭环管理	• 弥补、改善现有战略管理流程中严重缺失和需要改善的环节，完善战略流程体系 • 横向建立战略规划、执行、监控调整以及评估的闭环管理流程 • 纵向制定相互能够承接、协调和集成的集团战略、集团职能战略、事业部业务战略、事业单元业务战略以及各自相对的职能战略
3	制定战略管理方法论，确保战略管理体系的每一个环节都能有效执行	• 创建及优化战略管理各阶段的工具和模板

图 6-2　A 公司战略管理体系具体目标

严格来说，该战略管理体系咨询项目是狭义上的战略管理体系，因为不包括组织变革（笔者认为纳入组织变革才是真正意义上的战略管理体系建设）。华为历次组织变革以及组织变革的实施使组织绩效显著提升，证明了战略规划本质上需要同步组织变革，否则非常容易陷入“战略规划纸上画画、墙上挂挂”的误区。

第三节　战略日历

经过分析，A公司在市场洞察等方面与标杆公司存在一定的差距，如图6-3所示。因此，A公司战略管理体系可以在对标业内优秀实践的基础上，从战略洞察、战略规划、战略宣导、战略分解等多个方向进行提升。

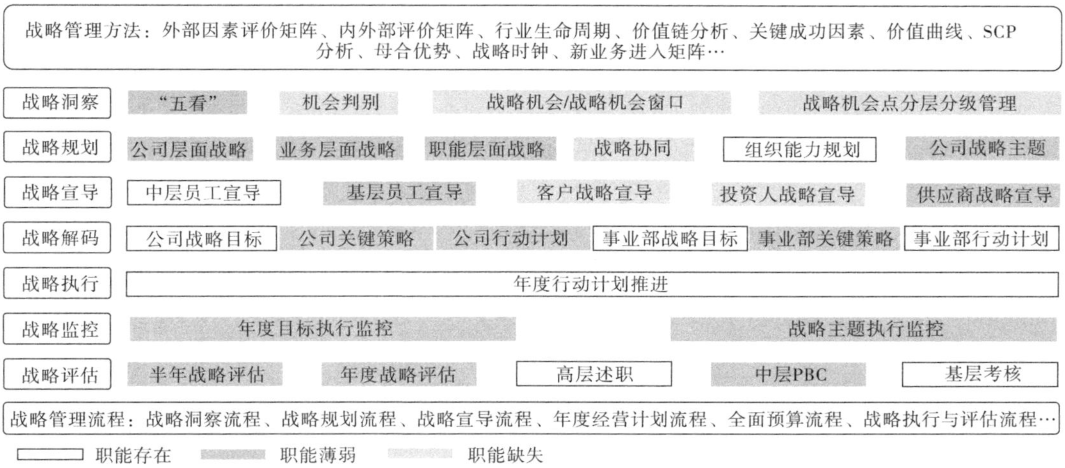

图 6-3　A 公司战略管理体系差距分析

在差距分析的基础上，A公司参考领先企业实践经验，初步建立了战略管理三大循环，包括战略规划、年度经营计划与预算以及管理执行与监控，符合PDCA循环基本要求，说明如下：

A公司战略管理流程基于业界最佳实践和公司现状设计，主要包括战略规划、年度经营计划与预算、管理执行与监控三个循环。

a.战略规划（包括公司级、业务级和职能级）循环采用BLM框架制定中长期发展战略，从3月开始，9月完成；

b.战略规划批准发布后，进入年度经营计划与预算循环，从9月至次年1月，完成指导各级部门开展下一年度的经营计划与预算任务；

c.管理执行与监控循环全年例行开展，确保战略规划、年度经营计划与预算管理闭环。

1. 战略规划

在三大循环之一——战略规划子循环中，A公司通过建立战略日历的方式进行相关活动管理，整体说明如下：

A公司战略规划从差距分析开始，识别业务发展障碍的Top X问题和根因；以宏观环境变化、价值转移趋势、客户需求变化、竞争对手动态和企业自身发展等分析为牵引，确定公司未来业务组合和创新模式；针对各业务板块，分别围绕客户选择和价值主张、价值获取、盈利模式、活动范围、战略控制、风险管理6个方面进行业务设计，确定公司、事业部、事业单元及职能中心的中长期发展战略以及关键里程碑和财务目标。

进行与战略设计相一致的组织设计，制定实现战略意图和业务组合、支撑业务设计的战略主题及关键举措，以及进行正式组织、人才、氛围与文化等规划，确保各层级战略规划的可执行性与目标的达成。

用“战略日历”的形式展现，如图6–4所示。

	3月	4月	5月	6月	7月	8月	9月	10月	11月	12月	1月	2月
公司战略规划	●	●										
事业部、事业单元战略规划			●	●								
职能中心战略规划				●	●							
公司层面战略、业务层面战略、职能层面战略对齐						●						
公司层面战略宣导与沟通						●						
业务层面战略、职能层面战略规划评审							●					
全面预算制定							●	●	●			
年度经营计划与绩效考核指标制定									●	●	●	
关键任务跟进	●		●			●			●			
月度经营会议跟进	●	●	●	●	●	●	●	●	●	●	●	●
月度经营会议回顾		●			●			●			●	

● 代表有相关活动或会议

图 6-4　A 公司战略管理运营日历

2. 年度经营计划与预算

在三大循环之一——年度经营计划与预算子循环中，A公司通过建立战略日历的方式进行相关活动管理，整体说明如下：

A公司制定的年度经营计划与预算流程是在战略规划的牵引下，对齐全面预算、业务计划、KPI方案等专项工作，指导各级部门形成下一年度开展的业务计划与全面预算，通过一致的进度安排及编制要求来指导业务计划与预算编制的全过程，实现业务计划与战略规划的衔接。当然，战略管理运营也是必不可少的。

3. 管理执行与监控

管理执行与监控的过程离不开各类评审，评审简表如表6-1所示。

表6-1　A公司管理执行与监控评审简表

战略层级	内容	管理主体	管理会议	建议频率
公司	年度经营计划刷新	S&G	公司级MBO	半年
	管理战略主题（战略举措）	S&G	QSR	季度
	管理KPI	CEO Office	公司级MBO	月度
事业部、事业单元	年度经营计划刷新	事业部、事业单元负责人	公司级MBO	半年
	管理KPI	事业部、事业单元	事业单元MBO	月度

战略层级	内容	管理主体	管理会议	建议频率
职能中心、部门	年度经营计划刷新	职能中心、部门负责人	公司级MBO	半年
	管理KPI	事业部、事业单元	职能中心、部门MBO	月度

第四节　流程设计

构建战略管理体系意味着构建新的能力，实际上BLM框架也为构建战略管理体系提供了方法论。“功能决定形式”——战略管理体系使命（前面已经分析）、定位和职能（功能）决定其流程、组织以及实现技术手段。因此，A公司具体构建战略管理体系，是从流程框架设计开始的。A公司战略管理流程框架设计方法论如图6-5所示。

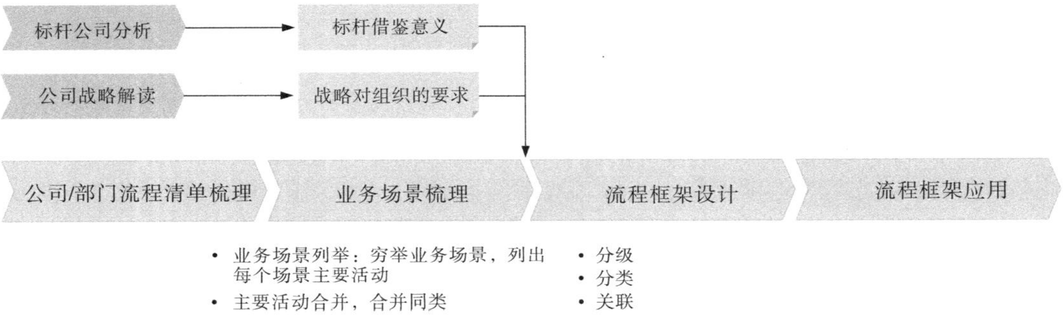

图6-5　A公司战略管理流程框架设计方法论

1. 标杆框架分析

先是公司/部门流程清单梳理，A公司参考了汽车行业的APQC流程框架，作为其流程框架设计的基础。同时经过内部员工、咨询公司反复的讨论以及对标领先企业，确定了公司级流程框架（13个一级流程），作为下一步完善战略管理体系构建的基础。

2. 流程框架设计

在“1.0 构建愿景和战略”一级流程框架中，A公司制定了图6-6所示的流程框架。

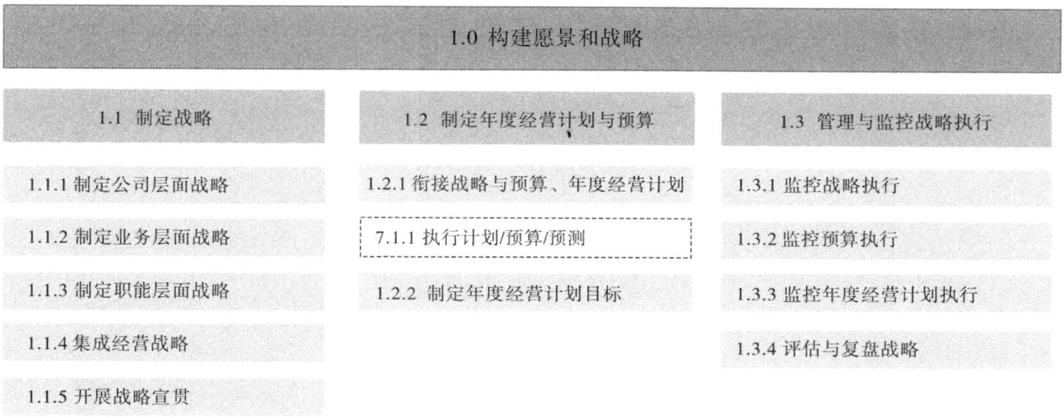

图 6-6　A 公司“1.0 构建愿景和战略”一级流程框架设计步骤：流程框架设计

其中，流程“1.1 制定战略”具体内容如图6-7所示。

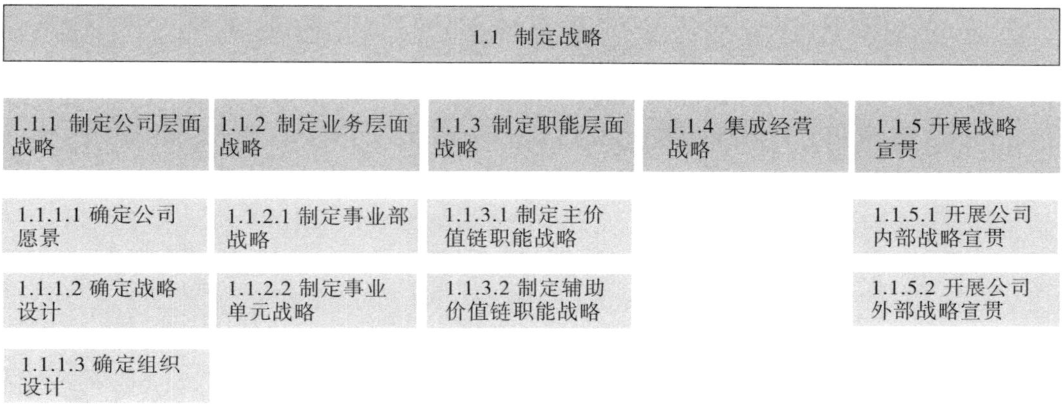

图 6-7　流程“1.1 制定战略”

流程“1.2 制定年度经营计划与预算”具体内容如图6-8所示。

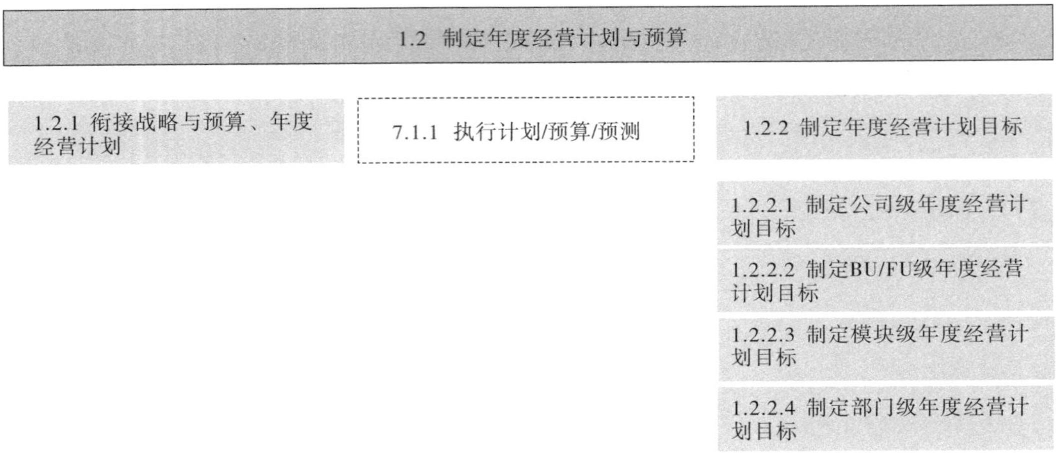

图6-8 流程“1.2 制定年度经营计划与预算”

流程“1.3 管理与监控战略执行”具体内容如图6-9所示。

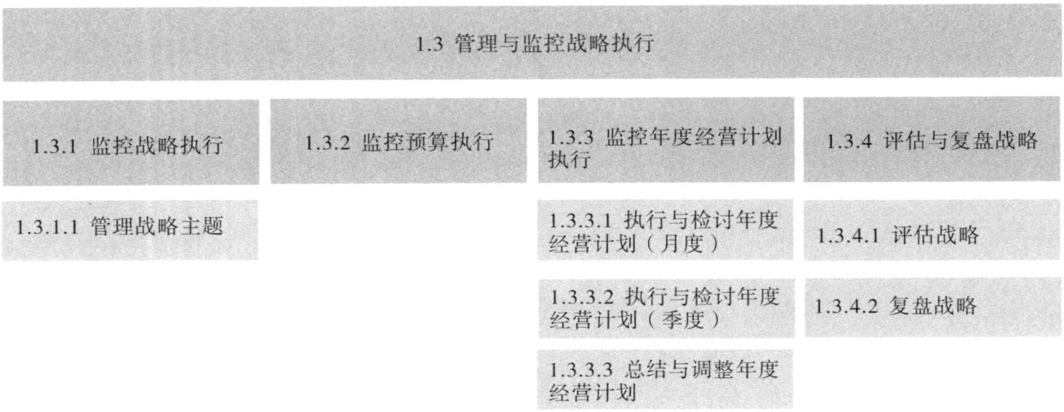

图6-9 流程“1.3 管理与监控战略执行”

3.框架验证调整

“构建愿景和战略”一级流程框架，还需要进行验证调整，如表6-2所示。

表6-2 “构建愿景和战略”一级流程框架验证调整

验证维度	验证标准	验证结果
结构科学性	遵循POS（Plan，Operation，Support）三层次规划法，包含规划、运作、管理支撑三个方面	★★★★☆
	流程规划具有清晰的流程分级逻辑与主线（如PDCA、生命周期展开）	★★★★☆
	L1流程规划符合端到端的原则，能够为四类关键客户提供有价值的产品与服务	★★☆☆☆

续表

验证维度	验证标准	验证结果
结构科学性	流程框架所代表的业务模式先进，符合公司发展阶段及战略落地需求	★★☆☆☆
	在当前的组织框架下，能够找到各级流程的所有者，有利于流程后续的跨部门协调	★★★★☆
MECE遵从性	不重复：同一层级流程之间不重复、不交叉，边界清晰；同一流程不出现在多个一级流程框架中	★★★☆☆
	不遗漏：下一级流程的集合完全覆盖上一级流程要求；流程分类的标准统一，不多套标准混用，确保流程分类涵盖全部的业务类型	★★★☆☆
	以流程活动视角来对流程分级，而不是以部门职能视角；分类维度统一，不多套标准混用	★★★★☆
方法遵从性	遵从先分级后分类的原则，高阶（一、二级）流程共享，低阶（三、四级）流程差异化	★★★★☆
	同一层级流程之间颗粒度保持一致	★★★☆☆

流程框架对构建战略管理体系十分重要，其用途广泛，除了应用在本章第五节“组织设计”中，还可以应用于流程KPI等，以下分别讨论。

（1）战略管理流程框架应用——流程KPI

战略管理流程框架应用场景之一是确定流程KPI，如表6-3所示。

表6-3　战略管理流程框架应用——流程KPI

	流程层级			流程KPI	
	一级流程	二级流程	三级流程	过程KPI	结果KPI
1.0	构建愿景和战略				
1.1		制定战略			内容完整性 论证清晰性
1.1.1			制定公司层面战略		内容完整性 论证清晰性 理解一致性
1.1.2			制定业务层面战略		
1.1.3			制定职能层面战略		
1.1.4			集成经营战略	各层级战略对齐范围	各层级战略对齐度 战略规划共识程度
1.1.5			开展战略宣贯	战略宣导准时率	
1.3		管理与监控战略执行			
1.3.1			监控战略执行		战略举措完成率 预算计划准确率 年度经营计划目标达成率 战略调整及时率
1.3.2			监控预算执行		
1.3.3			监控年度经营计划执行		
1.3.4			评估与复盘战略	战略复盘完成率	

（2）战略管理流程框架应用——流程主人

战略管理流程框架应用场景之二是确定流程主人，如表6-4所示。

表6-4 战略管理流程框架应用——流程主人

	流程层级			流程主人
	一级流程	二级流程	三级流程	
1.0	构建愿景和战略			×××
1.1		制定战略		×××
1.1.1			制定公司层面战略	×××
1.1.2			制定业务层面战略	×××
1.1.3			制定职能层面战略	×××
1.1.4			集成经营战略	×××
1.1.5			开展战略宣贯	×××
1.3		管理与监控战略执行		×××
1.3.1			监控战略执行	×××
1.3.2			监控预算执行	×××
1.3.3			监控年度经营计划执行	×××
1.3.4			评估与复盘战略	×××

（3）战略管理流程框架应用——制度模板

战略管理流程框架应用场景之三是确定制度模板，如图6-10所示。

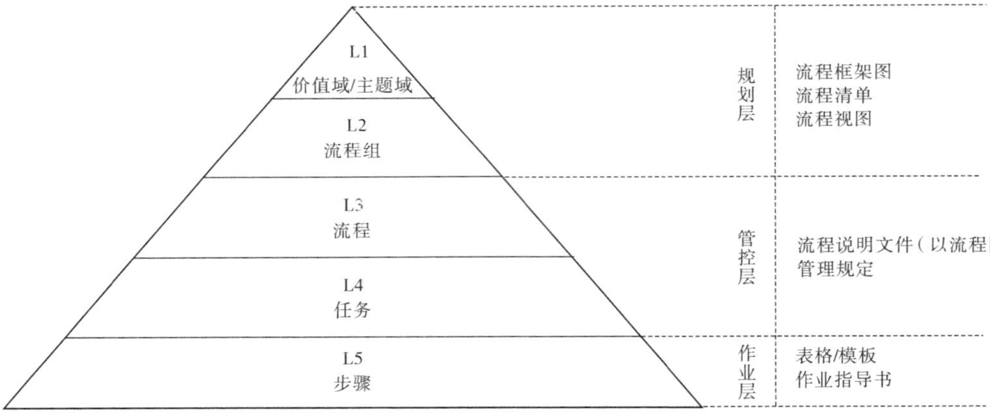

图6-10 基于流程框架的流程体系及流程文件

第五节　组织设计

组织设计是指战略部的组织设计，其基本思想是基于流程框架。

1. 方法论

战略管理需要一定的组织保障，很多公司（尤其是上市公司）已经注意到战略管理的重要性，纷纷设置了战略管理办公室（但也有一些公司反向操作，撤掉了这个部门）及类似组织。战略管理组织保障固然重要，但是其建立不能一蹴而就，华为的战略管理组织保障也不是一夜之间建立的，而是通过流程制度的完善、方法论的不断引进而逐渐健全的。笔者建议，企业可以暂时没有规范的战略管理部门，但是战略管理职能不能缺失（尽管在短期内可以不必由专门的部门来承载）；战略管理最低要求是建立战略管理的会议制度。

此外，建立虚拟团队不失为一个好办法。最常见的一种虚拟团队由传统的跨功能专家小组和股东共同组成，其目的是解决问题或尽最大努力争取需要跨组织合作才能掌握的机会。虚拟团队模型由三个部分组成——人员、目标与联系。这看似简单，却是强有力的工具，公司可以利用它来掌握小型团体。为了完成目标而将人员联系在一起是个体间相互依存互动的小型团体的标准模型。虚拟团队本质上也是一种团队，它和传统团队之间最大的差异在于联系方式。

A公司战略管理组织也是虚拟团队，其战略管理组织结构设计方法论如图6-11所示。

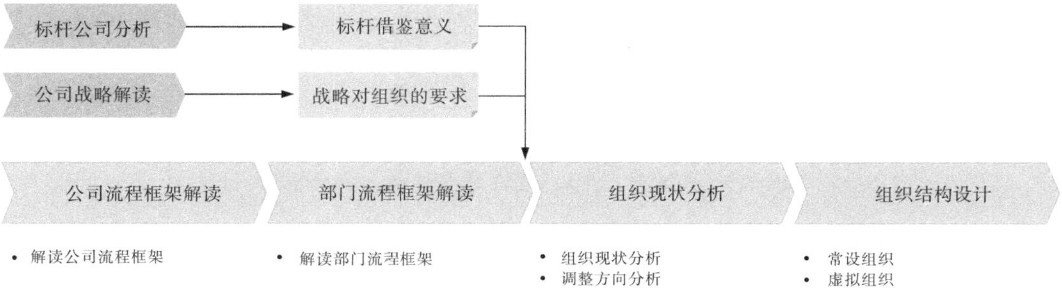

图 6-11　A 公司战略管理组织结构设计方法论

A公司战略和发展部目前处于“协调人”层级；未来短期内应该定位于“参谋部”，中长期应该定位于“守护者”。

2. 公司级流程框架解读

A公司的公司级流程框架在前面已经进行过分析，在此基础上，战略管理组织可以依据一级流程框架设计一级部门，如图6–12所示。

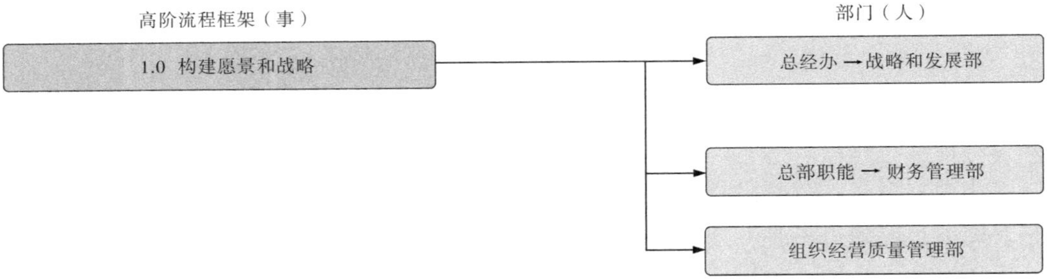

图 6–12　A 公司依据一级流程框架设计一级部门

3. 部门级流程框架解读

在部门层级，“1.0 构建愿景和战略”流程框架在前面已经进行过分析（图6–13），这是部门组织设计以及岗位设计的基础。

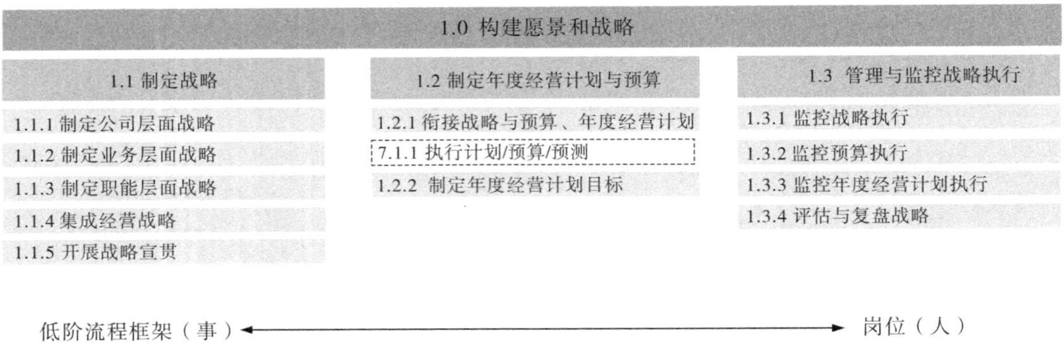

图 6–13　A 公司“1.0 构建愿景和战略”流程框架

4. 组织结构分析

A公司战略和发展部现状分析如图6–14所示：

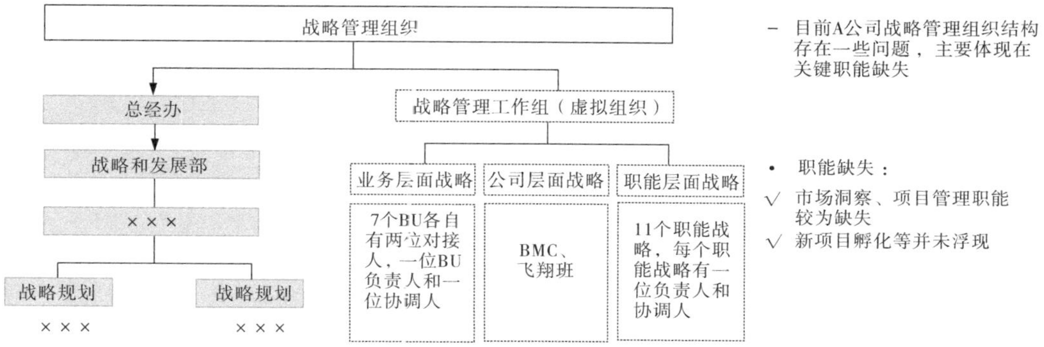

图 6–14　A 公司战略和发展部现状分析

5. 组织结构设计

基于上述分析，制定以下思路：设计A公司战略管理的组织机构，明确各部门在战略管理体系中的职责分工。围绕战略规划、战略执行的跟踪与监控、战略评估和调整，设计战略管理体系的组织结构，满足以下要求：

第一，重新定位战略管理部和相关组织的使命、愿景和目标，建立规划、审批、执行和监控的战略管理组织，包括EMT，战略和发展部，各事业部、职能平台的常设组织以及战略管理工作组（虚拟组织）；第二，细化和明确战略规划各岗位的定位和职责；第三，未来赋予战略规划部战略性重大项目以及新业务孵化的权责。

A公司战略管理组织的整体构想，如图6–15所示。

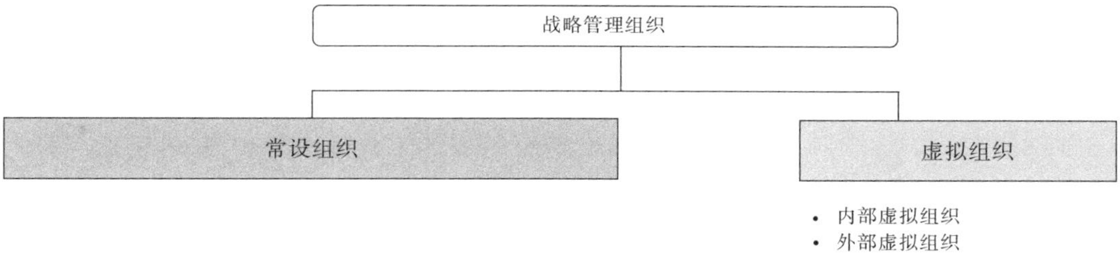

图 6–15　A 公司战略管理组织整体构想

A公司战略管理组织架构应当包括常设组织，负责战略的决策、规划、统筹等，以及虚拟组织，负责战略的协同等；即A公司战略管理组织由EMT、战略和发展部、战略管理工作组等组成，如图6–16所示。

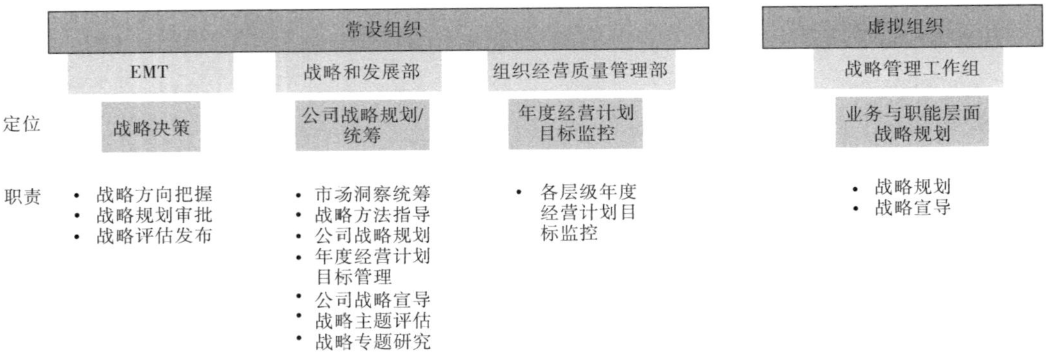

图 6–16　A 公司战略管理组织架构

战略和发展部依据二级流程框架设计二级部门，如图6–17所示。

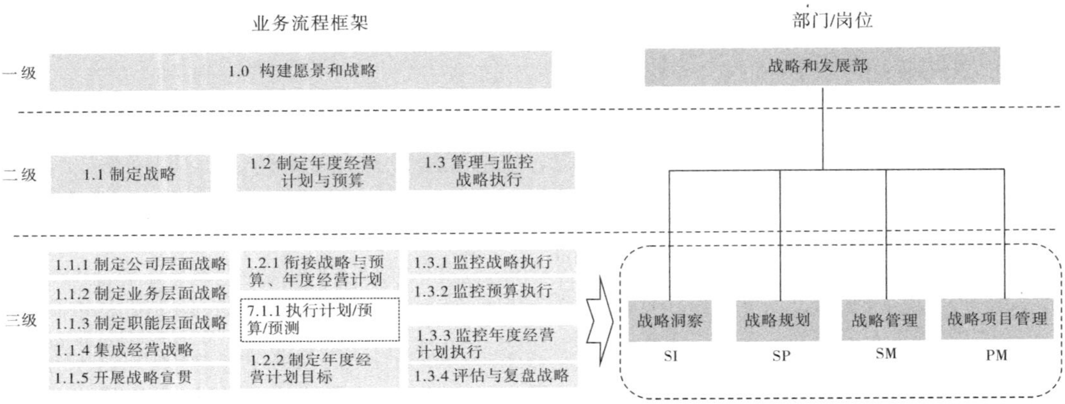

图 6–17　A 公司依据二级流程框架设计二级部门

二级部门职责与岗位职责分工如表6–5所示。

表6–5　A公司二级部门职责与岗位职责分工

	业务活动	战略发展统筹管理总监	战略洞察	战略规划	战略管理	战略项目管理	其他
制定战略/管理与监控战略执行	制定公司层面战略	@	*	√			
	制定业务层面战略	*	*	*			√
	制定职能层面战略	*	*	*			√
	集成经营战略	@		√			
	开展战略宣贯	@		√		√	
	监控战略执行	@			*		
	监控预算执行	*			√		

	业务活动	战略发展统筹管理总监	战略洞察	战略规划	战略管理	战略项目管理	其他
制定战略/管理与监控战略执行	监控年度经营计划执行	@			√		
	评估与复盘战略	@			√	*	

注：@表示管理；√表示主责；*表示协助。

战略管理体系的分工与协作如表6-6所示：

表6-6　战略管理体系的分工与协作

部门与分工	公司战略规划	事业部业务战略规划	事业单元业务战略规划	职能中心战略规划	年度经营计划目标管理	年度预算制定	战略主题管理	年度经营计划目标监控	组织绩效考核
EMT	A	A	A	A	A	A	C	I	A
战略和发展部	R	C	C	C	R	C	R	C	C
事业部	C	R	C	C	C	C	C	C	C
事业单元	C	C	R	C	C	C	C	C	C
职能中心	C	C	C	R	C	C	C	C	R
财务管理部	I	I	I	I	C	R	I	C	R
人力资源管理中心	I	I	I	I	C	C	I	C	R
组织经营质量管理部	I	I	I	I	I	—	—	R	—

注：①批准（A = Accountable），对任务负全责的角色，只有经其同意或签署之后任务才能进行；

②负责（R = Responsible），负责执行任务的角色，具体负责操控项目、解决问题；

③协助（C = Consulted），在任务实施前或实施过程中提供指导性意见；

④告知（I = Informed），及时被通知结果的人员，不必向其咨询、征求意见。

第六节　流程监控

流程监控是指为了保持流程顺利运转而对其进行实时监督的过程。

1. 基本原则

流程管理（执行/监控）在战略过程中也发挥着关键作用，例如：流程设计遵从规范，需融合内控、质量、数据、IT等要素；只有试点验证过的流程才能正式发布到流程文档库；流程文件的发布应由对应的流程主人批准；流程文件必须正式发布至公司统一的流程文档中心；等等。

值得注意的是，流程 KPI设定不同于传统绩效管理按照垂直部门维度的目标业绩进行分解。面向流程的绩效管理以战略目标为导向，通过确保公司关键流程尤其是端到端流程的有效执行来确保公司战略目标的实现。

2. 基本方法

战略管理流程监控方法论如图6-18所示。

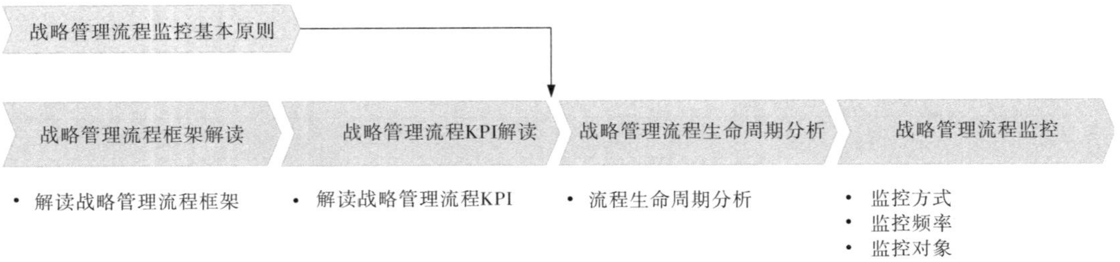

图 6-18　战略管理流程监控方法论

流程监控需要遵循“成本–效益”原则：

流程检查是一种手段，而不是目的。流程检查的目的是为企业带来价值，要做到有价值就必须要求流程检查产生的回报超过流程检查的投入。

从流程管理PDCA循环来说，流程检查是必须的，但流程检查不是针对每一个流程、流程中的每一个节点、流程节点中的每一个活动、每一个活动的每一个规则。

从流程生命周期（即流程成熟度）角度看，A公司战略管理流程属于导入。流程和产品类似，也有生命周期的概念，从导入期到成长期，经历成熟期之后步入衰退期。

A公司战略管理流程属于重要度高、成熟度低的流程，是流程检查的重点，应当采取高频次的监控方式（图6–19）。A公司战略管理流程需要考虑监控指标、监控频率与监控方式等，如表6–7所示。

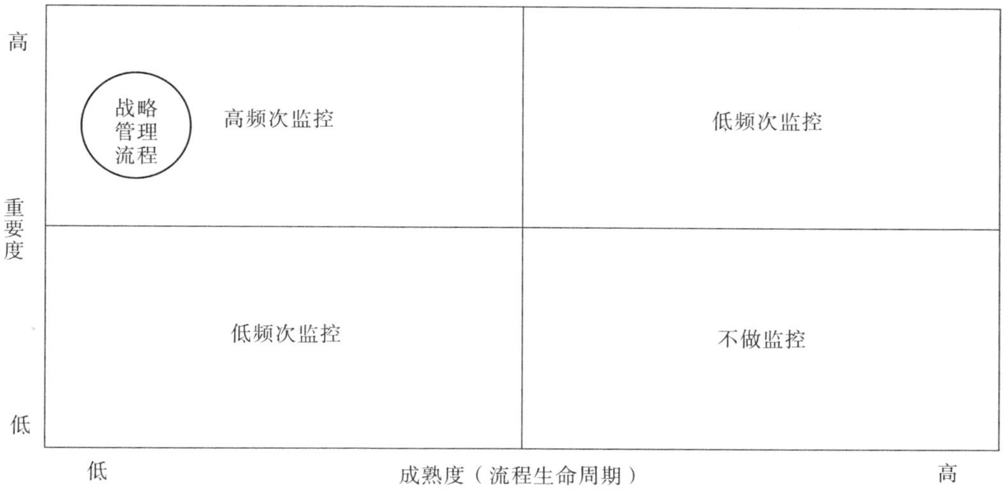

图 6-19　流程监控方式

表6-7　A公司战略管理流程监控指标、监控频率与监控部门

	流程层级			流程KPI		监控指标	监控频率	监控部门
	一级流程	二级流程	三级流程	过程KPI	结果KPI			
1.0	构建愿景和战略							
1.1		制定战略						
1.1.1			制定公司层面战略	战略会议召开及时性	内容完整性论证清晰性	《市场洞察报告》（季度监控）规范性 《公司层面战略规划报告》规范性 《业务层面战略规划报告》规范性 《职能层面战略规划报告》规范性	年度	EMT
1.1.2			制定业务层面战略					
1.1.3			制定职能层面战略					
1.1.4			集成经营战略	各层级战略对齐范围 战略宣导准时率	各层级战略对齐度	《经营战略集成分析报告》规范性	年度	战略和发展部
1.1.5			开展战略宣贯					
1.3		管理与监控战略执行						

续表

	流程层级			流程KPI		监控指标	监控频率	监控部门
	一级流程	二级流程	三级流程	过程KPI	结果KPI			
1.3.1			监控战略执行		战略举措完成率 预算计划准确率 年度经营计划目标达成率	《战略举措执行监控报告》	季度	战略和发展部
1.3.2			监控预算执行			《预算计划执行监控报告》	季度	财务中心
1.3.3			监控年度经营计划执行			《年度经营计划管理执行监控报告》	季度	战略和发展部
1.3.4			评估与复盘战略	战略复盘及时率		《战略评估与调整报告》	年度	战略和发展部

整体思路说明如下：

A公司战略管理流程处于流程生命周期的导入期，监控指标、监控频率与监控部门选择应当注意以下问题。

a.监控指标：整体分为过程性指标和结果性指标两类，前期以过程性指标为主，后期过程性指标和结果性指标并重；

b.监控频率：基于导入期的考虑，监控频率适当提升；

c.监控方式：流程主人对流程负责，EMT、S&G负责流程监控。

具体而言，A公司流程监控指标包括过程性指标与结果性指标两大类，目前阶段（即流程生命周期的导入期）应当以过程性指标为主；在流程管理的导入期，建立以过程性指标为主的流程监控防线，目的在于确保战略管理流程在A公司的顺利搭建和运行，同时也是基于“成本–效益”原则。

在战略管理过程中，不同层次需要提供不同的报告。下面再对不同类型报告的监控方式进行分析（限于篇幅只给出衡量标准，不再展开讨论）。

《市场洞察报告》（季度监控）规范性衡量标准如表6–8所示。

表6–8　《市场洞察报告》（季度监控）规范性衡量标准

模块	维度	评分标准		
		10分或9分或8分	7分或6分或5分	4分或3分或2分
市场洞察	市场洞察	识别出大的战略机会，并论证清晰	识别出战略机会，但论证逻辑有待加强	没能识别出战略机会，对公司发展指导意义不强

注：每个维度评分需要达到8分以上，否则不通过（下同）。

《公司层面战略规划报告》规范性衡量标准如表6–9所示。

表6-9　《公司层面战略规划报告》规范性衡量标准

模块	维度	评分标准		
		10分或9分或8分	7分或6分或5分	4分或3分或2分
战略意图	愿景	创始人提出富有远见的远期目标，并有效宣贯	创始人提出了富有远见的远期目标，但未有效宣贯	创始人偶尔会提及远景目标，但经常变
	战略目标	基于远景目标，制定未来3～5年定性和定量的战略目标	有比较明确的定性战略目标，但缺乏定量战略目标	战略目标模糊
创新焦点	业务组合	对于公司未来3～5年的增长目标，已有清晰明确的增长路径且遵循了聚焦的原则	有清晰增长路径但未遵循聚焦的原则	有增长目标但无清晰的增长路径
关键任务	关键任务	未来3～5年关键任务清晰界定，较强反映公司战略设计的要求	未来3～5年关键任务不清晰，一定程度上反映公司战略设计的要求	未来3～5年关键任务不清晰，没反映公司战略设计的要求
组织设计	组织设计	为支撑战略执行，制定了匹配的组织变革规划	有组织变革规划但无实施行动规划	没有组织变革规划，日常公司组织调整也不会考虑战略匹配性

《业务层面战略规划报告》规范性衡量标准如表6-10所示。

表6-10　《业务层面战略规划报告》规范性衡量标准

模块	维度	评分标准		
		10分或9分或8分	7分或6分或5分	4分或3分或2分
战略意图	愿景（业务定位）	对自身定位有清晰的认知	有一定的认识	自身定位不清晰
	战略目标	制定清晰的业务发展目标，较好承接公司发展目标	制定业务发展目标	目标不清晰
业务设计	价值主张	制定了差异化定位（价值主张），以及匹配的核心能力组合	定位不够清晰和差异化	与主要竞争对手完全同质化的定位
关键任务	关键任务	未来3～5年关键任务清晰界定，较强反映公司战略、业务战略设计的要求	未来3～5年关键任务不清晰，一定程度上反映公司战略、业务战略设计的要求	未来3～5年关键任务不清晰，没反映公司战略、业务战略设计的要求
组织设计	组织设计	为支撑战略执行，制定匹配的组织变革规划	有组织变革规划但无实施行动规划	没有组织变革规划，日常公司组织调整也不会考虑战略匹配性

《职能层面战略规划报告》规范性衡量标准如表6-11所示。

表6-11 《职能层面战略规划报告》规范性衡量标准

模块	维度	评分标准		
		10分或9分或8分	7分或6分或5分	4分或3分或2分
战略意图	职能定位	职能定位清晰，逻辑严密	职能定位比较清晰，逻辑性有待加强	定位不清晰
	战略目标	设置量化的、承接公司的战略指标	有部分指标，但不完整	没有制定战略指标
战略行动	战略行动	研发、制造、营销等职能制定协同的战略行动规划	有明确的战略行动规划，但彼此协同度不够	战略行动规划不清晰、不协同

《经营战略集成分析报告》规范性衡量标准如表6-12所示。

表6-12 《经营战略集成分析报告》规范性衡量标准

模块	维度	评分标准		
		10分或9分或8分	7分或6分或5分	4分或3分或2分
战略对齐	目标对齐	职能部门目标很好承接公司、业务目标	较好体现出承接关系	体现不出承接关系
	行动对齐	继承了公司层面的战略行动	有一定承接关系	承接关系不强
	资源对齐	提出战略实施所需的关键资源，制定了配套落实规划	有提出战略资源需求，但缺乏落实规划	没有提出战略资源需求，更没有配套落实规划

对于《战略举措执行监控报告》等的衡量标准，笔者建议除了完成《战略举措执行监控报告》《预算计划执行监控报告》《年度经营计划管理执行监控报告》《战略评估与调整报告》等以外，还应以实际执行效果为主要监控指标。

基于流程KPI战略管理进行流程绩效测评和持续改进：流程建立不是一劳永逸的，一个流程一旦建立和发布，就开始进入一个动态的管理过程并持续地回顾优化。

在流程真正运行的过程中，流程责任人（流程主人）需要根据收集的KPI现状值、公司战略发展方向和管理提升要求，设置合理的改进计划和目标值；同时根据流程运作的业务特性设置测评周期（一般每年或者每半年进行一次）。

根据预先设定的KPI测评周期，流程主人指定相应流程管理专员定期收集流程运行中的KPI指标现状值，统计分析流程的执行情况，评估现状值与目标值存在偏差的原因，从而发现问题并分析改进。

读者可能已经发现，构建战略管理体系意味着构建新的能力，因此BLM框架也为构建战略管理体系提供了方法论（图2-1）。在图2-1中，我们的分析视角变成了“如何构建战略管理能力”（体系是能力的外在体现）。我们曾在第二章中提出了能力构成的公式：组织能力=（人才能力×体系能力×文化能力）$\times e^{数字能力}$，还指出人才能力、体系能力、文化能力缺一不可，相互支撑、相得益彰。构建战略管理能力也是一样的，需要人才能力（要有人）、体系能力（要有流程和组织）、文化能力（要重视战略管理）。可以看出，这里最大的挑战是文化能力。要真正重视战略管理，而不是因为行业下滑、内部调整或其他原因又重新回到原来的轨迹。然而遗憾的是，很多企业在某一时期重视战略管理，而一段时间之后又将战略管理建设工作搁置了。

第七章　关键战略工具及应用说明

有了理论和方法论，还需要将理论方法工具化、清单化和模板化，因此工具的意义不言而喻，借助战略工具这一介质有助于快速掌握相应的理论和方法。由于篇幅限制，本部分战略工具仅限制于战略过程中的战略设计、组织设计、战略分解。

第一节　战略设计

战略设计包括市场洞察、战略意图、创新焦点和业务设计，本节介绍相关的工具（BLM是要素模型因而没有严格的顺序，将市场洞察放在此处是因为市场洞察的工作量相对较大）。

1. 市场洞察

本书第二章介绍了市场洞察的第一步是确定战略集团（以下分别根据市场洞察的逻辑顺序进行模板介绍），实施相同基本战略的企业形成了战略群组，是竞争最为激烈的群体，也是竞争分析主要的比较对象。

（1）确定战略集团

图7–1为“确定战略集团”的输出模板（模板1）：

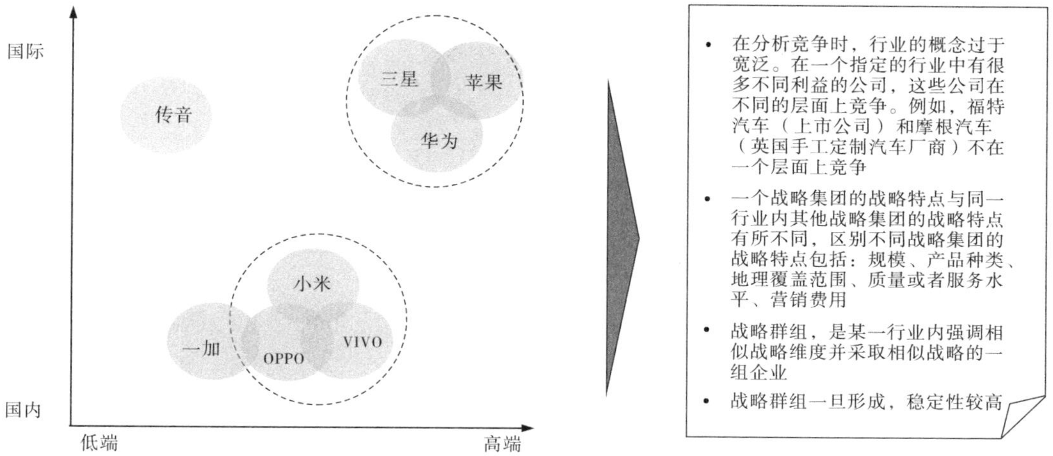

图 7-1　模板 1：确定战略集团

模板使用要点：第一，根据实际需要，选取适合自身情境的比较维度（示例中的两个维度是品牌和区域）；第二，在一个业务中可以存在多个战略集团。

（2）看自己

①基于对产业的理解，绘制公司价值链

图7-2为“看自己”的输出模板（模板2）：

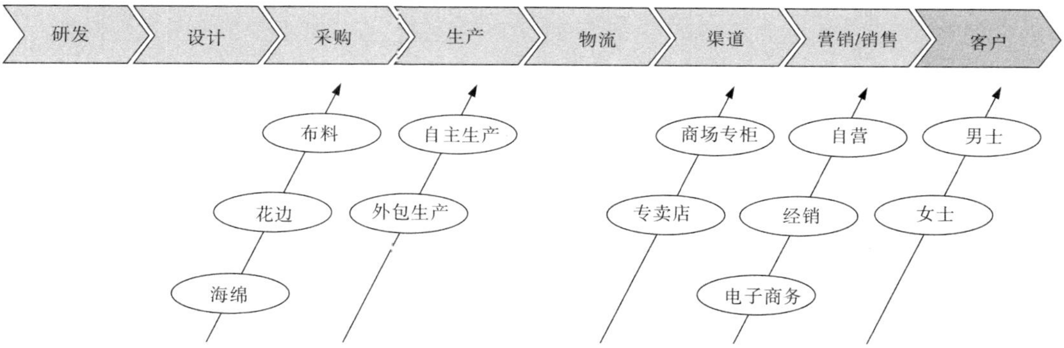

图 7-2　模板 2：绘制公司价值链

模板使用要点：第一，绘制公司目前在价值链中占据的所有位置，例如研发、设计、生产等；第二，在可能的情况下，绘制二级价值链。

②通过运用VRIO判别矩阵对企业资源与能力进行价值性（V）、稀缺性（R）、难以模仿性（I）、组织性（O）评估，从而识别出企业的核心资源与能力

表7-1为“看自己”的输出模板（模板3）：

表7-1　模板3：判别资源能力

资源与能力	资源	能力
竞争劣势	技术资源、人力资源、财务资源	技术整合能力、资源整合能力、运营管理能力和资本运作能力
竞争均势	大部分	大部分
暂时竞争优势		
持续竞争优势	品牌资源	项目管理能力

模板使用要点：第一，竞争劣势、竞争均势、暂时竞争优势和持续竞争优势比较的参照物，是在确定战略集团时索取的竞争对手；第二，要理解暂时竞争优势中“暂时”的含义。

（3）看宏观

①分析政策导向、经济环境、社会消费以及科技创新等正在发生的重大变化（关键趋势）

表7-2为“看宏观”的输出模板（模板4）：

表7-2　模板4：分析宏观趋势

	社会	技术	经济	环境	政治	法律	道德	国际
关键词	城市化、老龄化、社会结构	新能源、物联网	新经济、新模式	气候、资源	全球政治、地缘政治	国家法、全球管理	CSR、种族歧视	全球化、新移民
关键趋势	消费分级、数字公民、超级城市化、公共健康挑战	清洁能源、智能生活、数字中国	资源短缺、宽松货币政策、去杠杆	温室效应、绿色增长、污染防治	国有资本	精准脱贫	社会责任、种族歧视	逆全球化、贸易冲突、新兴经济体崛起

模板使用要点：第一，“STEEPLE+I”模型是基本模型，使用时需要根据产业特性、公司实际进行调整；第二，社会、技术和经济等要素的顺序也需要根据实际进行调整。

②对关键趋势作趋势指数评价

图7-3为“看宏观”的输出模板（模板5）：

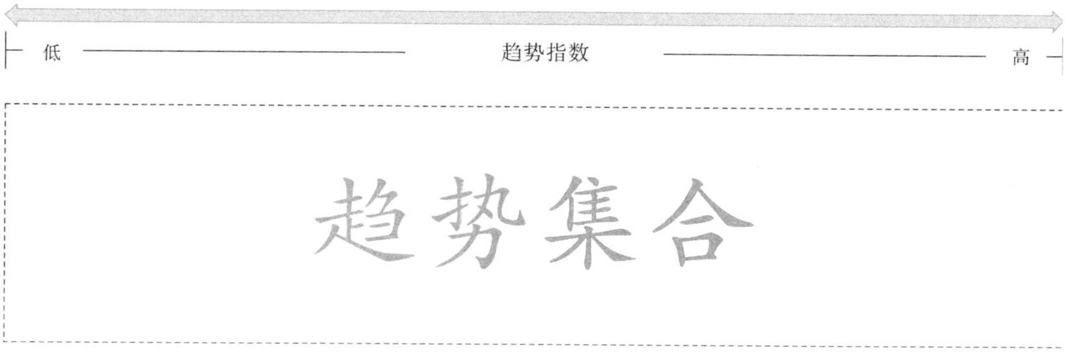

图 7-3　模板 5：趋势指数评价

模板使用要点：趋势集合是上一个模板的子集，目的是找到“即将到来”的趋势。

③看这些关键趋势（结构性趋势）对战略决策的影响

表7-3为“看宏观”的输出模板（模板6）：

表7-3　模板6：宏观分析总结

趋势指数	内部因素	外部因素		
	优势	劣势	机会	挑战
	企业现在的优势可以紧跟哪些趋势	企业现在的劣势阻碍了哪些趋势	宏观趋势为产业/企业带来什么机会	宏观趋势为产业/企业带来什么挑战
趋势指数高				
趋势指数低				

模板使用要点：第一，企业的优势、劣势在“看自己”中已经完成；第二，模板6的重点是判断趋势指数高的趋势与公司优劣势的结合。

（4）看产业

①对产业进行定义和划分（注意区分产业和业务）

图7-4为“看产业”的输出模板（模板7）：

模板使用要点：第一，产业划分可以不拘泥于现有划分版本（例如统计局、证监会等已有划分）；第二，充分发挥想象力，形成新的产业版图。

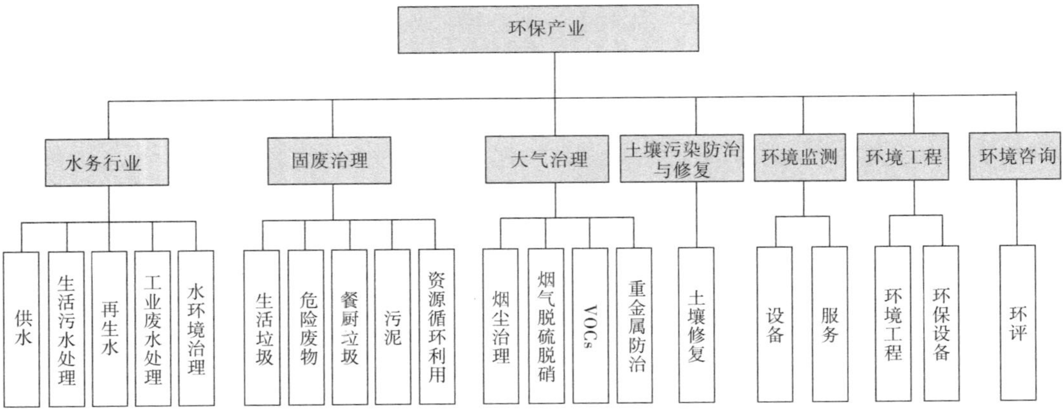

图 7-4 模板 7：产业划分

②分析公司所处细分行业的发展现状

表7-4为“看产业”的输出模板（模板8）：

表7-4 模板8：分析细分行业

产业类型	产业规模	增长速度	平均利润	竞争强度	政策影响
细分行业1					
细分行业2					
细分行业3					
…					

模板使用要点：第一，产业规模、增长速度、平均利润等可以根据实际情况进行调整；第二，根据当前对产业的关注程度对产业规模、增长速度、平均利润等的顺序进行调整。

③结合产业经济特性以及价值转移趋势分析，同时结合“看自己”的结论得出细分行业的行业吸引力以及企业竞争力

表7-5为“看产业”的输出模板（模板9）：

表7-5 模板9：评价行业吸引力

行业吸引力要素	指标得分	指标权重	得分（指标得分×指标权重）
产业规模		0.25	
增长速度		0.20	
平均利润		0.25	
竞争强度		0.20	
政策影响		0.10	
总计			

注：得分1=毫无吸引力，2=没有吸引力，3=中性影响，4=有吸引力，5=极有吸引力。

模板使用要点：要有结论，就必须厘清产业中细分行业的吸引力排序。

④结合静态分析和动态分析，同时结合“看自己”的结论得出细分行业的行业吸引力以及企业竞争力

表7–6为“看产业”的输出模板（模板10）：

表7–6　模板10：评价企业竞争力

企业竞争力要素	指标得分	权重	得分（指标得分×指标权重）
经营水平		0.25	
市场份额		0.20	
技术能力		0.20	
营销能力		0.15	
品牌形象		0.20	
总计			

注：得分1=极度竞争劣势，2=竞争劣势，3=同竞争对手持平，4=竞争优势，5=极度竞争优势。

模板使用要点：要有结论，就必须厘清产业中我们的优势细分行业排序。

⑤通过关键成功因素判别矩阵，识别产业的关键成功因素

表7–7为“看产业”的输出模板（模板11）：

表7–7　模板11：分析关键成功因素

关键成功因素	关键成功因素A	关键成功因素B	关键成功因素C	关键成功因素D	关键成功因素*N*
关键成功因素A					
关键成功因素B					
关键成功因素C					
关键成功因素D					
关键成功因素*N*					

模板使用要点：第一，通过关键成功因素判别矩阵对成功因素进行排序，发现关键；第二，两两打分的标准为2分（更加关键）、1分（一样）和0分（不如）。

⑥通过识别关键成功因素，分析公司资源与能力以及应该弥补的短板

图7–5为“看产业”的输出模板（模板12）：

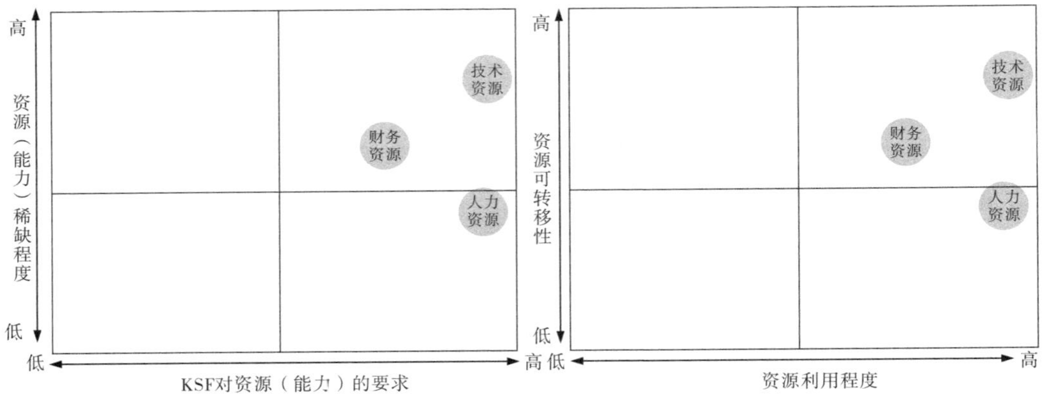

图 7-5 模板 12：资源与能力短板分析

模板使用要点：第一，“资源（能力）稀缺程度”结论来自“看自己”；第二，“资源可转移性”是指某种资源是否迁移于其他业务。

（5）看竞争

①看竞争对手的现行战略（业务布局）

表7-8为“看竞争”的输出模板（模板13）：

表7-8 模板13：分析竞争对手业务布局

竞争对手	布局的细分产业	该细分产业主要客户	客户选择该对手的理由
竞争对手A			
竞争对手B			
竞争对手C			
竞争对手D			
竞争对手N			

模板使用要点：第一，竞争对手来自“确定战略集团”；第二，细分产业来自“看产业”。

②看竞争对手的能力（优势与劣势）

表7-9为“看竞争”的输出模板（模板14）：

表7-9 模板14：分析竞争对手优劣势

竞争对手	劣势	（由此带来的）进攻点	优势
竞争对手A			
竞争对手B			
竞争对手C			
竞争对手D			
竞争对手N			

模板使用要点：第一，竞争对手来自“确定战略集团”；第二，资源能力来自“看自己”（持续竞争优势、暂时竞争优势以及竞争劣势）。

（6）看客户

对客户进行分级分类，在此基础上分析客户的战略、采购需求情况及其变化（先从一类客户开始）

表7–10为“看客户”的输出模板（模板15）：

表7–10　模板15：分析客户战略与采购需求

客户	战略		采购需求	
	未来战略意图	2025年营收预测	主要采购（我司）产品	未来需求变化
一类客户1				
一类客户2				
一类客户3				
一类客户4				
一类客户5				
…				

表7–11为“看客户”的输出模板（模板16）：

表7–11　模板16：分析客户供应商

客户	供应		
	主要供应商及其份额/%	我司所占份额/%	选择竞争对手的理由以及竞争对手份额高于（低于）我司的理由
一类客户1			
一类客户2			
一类客户3			
一类客户4			
一类客户5			
…			

模板使用要点：第一，战略客户的战略意图、战略规划和战略部署是分析重点；第二，战略、供应和需求三个维度可以根据需要进行调整。

（7）形成战略机会

①通过分析“五看”得出公司面临的战略机会

表7–12为“形成战略机会”的输出模板（模板17）：

表7–12　模板17：盘点战略机会

市场洞察	发生了什么变化	（形成的）战略机会
看宏观		
看产业		
看竞争		
看客户		
看自己		

模板使用要点：第一，“五看”并不是一一形成战略机会，市场洞察分为五个维度更多的是为了方便分析，实际上每个战略机会是多个维度共同作用的结果；第二，“发生了什么变化”是重点，机会源于变化。

②过滤机会，形成公司的真实机会（集合）

愿景使命、发展预期与冒险倾向为上述机会识别提供了“过滤器”，是最主要的“过滤器”。

图7–6为“机会过滤”的输出模板（模板18）：

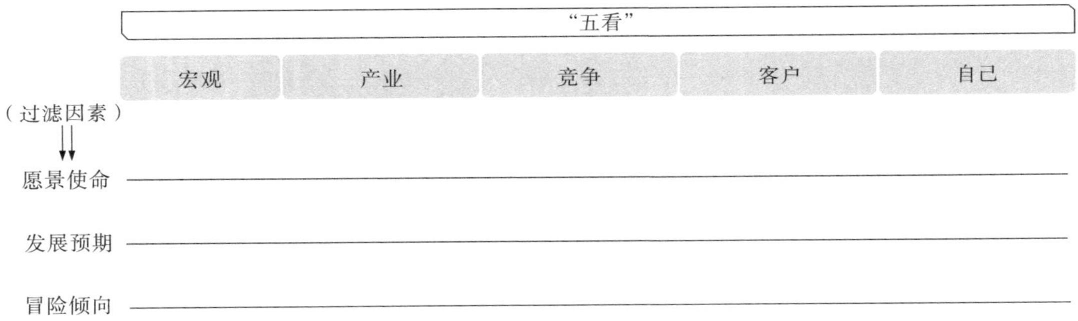

图 7–6　模板 18：机会过滤

模板使用要点：第一，“过滤”是指去掉模板17中识别出的不合适战略机会；第二，防止“过滤过度”。

③对机会进行优先级分类

图7–7为“形成战略机会”的输出模板（模板19）：

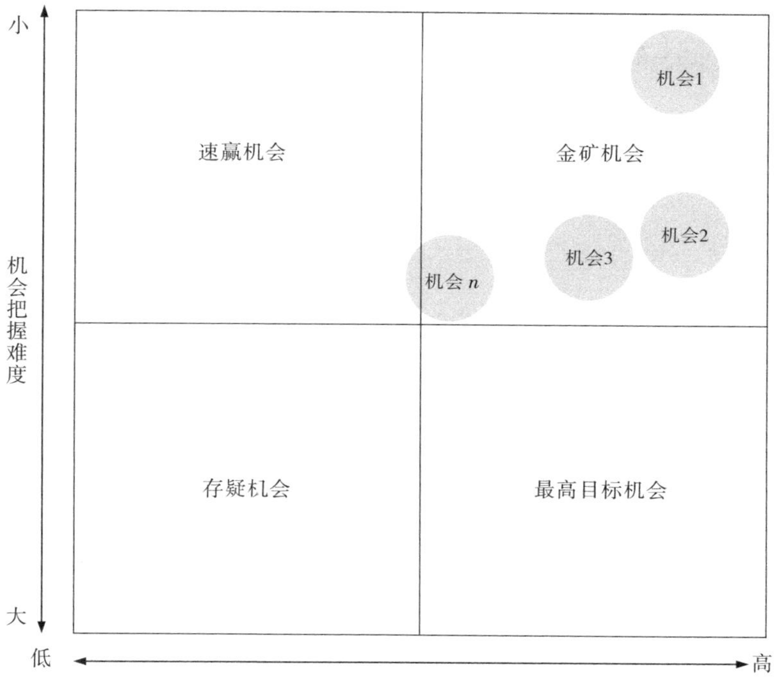

图 7-7 模板 19：机会矩阵

模板使用要点：第一，金矿机会和最高目标机会是关注重点；第二，要勇于承认存疑机会。

④把握战略机会窗口

表7-13为“形成战略机会”的输出模板（模板20）：

表7-13 模板20：战略机会总结

序号	战略机会（金矿机会+最高目标机会）	机会窗口
1		
2		
3		
4		
5		

模板使用要点：第一，理解机会窗口，“机会窗口”是指对某种事物进行干预的最佳时期，“战略机会窗口”是指把握战略机会的最佳时期；第二，机会窗口需要量化（无法量化需要清晰描述）。

2. 战略意图

图7-8为“战略意图”的输出模板（模板21）：

核心价值观	×××
使命	×××
愿景	×××
战略目标	×××

关键指标	2023年	2024年	2025年	2026年	2027年
×××	×××	×××	×××	×××	×××
×××	×××	×××	×××	×××	×××
×××	×××	×××	×××	×××	×××
×××	×××	×××	×××	×××	×××

图 7-8　模板 21：战略意图

模板使用要点：第一，对核心价值观、使命、愿景的理解；第二，它们是如何真实、切实地影响我们的经营管理的？它们是战略目标、近期目标的设立依据。

3. 创新焦点

创新焦点由业务组合、创新模式和资源利用三部分组成，以下分别介绍业务组合和创新模式。

（1）业务组合

①形成业务组合

图7-9为“业务组合”的输出模板（模板22）：

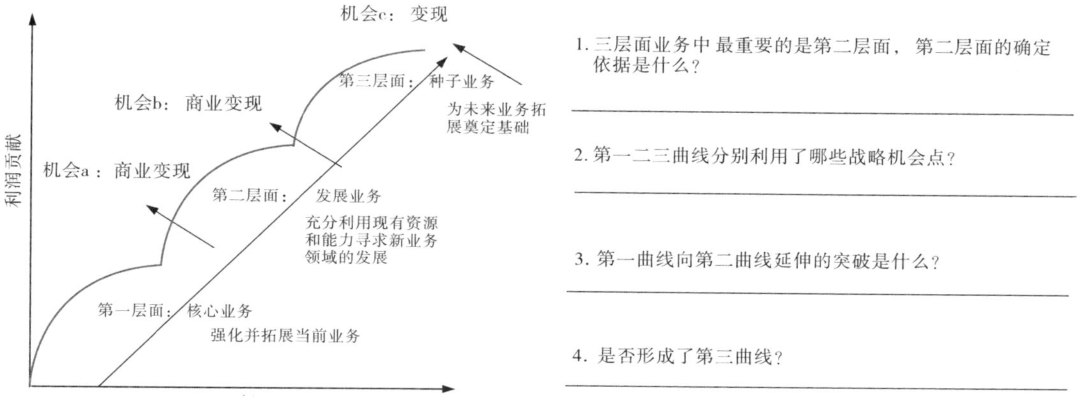

图 7–9　模板 22：业务组合

模板使用要点：第一，要全面、深入、正确地回答图7–9中四个问题；第二，三层面业务可以根据实际需要拓展或者缩减为四层面或两层面业务。

②注意金矿机会、最高目标机会、速赢机会等在业务组合中的应用，以及每个层面内部的组合

"机会—业务"的输出模板（模板23）如图2–25所示。

模板使用要点：第一，战略机会是如何输出到业务组合中的？第二，每一层面业务还可以进一步细分，如图2–25所示。

（2）创新模式

表7–14为"创新模式"的输出模板（模板24）：

表7–14　模板24：创新模式选择

创新类型	创新点	瞄准的创新机会	实现途径	带来价值与影响

模板使用要点：第一，不同层面业务（维持型、探索型）的创新重点不同；第二，发展业务、种子业务要更多地强调模式创新（核心业务更多地强调提升效率）。

4. 业务设计

业务设计由客户选择、价值主张、活动范围、盈利模式和战略控制点组成，相关模板分别介绍如下。

①客户选择与价值主张

“客户选择”的输出模板（模板25）如图2–41所示。

图7–10为“价值主张”的输出模板（模板26）：

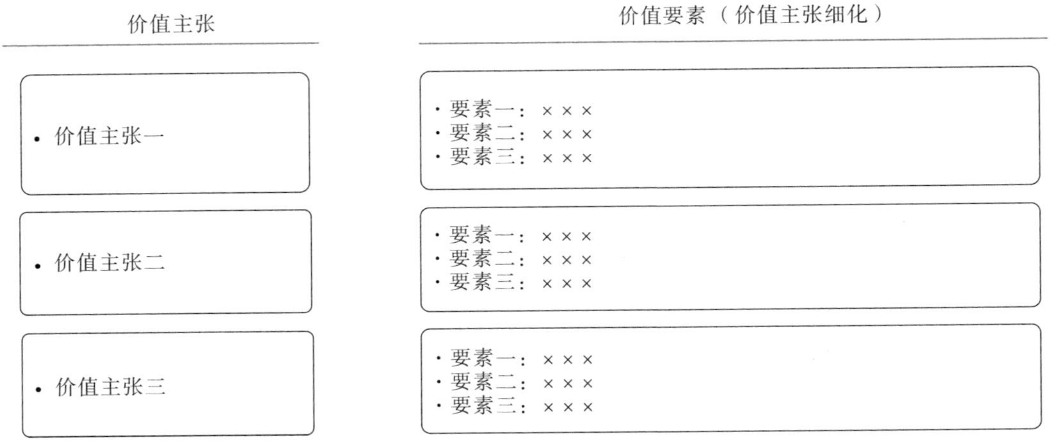

图 7–10　模板 26：价值主张

表7–15为“客户选择与价值主张”的输出模板（模板27）：

表7–15　模板27：客户选择与价值主张

		A类客户		B类客户		C类客户		D类客户	
		现状	未来	现状	未来	现状	未来	现状	未来
目标客户									
价值主张									
价值要素	产品/服务								
	客户关系								
	品牌形象								
	…								

模板使用要点：第一，价值主张是基于所选择的客户群体而言的；第二，客户群体需要聚焦（不可能服务所有客户、满足所有客户的需求）。

②活动范围

表7–16为“活动范围（价值链）”的输出模板（模板28）：

表7–16　模板28：活动范围（价值链）

	上游环节			中游环节			下游环节		
	环节1	环节2	环节3	环节1	环节2	环节3	环节1	环节2	环节3
环节选择									

模板使用要点：第一，思考自己行业的产业链是如何构成的；第二，明确不同环节占据的利润份额、利润率（参考PC产业绘制自己行业的产业链利润池）。

表7-17为“活动范围（合作伙伴）”的输出模板（模板29）：

表7-17　模板29：活动范围（合作伙伴）

	洞察	设计	开发	供应链	市场	销售	服务
企业自身							
合作伙伴							

③盈利模式

图7-11为“盈利模式”的输出模板（模板30）：

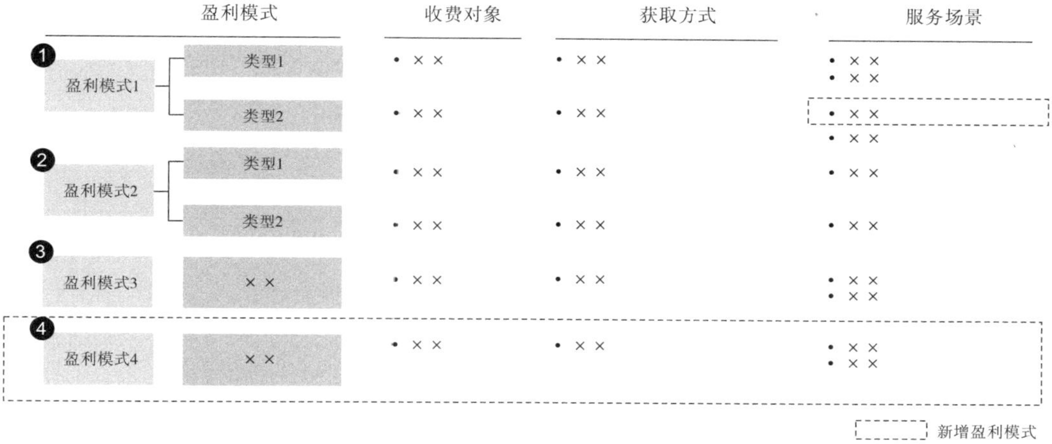

图7-11　模板30：盈利模式

④战略控制点

图7-12为“战略控制点”的输出模板（模板31）：

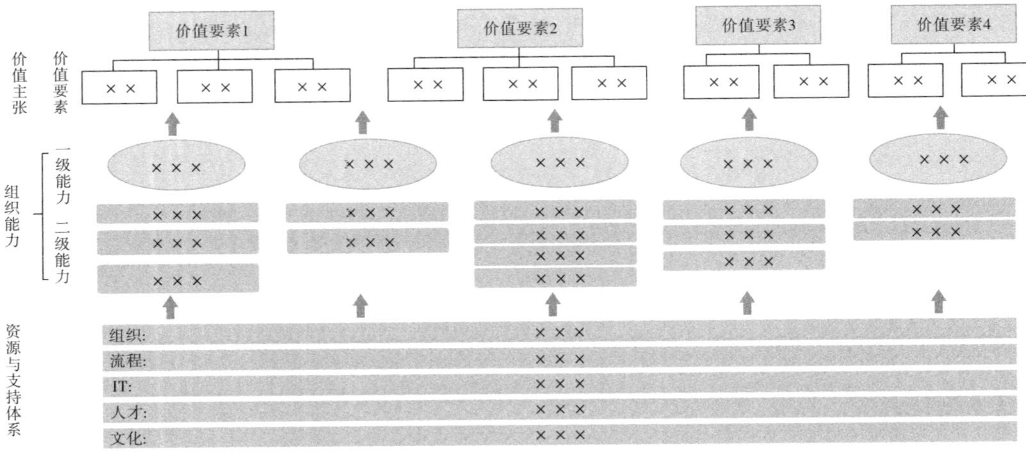

图 7-12　模板 31：战略控制点

⑤完成业务设计

图7-13为"业务设计"的输出模板（模板32）：

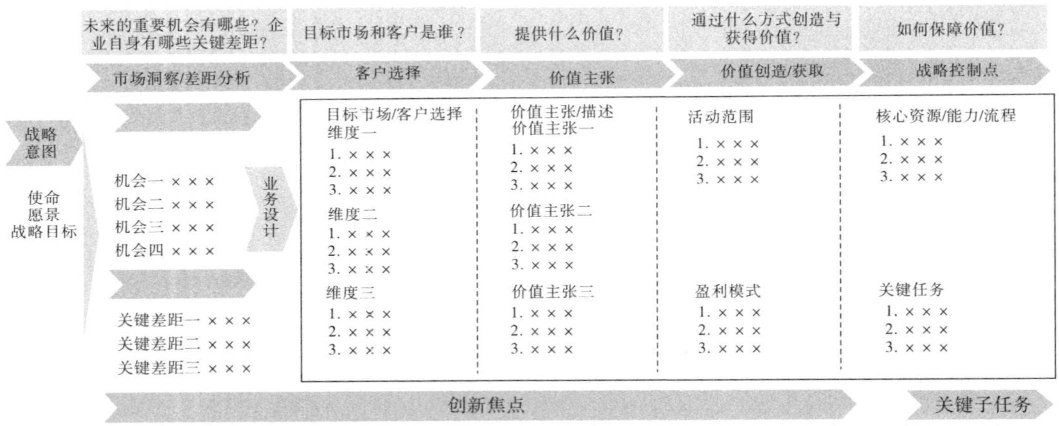

图 7-13　模板 32：业务设计

表7-18是业务设计完毕之后，与原来业务设计进行的对比（模板33）：

表7-18　模板33：新旧业务设计对比

要素	当前的业务设计	未来的业务设计
选择客户		
价值主张		
活动范围		
盈利模式		
战略控制点		

模板使用要点：第一，业务设计基于市场洞察以及战略机会识别；第二，理解“风险管理”为什么要放在业务设计环节，而不是在战略机会识别环节同步进行。

第二节　组织设计

组织设计是为了构建实现战略设计所必需的组织能力，包括关键任务、人才、正式组织、氛围与文化，本节基于理论、方法论介绍对应的工具。

1. 关键任务

①确定“关键任务”

表7-19为“关键任务识别”的输出模板（模板34）：

表7-19　模板34：关键任务识别

任务	关键任务、子任务名称	任务来源	完成时间	衡量指标	负责人
关键任务1					
子任务1					
子任务2					
…					
关键任务2					

模板使用要点：第一，描述语法是“动词+宾语+状语”，并且要责任到人；第二，注意任务来源（来自战略规划的哪些战略要务）、完成时间、衡量指标，分别对应项目的独特性、临时性和目标性。

②细化“关键任务”

图7-14为“关键任务描述”的输出模板（模板35）：

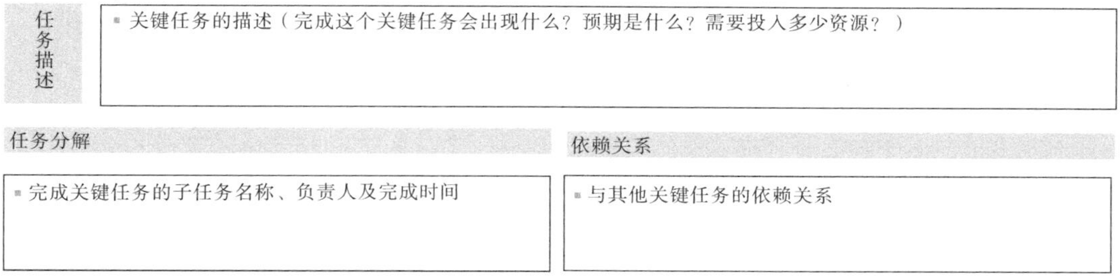

图 7-14　模板 35：关键任务描述

模板使用要点：第一，详细描述关键任务，这是战略宣导的重要基础；第二，关键任务依赖关系是重点也是难点（回顾本书关于“关键任务”的相关论述）。

2. 人才

①人才定义：谁是关键人才（“战略性岗位”是哪些）

表7-20为“人才定义”的输出模板（模板36）：

表7-20　模板36：战略性岗位识别

战略意图、创新焦点	业务设计			战略性能力	战略性岗位
	价值主张	活动范围	战略控制点		

模板使用要点：第一，战略意图、业务设计等确定公司需要构建的“战略性能力”；第二，由“战略性能力”确定“战略性岗位”。

②人才盘点：关键人才（从两个维度说明为何是关键人才）缺口多大、如何供应

表7-21为“人才盘点”的输出模板（模板37）：

表7-21　模板37：人才盘点

职位分类	职位名称 （按价值链顺序）	缺口（数量）	人才供应方式（5B）
“A”类（战略性）职位			
“B”类（支撑性）职位			
“C”类（剩余）职位			

模板使用要点：第一，要有未来视角，基于未来战略实施角度盘点人才；第二，“A”类职位是关注重点。

3. 正式组织

①诊断组织结构

表7-22为“组织设计—正式组织—结构体系”的输出模板（模板38）：

表7-22　模板38：组织架构调整

结构问题	具体描述	调整措施
职能缺失		
分工不当		
职能过载		

模板使用要点：第一，目前战略分组是否合理？第二，对于未来战略实现是否存在职能缺失、分工不当或者职能过载问题。

②设计组织结构［输出组织架构图（表略）］

模板使用要点：第一，理解战略分组，这是组织设计的基础；第二，理解战略组合。

③识别战略性流程

表7-23为“组织设计—正式组织—流程体系”的输出模板（模板39）：

表7-23　模板39：战略性流程识别

战略意图、创新焦点	业务设计			战略性能力	战略性流程
	价值主张	活动范围	战略控制点		

模板使用要点：第一，思考目前这些流程如何制约了当前发展，从而成为战略性流程；第二，思考未来应如何优化。

④确定重点改善的流程

图7-15为“组织设计—正式组织—流程体系”的输出模板（模板40）：

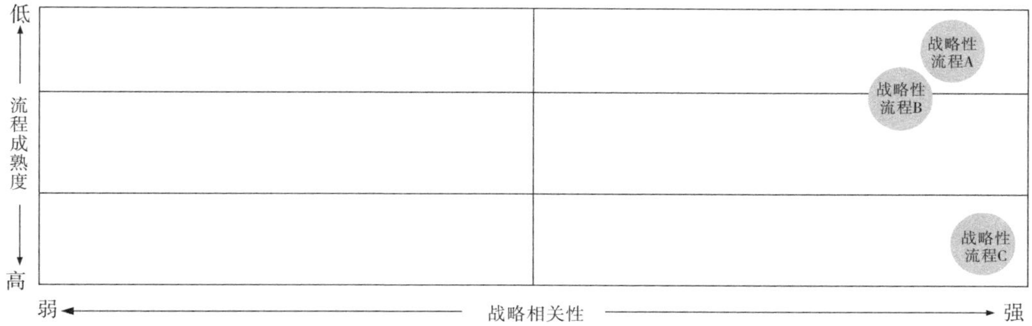

图 7-15　模板 40：核心流程识别

模板使用要点：第一，思考这些流程如何制约当前或未来的发展（具体表现是什么）；第二，思考未来如何优化（清除、简化、整合、自动化）。

⑤外部竞争性与内部公平性管理提升

表7-24为“组织设计—正式组织—激励体系”的输出模板（模板41）：

表7-24　模板41：组织激励提升

分类	存在问题及提升空间	示例
外部竞争性		
内部公平性		

模板使用要点：第一，思考当前组织存在的外部竞争性问题有哪些；第二，思考当前组织存在的内部公平性问题有哪些。

4. 氛围与文化

①测量企业文化（奎因企业文化导向诊断模型）

图7-18为“组织设计—企业文化”的输出模板（模板42）：

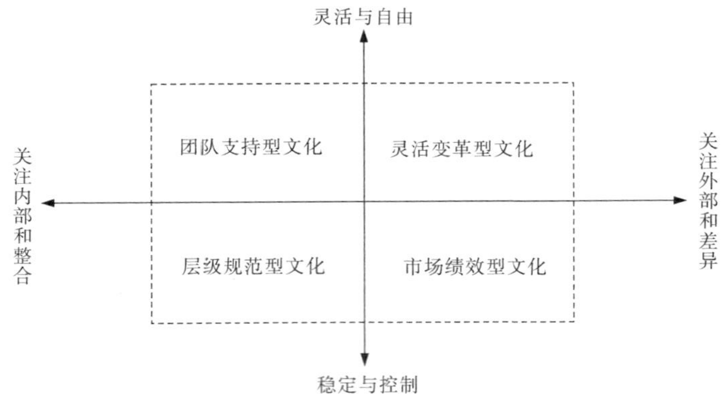

图7-18　模板42：奎因企业文化导向诊断模型

模板使用要点：第一，奎因企业文化导向诊断分析量表主要包括管理特征、组织领导、员工管理、组织的凝聚力、战略重点、成功标准六个方面，每个方面分为A，B，C，D四类问题，其中A代表的是团队支持型，B代表的是灵活变革型，C代表的是市场绩效型，D代表的是层级规范型；第二，组织文化评价量表主要采用李克特量表法和强迫选择法两种计分方式，本模板选用的是李克特量表法（非常同意、同意、不一定、不同意、非常不同意分别被记为5分、4分、3分、2分、1分）。

②测量企业文化

奎因企业文化导向诊断模型相对成熟，可以搜索相关资料，但是需要注意两点：第一，实事求是进行打分；第二，尽可能覆盖更广的范围。

第三节　战略分解

（1）关键输出1

关键输出1——公司三年关键任务（模板43），如表7-25所示.

表7-25　关键输出1——公司三年关键任务

任务名称	任务来源（为什么成为关键任务？）	负责人	完成时间

关键输出1——公司三年关键任务、子任务及其描述（模板44），如图7-14所示。

（2）关键输出2

关键输出2——2023年度（以2023年为例）发现的主要市场机会，总结本期规划在未来12个月内可预见的主要市场机会，并按市场空间/市场价值的大小排序（模板45），如表7-26所示。

表7-26　关键输出2——2023年度发现的主要市场机会

市场洞察	发生了什么变化	导致了什么新机会
看宏观		
看产业		
看竞争		
看客户		
看自己		

（3）关键输出3

关键输出3——年度目标达成情况（模板46），如表7-27所示。

表7-27　关键输出3——年度目标达成情况

指标	单位	2022年目标	2022年实际	目标完成率	根因分析	改进措施

关键输出3——年度重点工作达成情况回顾（模板47），如表7-28所示。

表7-28　关键输出3——年度重点工作达成情况回顾

年度重点工作	年度重点工作完成情况	根因分析	改进措施

关键输出3——2022年度发现的主要市场机会（模板48），如表7-29所示。

表7-29　关键输出3——2022年度发现的主要市场机会

序号	机会点	机会点描述	市场空间/市场价值
1			
2			
3			
4			
…			

在这个环节中，关键的输出是年度目标、目标值（及其依据）。公司年度目标实际上是做五年滚动预测，需要考虑中长期战略目标分解在当年度的任务，并把修正之后的目标纳入经营计划（以下仍然以营业收入为例进行说明）（模板49），如表7-30所示。

表7-30　中长期战略目标在当年度的分解

目标	2021年	2022年	2023年	2024年	2025年
营业收入			1月 2月 3月 …		

（4）关键输出4

关键输出4——2022年度目标（模板50），如表7-31所示。

表7-31　关键输出4——2022年度目标

序号	业务类（财务类）				管理类（非财务类，包括客户、流程、发展等）			
	指标	2022年	2023年	指标确定依据（为何关注）	指标	2022年	2023年	指标确定依据（为何关注）
1	营业收入				客户留存率			
2	市场份额				客户满意度			
3	利润				员工满意度			
4	销量				产品合格率			
…								

注：①选择指标之后需要测试其是否可以通过“长期性与短期性”“内部与外部”“财务与非财务”校验；②指标来源为战略规划中的价值主张、年度差距分析、经验与不足、新机会发现、行业特性等。

关键输出4——经营指标与目标值设定依据对照表（五种对照方法）（模板51），如表7-32所示。

表7-32　关键输出4——经营指标与目标值设定依据对照表

序号	指标	目标值	目标值设定方法（每个指标只选一种设定依据）				
			倍速增长法	行业标杆法	投入回报法	上下共识法	事件驱动法
1							
2							
3							
4							
…							

（5）关键输出5

关键输出5——2022年公司重点工作（模板52），如表7-33所示。

表7-33　关键输出5——2022年公司重点工作

重点工作来源	具体来源	2022年公司重点工作	衡量指标		负责人	负责部门
			引领性指标	滞后性指标		
中长期战略规划关键任务与子任务						
年度经营计划回顾与年度经营目标						
其他方面（新机会发现……）						

（6）关键输出6

关键输出6——2022年公司行动计划（模板53），如表7–34所示。

表7–34　关键输出6——2022年公司行动计划

序号	重点工作	衡量指标	负责人	负责部门	行动计划	时间节点和里程碑											
						1月	2月	3月	4月	5月	6月	7月	8月	9月	10月	11月	12月
1																	
2																	
…																	

关键输出6——2022年公司行动计划所需的资源（模板54），如表7–35所示：

表7–35　关键输出6——2022年公司行动计划所需的资源

序号	行动计划	所需的资源			
		人	财	时	其他
1					
2					
…					

（7）关键输出7

关键输出7——2022年公司年度目标分解（部门）（模板55），如表7–36所示。

表7–36　关键输出7——2022年公司年度目标分解（部门）

年度目标	下属单元	下属单元年度指标	年度目标值	年度目标分解			
				第一季度	第二季度	第三季度	第四季度
指标1							
指标2							
指标3							
指标4							
指标5							
指标6							

关键输出7——2022年公司下属单元年度目标分解（部门）（模板56），如表7–37所示。

表7–37　关键输出7——2022年公司下属单元年度目标分解（部门）

下属单元	年度指标	年度目标值	年度目标分解			
			第一季度	第二季度	第三季度	第四季度

续表

下属单元	年度指标	年度目标值	年度目标分解			
			第一季度	第二季度	第三季度	第四季度

（8）关键输出8

关键输出8——2022年部门年度重点工作（模板57），如表7-38所示。

表7-38　关键输出8——2022年部门年度重点工作

重点工作来源	具体来源	2022年部门重点工作	衡量指标		负责人
			引领性指标	滞后性指标	
事业部重点工作					
年度经营计划回顾与年度部门目标					
其他方面					

（9）关键输出9

关键输出9——2022年部门年度行动计划（模板58），如表7-39所示。

表7-39　关键输出9——2022年部门年度行动计划

序号	部门重点工作及衡量指标		负责人	行动计划	时间节点和里程碑											
	重点工作	衡量指标			1月	2月	3月	4月	5月	6月	7月	8月	9月	10月	11月	12月
1																
2																
…																

关键输出9——2022年部门年度行动计划所需的资源（模板59），如表7-40所示。

表7-40　关键输出9——2022年部门年度行动计划所需的资源

序号	行动计划	所需的资源			
		人	财	时	其他
1					
2					
…					

参 考 文 献

[1] NADLER D A, TUSHMAN M L. A model for diagnosing organizational behavior [J]. Elsevier Science Publishing Company,Inc，1980，9（2）：35–51.

[2] HARRELD J B，OEILLY CA，TUSHMAN M L. Dynamic capabilities at IBM—driving strategy into action [J]. California Management Review，2007（4）：21–43.

[3] 迈克尔·波特.什么是战略？[A]. 程明霞，译. 北京：中信出版社，2016.

[4] FREEOMAN N Operation centurion：managing transformation at Philips [J]. Elsevier Science Ltd，1996（10）：607–615.

[5] 亚德里安·斯莱沃斯基. 价值转移——竞争前的战略思考[M]. 凌郢，等译. 北京：中国对外翻译出版公司，2000.

[6] 迈克尔·波特. 竞争战略[M]. 陈丽芳，译. 北京：中信出版社，2014.

[7] 加里·哈默，C.K.普拉哈拉德. 战略意图[A]. 徐振东，张志武，译. 成都：四川人民出版社，2000.

[8] 梅尔达德·巴格海，斯蒂芬·科利，戴维·怀特. 增长炼金术——企业启动和持续增长之秘诀[M]. 奚博铨，许润民，译. 北京：经济科学出版社，1999.

[9] 亚德里安·斯莱沃斯基. 发现利润区[M]. 吴春雷，译. 北京：中信出版社，2002.

[10] 大卫·波维特，约瑟夫·玛撒，R.柯克·克雷默. 价值网——打破供应链 挖掘隐利润[M]. 仲伟俊，钟德强 ，胡汉辉，译. 北京：人民邮电出版社，2001.

[11] TREACY M，WIERSEMA W. The Discipline of Market Leader[M].USA：Wesley Publishing Company，1995.

[12] 娜奥米·斯坦福. 组织设计指南[M]. 笪鸿安，冯云霞，译. 大连：东北财经大学出版社，2009.

[13] 大卫·纳德尔，迈克尔·塔什曼. 竞争性组织设计[M]. 孙春柳，王红常卓，译. 北京：经济科学出版社，2004.

[14] 迈克尔·塔什曼，查尔斯·奥赖利三世. 创新跃迁——打造决胜未来的高潜能组织[M]. 苏健，译. 成都：四川人民出版社，2018.

[15] 伊丹敬之. 经营战略的内在逻辑[M]. 杨春明，译. 北京：中国审计出版社，

1992.

[16] 乔治·拉博维茨，维克托·罗桑斯基. 校准——杰出公司成就非凡事业之道[M]. 张金芹，卢致辉，译. 北京：中国人民大学出版社，2004.

[17] 罗伯特·S. 卡普兰，大卫·P. 诺顿. 组织协同——运用平衡计分卡创造企业合力[M]. 博意门咨询公司，译. 北京：商务印书馆，2006.

[18] 亨利·明茨伯格，约瑟夫·兰佩尔，詹姆斯·布赖恩·奎因，等. 战略过程——概念、情境、案例（第四版）[M]. 徐二明，译. 北京：中国人民大学出版社，2012.

[19] 伊查克·爱迪思. 企业生命周期[M]. 王玥，译. 北京：中国人民大学出版社，2017.

[20] 马丁·里维斯，纳特·汉拿斯，詹美贾亚·辛哈. 战略的本质——复杂商业环境中的最优战略[M]. 王喆，韩阳，译. 北京：中信出版社，2016.

[21] 安斯格·策法斯，陈先红，洪君如，等.卓越传播——全球化时代如何管理战略传播和公共关系[M]. 北京：中国传媒大学出版社，2021.

[22] 德瑞娜·霍尔兹豪森，安斯格·策法斯. 战略传播手册[M]. 陈先红，张凌，译. 北京：中国传媒大学出版社，2022.

[23] 同仁堂. 战略宣贯手册[M]. 北京：北京同仁堂健康药业集团，2013.

[24] 谢宁. 华为战略管理法——DSTE实战体系[M]. 北京：中国人民大学出版社，2022.

[25] 樊辉. 业务增长战略——BLM战略规划7步法[M]. 北京：电子工业出版社，2022.

[26] 胡荣丰. 华为闭环战略管理——从战略到执行的SDBE领先模型[M]. 长沙：湖南文艺出版社，2022.

[27] 马克·范·艾克，艾伦·林豪思. 一页纸商业计划[M]. 邓柔，译. 北京：中国财政经济出版社，2016.

[28] 张敏敏. OGSM打造高敏捷团队[M]. 台湾：商业周刊，2020.

[29] 张敏敏. OGSM变革领导[M]. 台湾：商业周刊，2022.

[30] 袁园. OGSM让战略极简落地[M]. 北京：机械工业出版社，2023.

[31] 袁园.如何用OGSM快速落地[R]. 高维学堂，2023.

[32] 吕守升. 战略解码——跨越战略与执行的鸿沟[M].北京：机械工业出版社，2021.

[33] 王钺. 战略三环——规划、解码、执行[M]. 北京：机械工业出版社，2020.

[34] 陈炜. 战略破局——思考与行动的四重奏[M]. 北京：机械工业出版社，2020.

[35] WIJNEN G，KOR R. 独特性任务的项目与项目群管理方法[M]. 戚安邦，翟磊，丁国杰，等译. 天津：南开大学出版社，2005.

[36] 马克·摩根，雷蒙德·莱维特，威廉·马利克. 执行战略——分解并实现战略的艺术[M]. 阳波，译. 北京：清华大学出版社，2013.

[37] 胡浩. 将战略落地——重新定义目标驱动与执行[M]. 北京：机械工业出版社，2022.

[38] 彼得·霍华德，罗纳尔德·格莱希，米沙·塞特. 管理控制（原书第13版）[M]. 王煦逸，译. 上海：财经大学出版社，2018.

[39] 程新生. 公司治理与战略控制[M]. 成都：西南财经大学出版社，2010.

[40] 罗彪. 管理控制——化战略为行动[M]. 北京：电子工业出版社，2012.

[41] 高虎. 管理的项目化思维[M]. 北京：中信出版社，2018.

[42] 张凤林. 全面预算管理2.0——解开管理者8大难题的钥匙[M]. 北京：机械工业出版社，2017.

[43] 张长胜. 企业全面预算管理（第二版）[M]. 北京：北京大学出版社，2013.

[44] 吉尔里·A. 拉姆勒，艾伦·P. 布拉奇.流程圣经——管理组织空白地带（原书第3版）[M]. 王翔，杜颖，译. 北京：东方出版社，2014.

[45] 达琳·M. 范·提姆，詹姆斯·L. 莫斯利，琼·C. 迪辛格. 绩效改进基础（第3版）[M]. 易虹，姚苏阳，译. 北京：中信出版社，2013.

[46] 达纳·盖恩斯·罗宾逊，詹姆斯·C. 罗宾逊，杰克·J. 菲利普斯，等. 绩效咨询（第3版）[M]. 易虹，张雪氚，译. 北京：电子工业出版社，2016.

[47] 戴维·帕门特.关键绩效指标——KPI的开发、实施和应用（原书第4版）[M]. 张丹，商国印，张风都，译. 北京：机械工业出版社，2023.

[48] ISNIAH S. Plan do check action (PDCA) method literature review and research issues[J].Jurnal Sistem dan Manajemen Industri，2020（1）：72-81.

[49] SOBEK D K，SMALLEY A. A3思维——丰田PDCA管理系统的关键要素[M]. 扈喜林，译. 北京：人民邮电出版社，2015.

[50] 李文明. 战略评价[M]. 北京：中国标准出版社，2008.

[51] 斯蒂芬·图尔敏. 论证的使用[M]. 谢小庆，王丽，译. 北京：北京语言大学出版社，2016.

[52] 杨宁芳. 图尔敏论证逻辑思想研究[M]. 北京：人民出版社，2012.

[53] 李晓梅. 企业战略业绩评价研究[M]. 北京：中国财政经济出版社，2008.

[54] 沈磊. 复盘[M].杭州：浙江教育出版社，2023.

[55] 陈中. 复盘——对过去的事情做思维演练[M]. 北京：机械工业出版社，2013.

[56] 陈中. 复盘——对过去的事情做思维演练（实战版）[M]. 北京：机械工业出版社，2017.

[57] 邱昭良.复盘+——把经验转化为能力（第3版）[M]. 北京：机械工业出版社，2018.

后　记

在书的最后，笔者还想谈三点。

首先，为什么要写这本书？笔者曾在2020年出版《战略参谋：写出管用的战略报告》，这是笔者出版的第一本书。承蒙读者错爱，这本书获得了一些读者的认可，笔者深受鼓励。但是，不少读者向我反馈本书存在一些问题，主要是以下三点：一是过于理论。当时笔者从事战略咨询刚好十年，使用BLM框架也至少7年，因此希望对战略、BLM框架本身的底层逻辑有一个深入的理解，这导致在写书过程中理论部分篇幅较多，因而影响了读者的阅读体验，在此深表歉意；二是缺乏工具。这除了篇幅限制的客观因素以外，主要是因为当时笔者对“理论工具化”的认知不够，没有意识到在实际战略管理工作中“工具”的重要性，更没有意识到从理论到工具的转化的必要性。或许“底层逻辑”（why）应当成为学者们的学术追求，而战略管理实务者更多时候需要的反而是“浅层逻辑”（how）；三是战略过程管理部分语焉不详。这是因为笔者能力不足所致。众所周知，战略咨询顾问的工作内容主要是战略内容相关，而一般不参与客户战略管理过程的设计。意识到这点，这三年来笔者刻意增加这方面的咨询和培训，希望能够弥补原来的短板。

其次，笔者想谈谈经过三年的历练对战略新的理解：第一，战略过程依然是难点。在笔者经手的项目中，很多企业构建战略管理体系开始时往往轰轰烈烈、决心很大，但是受环境变化、人力资源、管理重点变化等因素影响，经常以令人遗憾的方式结束；第二，战略协同变得比以往更加重要。分工是为了提高效率，但是分工之后合作是必然。战略管理亦然。我们将战略分为了多个层面，然而这仅仅是研究和管理的方便，在实际战略管理中需要做到不同层级之间、不同部门之间横向、纵向拉通，这任重而道远；第三，战略管理体系要与其他管理体系对接，特别是预算管理体系和绩效管理体系。本书通篇讨论的都是战略管理体系，但是如果只是战略管理体系单独发力，效果一定不尽如人意。

最后，我想给所有读者三个建议：第一个建议是认真对待本书的参考文献。独具匠心的参考文献是本书的一个特色，它们不仅是笔者完成作本书的重要参考，也是笔者强烈向读者推荐的战略书单。这个书单（一共58本）涵盖了战略规划、宣导、分解、执行与控制、评估与复盘，是笔者从几千本战略图书中精选出来的，大多数是值得反复阅读的经典。第二个建议是不定期下载本书配套的网盘内容，与笔者保持同步。由于出版周期、篇幅限制等客观原因，一本书难以囊括所有内容。好在互联网为我们提供了便捷的工具，本书存放于网盘的配套资料包括全书内容精要、模板工具（PPT格式）、案例展示以及笔者在不同场合分享的课件等。这些资料是本书的有力补充，不可错过。第三个建议是加入笔者的战略架构师社群（微信群），以及关注笔者每月定期举办的“战略架构师”线下训练营（3天）。以书会友，人生美事。在本书付梓之际，笔者的下一本书《战略引导师》（暂名）已经完成一半，预计明年出版，届时《战略参谋：写出管用的战略报告》《战略架构师——构建基于BLM的战略管理体系》《战略引导师》将组成一个系列，从理论到体系再到方法，从理性到感性再到手感，持续探索令人沉醉的战略丛林。

当然，这里还要感谢一些人，他们主要是我的客户。一直以来，笔者一直认为甲乙双方在相互成就的过程中是客户给予顾问更多。这里，笔者想感谢过去三年（2021—2023年）服务过的主要客户，是他们帮助我在《战略参谋：写出管用的战略报告》的基础上升级了认知、拓宽了视野，然后成就本书，包括汇智机器人科技（深圳）有限公司、广东省通信产业服务有限公司、苏州同里印刷科技股份有限公司、惠州市德赛西威汽车电子股份有限公司、苏州市宝连通国际货运代理有限公司、小熊电器股份有限公司、厦门众智创库企业管理咨询有限公司（MBA智库）、湖南红太阳新能源科技有限公司、深圳市澳华集团股份有限公司、快乐沃克人力资源股价有限公司、宁夏伊品生物科技股份有限公司以及所有参加战略架构师训练营（第1～5期）的学员，特别要感谢德赛西威罗立鹏和周洁，以及在所有人中我最想感谢的向云女士。

出版社马编辑、姚编辑和林编辑在出版过程中精益求精的严谨态度让我极为感动，我向他们表示崇高的敬意，没有他们的辛苦劳动，本书不会这么快与读者见面。

蔡春华　2024年4月8日于南京世界文学客厅

本书创造性地将BLM框架思想体系融入企业战略内容、战略过程、战略情境和战略思维，并提供全景案例和管理工具，可以进一步推动企业战略管理能力的提升。

陈劲，2021年全球最具影响力50大管理思想家（Thinkers50）入选者，清华大学经济管理学院教授、博士生导师

业务领导力模型（BLM框架）作为由IBM公司发展出来的系统性战略管理框架，已经被许多企业所践行并展示了其实践价值。该书以BLM框架为基础，提出了包括战略内容、过程、情境和思维在内的战略管理“3+1”体系，给出了作者基于自己的丰富实践所产生的深入思考和洞见，并结合了丰富的实例和工具，既可以帮助企业系统地理解和运用BLM框架，还能够让企业在构建系统化的战略管理体系上获得很好的启发与借鉴。

郭斌，浙江大学管理学院教授、博士生导师

与其说BLM是战略管理流程，不如说BLM是一种领导力发展方法。BLM框架是每位IBM经理人从个体贡献者被提拔为经理人所要上的必修培训课，它能用来指导确定组织目标并转化为执行行动。本书剖析了BLM框架的原理和知识体系，很有参考价值。

陈果，波士顿咨询Platinion前董事总经理，望繁信科技首席战略官&合伙人，“陈果George”公众号创始人

蔡春华博士是业界知名战略咨询专家，在IBM工作期间为中国多家头部企业提供基于BLM框架的战略管理体系构建方面的咨询/培训服务，获得很好的客户口碑，如今他把多年的成果集结成这本“战地笔记”，值得中国企业管理者仔细品读。

邓斌，华为原中国区规划咨询总监，书享界创办人，“学习华为三部曲”作者

BLM框架作为专业的战略管理工具，要在不同的行业、不同特色的企业成功落地，实属不易，需要企业高层领导长期坚持应用，更需要高人指点。蔡老师有深厚的战略管理方面的理论和实践经验，正是企业所需要的高人。希望《战略架构师——构建基于BLM的战略管理体系》一书，能够帮助更多的企业构建卓越的战略管理体系，并取得商业上的巨大成功。

黄正侃，伊品生物科技股份有限公司战略总监

战略管理是理论、工具与实践的综合体。近些年，BLM框架在中国企业界获得广泛好评与应用。究其原因，除了IBM、华为等的应用外，另一个重要原因就是BLM框架非常好地将上述三者整合为一体，并定位为“战略系统化逻辑工具”。蔡博士在这个领域有深入研究，本书值得学界与企业界朋友仔细品读。

兰剑，九牧集团战略副总裁